U0444497

西摩洛语
语言使用现状及其演变

The *Status Quo* and Evolution of Language Use of the Ximoluo Nationality

戴庆厦 主编

Edited by
Dai Qingxia

作者 戴庆厦 蒋 颖 崔 霞
余金枝 邓凤民 乔 翔

Authors	Dai Qingxia	Jiang Ying	Cui Xia
	Yu Jinzhi	Deng Fengmin	Qiao Xiang

商務印書館
The Commercial Press
Beijing

图书在版编目(CIP)数据

西摩洛语语言使用现状及其演变/戴庆厦主编.—北京：商务印书馆,2009
(新时期中国少数民族语言使用情况研究丛书)
ISBN 978-7-100-06621-1

Ⅰ.西… Ⅱ.戴… Ⅲ.哈尼语—语言调查—调查研究—中国 Ⅳ.H254

中国版本图书馆 CIP 数据核字(2009)第 039595 号

所有权利保留。
未经许可，不得以任何方式使用。

XĪMÓLUÒYǓ YǓYÁN SHǏYÒNGXIÀNZHUÀNG JÍQÍ YǍNBIÀN
西摩洛语语言使用现状及其演变
戴庆厦　主编

商　务　印　书　馆　出　版
(北京王府井大街36号　邮政编码100710)
商　务　印　书　馆　发　行
北京市白帆印务有限公司印刷
ISBN 978-7-100-06621-1

2009年9月第1版　　　开本 787×1092　1/16
2009年9月北京第1次印刷　印张 14½　插页 4
定价：41.00元

作者在雅邑乡合影

目　　录

第一章　绪论 ………………………………………………………………（1）
　第一节　开题缘由 ………………………………………………………（1）
　第二节　墨江县基本概况 ………………………………………………（2）
　第三节　西摩洛人聚居乡——雅邑乡概况 ……………………………（3）
　第四节　哈尼族和西摩洛支系 …………………………………………（5）
　第五节　调查设计 ………………………………………………………（9）
　第六节　墨江县雅邑乡哈尼族西摩洛语音位系统 ……………………（12）

第二章　西摩洛语使用现状及其成因 …………………………………（17）
　第一节　西摩洛人全民稳定地使用自己的母语 ………………………（17）
　第二节　西摩洛人不同年龄段的语言使用情况 ………………………（38）
　第三节　西摩洛语在西摩洛人社会生活中的使用功能 ………………（51）
　第四节　西摩洛语稳定使用的成因分析 ………………………………（55）
　第五节　少数西摩洛人母语能力下降以及母语转为第二语言 ………（59）
　第六节　雅邑乡非西摩洛人使用西摩洛语的情况 ……………………（69）
　第七节　雅邑乡西摩洛人兼用其他支系语言的情况 …………………（77）

第三章　雅邑乡西摩洛人的汉语使用现状及其成因 …………………（86）
　第一节　西摩洛人的汉语使用情况 ……………………………………（86）
　第二节　全民兼用汉语的成因及条件 …………………………………（135）

第四章　雅邑乡西摩洛青少年语言使用状况 …………………………（142）
　第一节　雅邑乡西摩洛青少年语言状况概述 …………………………（142）
　第二节　雅邑乡西摩洛青少年母语能力分析 …………………………（146）
　第三节　雅邑乡西摩洛青少年母语能力下降的表现及成因 …………（151）

第五章　西摩洛语和汉语的接触关系 …………………………………（159）
　第一节　汉语对西摩洛语固有语音特点的影响 ………………………（159）

第二节　汉语对西摩洛语固有词汇系统的影响……………………………（161）
　　第三节　汉语对西摩洛语固有语法特点的影响……………………………（174）
　　第四节　西摩洛人说普通话和当地汉话的语音特点………………………（180）

第六章　全书小结………………………………………………………………（187）

附录………………………………………………………………………………（191）
　一　访谈录……………………………………………………………………（191）
　二　调查日志…………………………………………………………………（199）
　三　西摩洛语400词表………………………………………………………（205）
　四　西摩洛语200短句………………………………………………………（210）
　五　照片………………………………………………………………………（224）

参考文献…………………………………………………………………………（228）

后记………………………………………………………………………………（229）

Contents

Chapter 1 Introduction ·· (1)
  1.1 A Brief Account of the Program ··· (1)
  1.2 A Survey of Mojiang Count ·· (2)
  1.3 A Survey of Yayi Township—the Region Where Ximoluo People Live in a Compact Community ··· (3)
  1.4 Hani Nationality and Ximoluo Branch ·· (5)
  1.5 Designing of the Investigation ·· (9)
  1.6 The Phonematic System of Ximoluo Language ·································· (12)

Chapter 2 The *Status Quo* of Use of Ximoluo Language and Contributing Factors ·· (17)
  2.1 The Stable Use of Mother Tongue by All Ximoluo People ················ (17)
  2.2 The *Status Quo* of Language Use in Different Ages of Ximoluo People ······ (38)
  2.3 The Function of Ximoluo Language in Ximoluo People's Social Life ······ (51)
  2.4 The Factors Contributing to the Stable Use of Ximoluo Language ······ (55)
  2.5 Decline of Some Ximoluo People's Mother Tongue Competence and Phenomenon of Switching Ximoluo as the Second Language ············ (59)
  2.6 The *Status Quo* of Use of Ximoluo Language by Non-Ximoluo People in Yayi Township ·· (69)
  2.7 The *Status Quo* of Use of Branch Languages by Ximoluo People in Yayi Township ·· (77)

Chapter 3 The *Status Quo* of Use of Chinese and Contributing Factors for Ximoluo People in Yayi Township ·· (86)
  3.1 The *Status Quo* of Use of Chinese for Ximoluo People ······················ (86)
  3.2 The Factors and Conditions Contributing to Language Mixture of Chinese for All Ximoluo People ·· (135)

Chapter 4　The Language Situation of Ximoluo Teenagers in Yayi Township …… (142)
　4.1　A Survey of the Language Situation of Ximoluo Teenagers in Yayi Township …… (142)
　4.2　An Analysis on Ximoluo Teenagers' Mother Tongues Competence ………… (146)
　4.3　The Concrete Performance and Contributing Factors of Decline of Ximoluo Teenagers' Mother Tongues Competence ………………………… (151)

Chapter 5　The Contact Relationship between Ximoluo Language and Chinese ………………………………………………… (159)
　5.1　Chinese Influence on the Inherent Phonematic Features of Ximoluo Language …… (159)
　5.2　Chinese Influence on the Inherent Vocabulary System of Ximoluo Language ……………………………………………………… (161)
　5.3　Chinese Influence on the Inherent Grammar Features of Ximoluo Language ……………………………………………………… (174)
　5.4　The Phonetic Features of Putonghua and Local Dialect Spoken by Ximoluo People ………………………………………………… (180)

Chapter 6　Conclusion …………………………………………………………… (187)

Appendices ………………………………………………………………………… (191)
　Interviews ………………………………………………………………………… (191)
　The Journal of Investigation …………………………………………………… (199)
　400 Words ………………………………………………………………………… (205)
　200 Sentences …………………………………………………………………… (210)
　Photographs ……………………………………………………………………… (223)

References ………………………………………………………………………… (225)

Postscript ………………………………………………………………………… (226)

第一章 绪论

本章主要论述以下几个问题：开题缘由；墨江县基本概况；雅邑乡概况；哈尼族和西摩洛支系基本情况；调查设计方案；西摩洛语音系统等。目的是为读者提供认识西摩洛语使用现状及其语言演变的背景材料，帮助读者了解全书所要论述的问题。

第一节 开题缘由

语言是一种文化现象，是传承一个民族丰富的文化内涵的载体，一种语言往往能反映使用该语言的群体的历史和现状的特点。因此，语言是民族的重要特征之一，其使用和演变与民族的发展和演变密切相关。

哈尼族是一个多支系的民族，不同支系使用不同语言。西摩洛人是哈尼族中人口较少的支系，约有一万四千余人。西摩洛人主要分布在云南省墨江哈尼族自治县，其母语是西摩洛语。西摩洛语是属于汉藏语系藏缅语族彝语支哈尼语的一个支系语言，过去把它看成是哈尼语碧卡方言中的一个土语。长期以来，西摩洛语是西摩洛人的主要交际工具，负载着西摩洛人丰富的传统文化内容。

迄今为止，语言学界对西摩洛语研究得很少，对其使用情况及语言结构特点尚不清楚，是汉藏语系藏缅语族语言研究中的一块空白。有许多重要的问题摆在我们的面前，需要我们去调查，去分析，去认识。比如：使用人口如此少的西摩洛语，又处在哈尼族其他支系、汉族的杂居环境中，其语言活力如何？在长期与其他支系语言和汉语的接触中，是否还能保留其母语使用的功能？特别是在现代化进程中，西摩洛语的使用情况有没有发生变化，其使用的前景会是怎样的，是否还能保持其语言活力并稳定地使用下去？国家语言规划、语言政策对这样的支系语言应采取怎样的对策？应当怎样从共时和历时、内部和外部、主观和客观等不同角度对西摩洛语的使用现状及其演变进行科学地分析？以上这些是本书所要研究的问题。

早在上世纪50年代，课题组成员戴庆厦就曾赴云南省墨江县，对西摩洛语进行了初步地调查。当时的结论是：西摩洛人全部使用西摩洛语，汉语并不普及，只有少数干部、知识分子、复员军人等不同程度地懂得汉语，大部分西摩洛人都不会说汉语。半个多世纪过去了，西摩洛人的语言使用状况有什么变化，其特点和规律是什么，这成为语言学研究中所必须解决的一个重要课题。

为此，教育部领导下的中央民族大学"985"工程创新基地语言中心设立了"西摩洛语语言使用现状及其演变课题组"，旨在通过西摩洛语的个案调查研究，探讨中国少数民族语言在现代化进程中的语言国情、语言关系,以及支系语言的特点和演变规律。该课题组一行6人,于2008年7月10日赴云南省墨江县雅邑乡(以下简称雅邑乡)进行一个多月的田野调查。在当地干部、群众的大力支持下,获得了大量的第一手材料,并形成了对西摩洛人语言使用现状及其历史演变的一些认识。

第二节 墨江县基本概况

位置面积 墨江位于云南省南部、思茅市东部,地处北纬22°51′~23°59′、东经101°08′~102°04′之间,北与镇沅、新平两县相连,东与元江、红河、绿春三县接壤,南临江城县,西与普洱县隔把边江相望。南北长136公里,东西宽76公里,全县国土总面积5312平方公里,其中山区面积占总面积的99.98%,森林覆盖率53.2%。北回归线穿城而过,被誉为"北回归城",距离省会城市昆明273公里,距离思茅市176公里。

地理气候 墨江位于哀牢山中段主脉以西的土石山区。地势自北向南倾斜,山势陡峭,重峦叠嶂。主要河流有把边江、泗南江、阿墨江、他郎河、布竜河、坝干河、那卡河、枥木河,简称"三江五河",均属红河水系。县城环境优美,气候宜人,夏无酷暑、冬无严寒,素有"春城中的春城"之称,上万只飞燕长年驻足于县城,与人和谐相处,为县城增添了一道独特的景观,被誉为"万燕之城"。四季温和,常年光照充足,属亚热带气候类型,全年平均气温为18.3℃,全年降雨量平均为1338毫米。最高海拔2278米,最低海拔440米,温差大,是典型的立体气候。

历史沿革 墨江历史悠久,曾名"恭顺"、"他郎"。在两汉、三国、唐南诏、南北朝时为益州郡、梁永郡和银生节度地。宋大理国时期,先后为威楚府因远部和马龙辖地。元代属元江路马龙部。明代开始设治。嘉靖十二年(1533年),以他郎寨长官司地置恭顺州(州治在今碧溪乡)。清雍正十年(1732年),改设为他郎抚彝厅,置流官通判。乾隆、宣统时,先后改为普洱府和他郎厅。民国二年(1913年)废厅改县,民国四年(1915年)改他郎县为墨江县。1949年1月7日墨江县城解放,1950年5月4日正式成立墨江县人民政府,1979年7月30日经国务院批准成立墨江哈尼族自治县,是全国唯一的哈尼族自治县。

行政区划 全县辖15个乡镇,164个村委会,4个社区,2318个村民小组。

人口民族 墨江县总人口36万人,其中,农业人口占91%。境内有哈尼、汉、彝、拉祜、布朗等25个民族,少数民族人口占总人口的73%。

哈尼族各支系人口 据2006年墨江县哈尼文化研究所的调查统计,墨江县哈尼族人口为210628人,占全县总人口的60%,占全县少数民族人口的81%,被誉为"哈尼之乡"。人口万人以上的支系有白宏、豪尼、碧约、卡多、西摩洛等,其他支系人口均在万人以下。[①] 下面是墨

---

① 赵德文,"墨江县哈尼族支系人口及其分布情况调查",2006年。

江县哈尼族各支系人口情况表：

表 1-1

自 称	他 称	人 口
白 宏	布 孔	27052
豪 尼	布都、阿梭	29915
碧 约	碧 约	63359
卡 多	卡 多	62696
西摩洛	西摩洛、哦努	14711
腊 米	腊 米	3105
切 第	切 第	1497
阿 木	阿 木	7050
卡 别	卡 备	1243
合 计		210628

第三节　西摩洛人聚居乡——雅邑乡概况

雅邑乡是西摩洛人的聚居乡，位于墨江哈尼族自治县的中南部，是墨江县的中心部位，地处东经 101°34′～101°46′、北纬 23°12′～23°30′，海拔在 630～2088 米之间。普西江、他郎河及 218 省道公路线分别沿西、东两面从北至南穿境而过。

全乡国土面积 336.4 平方公里，耕地面积 39812 亩，人均 2.3 亩。其中：干水田 5468 亩，旱地 34344 亩。全乡森林覆盖率 42.5%。① 雅邑乡人民政府驻地座细村，距县城 48 公里。全乡四面环山，层峦叠嶂，大小村寨分散在半山腰和缓坡地带。由于山高路陡，沟壑纵横，交通不便。通往各村寨的道路大多是石子和黄土铺就，崎岖不平，当地称之为毛路。较为平坦的 218 省道沿山势蜿蜒，狭窄之处仅能容纳一辆机动车通过。6 月至 9 月的雨季时，有些村寨有几公里路不能通车。

2008 年，全乡辖 14 个村民委员会，有芦山、托洛、徐卡、座细、南谷、南温、南泥湾、巴嘎、下洛甫、密切地、螺蛳塘、雅邑、牙骨、坝利等村委会。村委会下分 179 个村民小组。全乡 4272 户，共 21878 人。境内居住着哈尼、汉、彝、傣等民族，其中哈尼族最多，有 16934 人，占全乡总人口的 77.4%。汉族 2448 人，占全乡总人口的 11.2%；彝族 2187 人，占全乡总人口的 10%；傣族 260 人，占全乡总人口的 1.2%。还有少量白、回、布朗、拉祜、傈僳、佤、苗、壮、瑶等族，共 46 人。② 民族比例见下页图：

---

① 数据来自《雅邑乡简介》，雅邑乡政府内部资料，2008 年。
② 数据来自"雅邑乡分民族人口统计表"，雅邑派出所内部资料，2008 年。

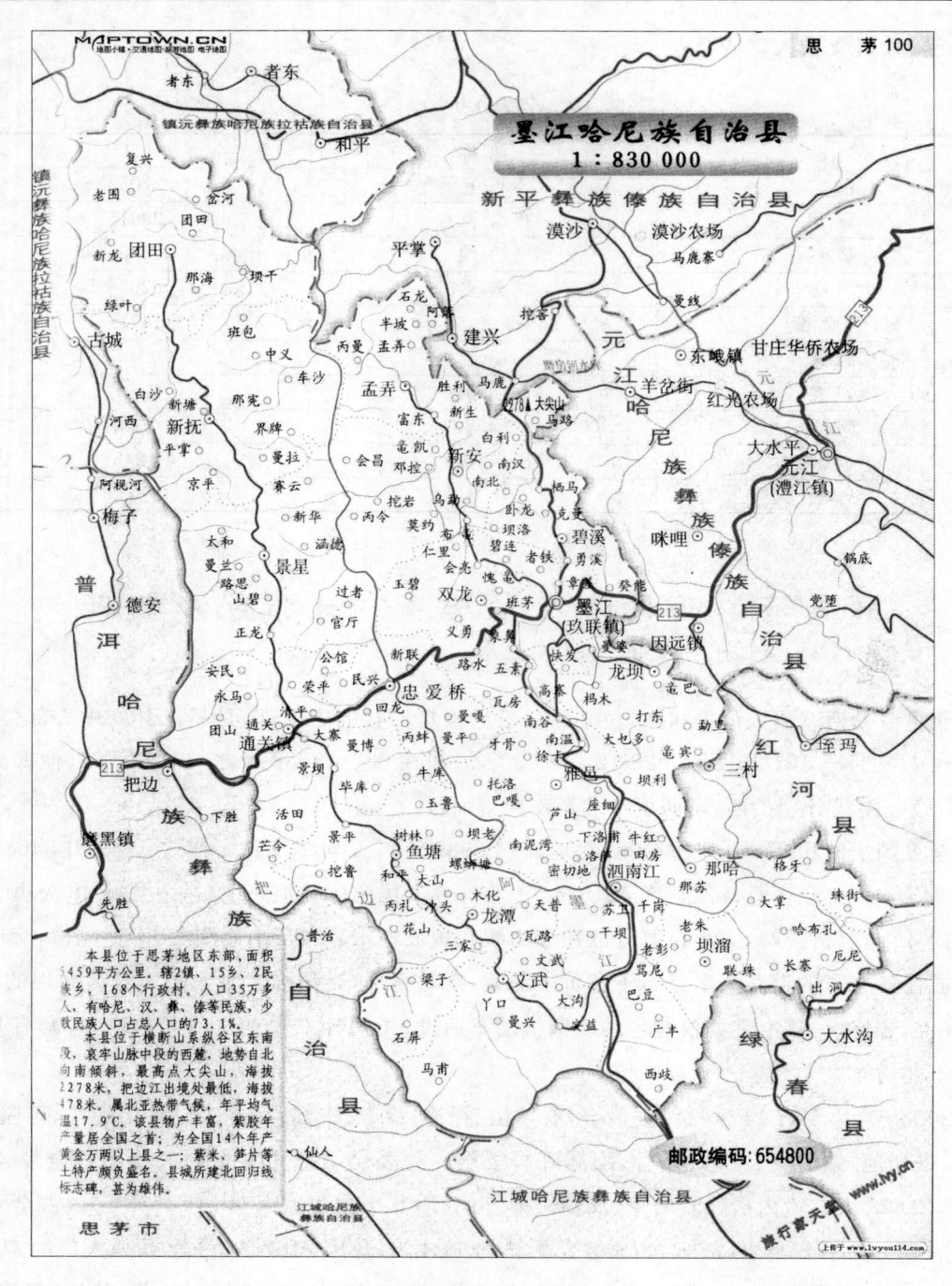

图 1-1 （本图资料供参考）

雅邑乡以农业为主，主要种植水稻、玉米。经济作物有紫胶、花生、橡胶、咖啡、茶叶等。雅邑乡是墨江县紫胶、花生的主产区之一。近年来，雅邑乡的农村产业有了较大发展。紫胶寄主树达 70 万株，橡胶定植 2.7 万亩，蚕桑定植 0.2 万亩，茶叶定植 1.1 万亩，咖啡定植 0.3 万亩，竹子定植 0.6 万亩，生猪存栏 1.37 万头、出栏 0.75 万头，大牲畜存栏 6358 头、出栏 764 头，家禽出栏 30925 只、禽蛋产量 23 吨，肉类总产量 844 吨。

民族比例

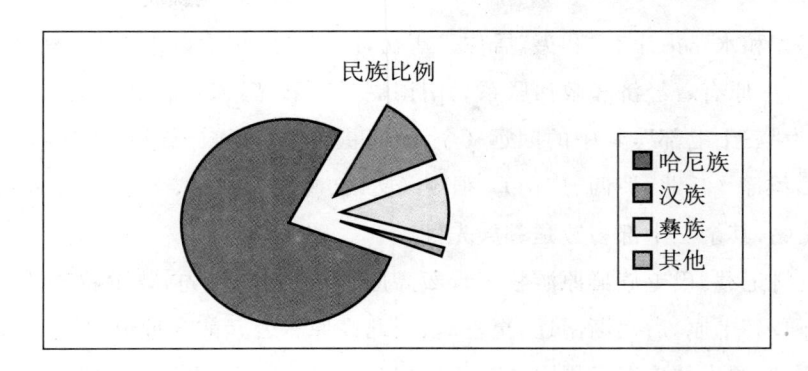

哈尼族
汉族
彝族
其他

图 1-2

2007年末,全乡农业生产总值1920万元,农村经济收入1330.6万元,农民人均纯收入570元;粮食总产量6140吨,农民人均有粮355公斤。与其他发达地区相比,雅邑乡仍是个贫困乡,贫困人口达17547人,其中绝对贫困人口有10475人。要全面建设小康社会,任务还非常艰巨。

雅邑乡九年制义务教育普及较好,有一所中心小学和一所中学。雅邑乡中心小学,创办于1933年,现已发展成为雅邑乡规模最大、教学质量最高的一所乡级中心小学。它现有教职工101名,其中代课教师23名,正式教师78名(含借调3名)。全乡共有12个教学点,其中一师一校还有4个教学点。全乡校园占地25914平方米,校舍建筑面积7731平方米。一至六年级47个教学班,共计1371名学生。校内外适龄儿童1148名,在校适龄儿童1145名,入学率达99.7%,辍学率始终控制在0.3%以下。雅邑乡中学位于墨江县城边。小学毕业生根据升学考分,被墨江县一中、墨江民族中学、雅邑乡中学等学校录取。

第四节 哈尼族和西摩洛支系

一 哈尼族人口分布及历史渊源

哈尼族是居住在我国西南边疆的一个少数民族,人口有1253952人(1990)。主要分布在云南省红河哈尼族彝族自治州的红河、元阳、绿春、金平四县,思茅地区的墨江哈尼族自治县、江城哈尼族彝族自治县、普洱彝族哈尼族拉祜族自治县、西双版纳傣族自治州的勐海、景洪、勐腊,以及玉溪地区的元江哈尼族彝族傣族自治县、新平彝族傣族自治县。此外,在峨山、建水、景东、景谷等地也有少量分布。其中红河州所属四县和思茅地区的墨江县是主要分布区,约占哈尼族总人口的70%左右。国外,在泰国、越南、缅甸等地也有哈尼族人口分布,有的称"阿卡"(Akha)。

哈尼族是历史比较悠久的民族之一,与彝族、拉祜族、傈僳族、景颇族、阿昌族、基诺族等同源于古氐羌人。[①] 哈尼族的先民,秦汉称昆明族、叟族,魏晋隋唐称"乌蛮"。《尚书·禹贡》记

---

① 《墨江哈尼族自治县民族志》,墨江哈尼族自治县民族宗教事务局编,第19页。

载:大渡河名为"和水",沿岸有"和夷"居住。唐初,滇东南六诏山区出现"和蛮"部落,曾多次向唐朝贡方物,与中原有着经济和政治联系。南诏崛起,"和蛮"隶属南诏,与滇东北和滇南的彝族一起,被称为"三十七部",其中的因远(今元江、墨江)、思陀(红河)、溪处(元阳、金平)、落恐(绿春)、维摩(丘北、泸西、广南)、强现(文山、砚山、西畴)、王弄(马关、屏边)等七大部是哈尼族先民,其余三十部多数是彝族先民。

据汉文史料记载,氐羌族群原游牧于青藏高原,哈尼族的祖先,曾游牧于遥远的北方一条江边的"努美阿玛"平原,后逐渐南迁,至青海、川北高原。公元前3世纪,和夷所居的大渡河之南、雅砻江之东所源出的连三海周围,或大渡河与金沙江交汇的地区,可能是哈尼族传说中的"努美阿玛"发源地。后居于此地的和泥、哈尼分两条路线往南迁徙:一条即早先的和夷自川西迁经昆明一带,再往南迁至滇东南的六诏山地区;一条自滇西北南迁经大理湖滨平坝,然后又分别南下到今哀牢山、无量山的景东、新平、镇沅、景谷、建水、石屏、蒙自,继至元江、墨江、红河、江城及西双版纳等地,在墨江定居的哈尼族,距今有一千多年的历史。

二 西摩洛支系

哈尼族支系繁多,有哈尼、雅尼(僾尼)、卡多、碧约、豪尼、白宏、西摩洛、阿木、腊米、切弟、卡别等十多个支系。墨江县是哈尼族分布县中支系最多的一个县,有9个支系。雅邑乡的西摩洛人有八千余人。

据历史文献记载,元、明、清时期哈尼族就已经有繁多的支系,出现过"和泥、瀚泥蛮、斡泥、碧约、布都、窝泥、白窝泥、黑窝泥、补孔、哦怒、哈尼"等支系称谓。居住在墨江东南面的豪尼、白宏、西摩洛和其他支系的哈尼族,大多是由川西南迁至昆明(叶秋崩芒)一带,后再往南迁至滇东南的六诏山地区——因远部所属的今元江、墨江。居住在墨江西北面的碧约、卡多和其他支系的哈尼族,大多是从滇西北南迁,经大理湖滨平坝,然后又分别南下到今哀牢山区。

西摩洛人长期与其他支系生活在一个地区,相互融合,互相渗透。他们之间的民族特点(包括文化习俗、语言等)有同有异。各地西摩洛人的生活和习俗大致相同,下面主要介绍雅邑乡西摩洛人的一些社会文化特点。

生产活动:西摩洛人的生产活动以农业为主,兼营畜牧业和少量手工业。1950年以前,居住在山区的西摩洛人以种山地为主,生产方式落后。以刀耕火种耕作,三年至五年放荒轮歇。后随着生产技术的提高,开坡地为梯田。主要的农作物是稻谷、玉米。经济作物主要有橡胶、咖啡、蚕桑、黄豆等。由于西摩洛人居住的山区,大都土地匮乏而贫瘠,加上交通不便,山里盛产的松木料、蔬菜等稀有产品难以运输到外地交换。从总体上看,西摩洛人经济收入偏低。

家庭副业主要是饲养家畜家禽和种植茶叶,还有编谷篮、筛子、簸箕,制木桌椅、饭甑等家用器具。过去,西摩洛妇女善于织染土布,服装用料多是自纺自织。但现在平时已改穿汉族服装,穿着多从商店购买。

饮食、居住:1949年前,西摩洛人田少地多,只能以玉米、荞、稗为主粮。尤其是在贫困的高寒山区,稻谷米饭成了逢年过节改善生活和敬老的食粮。新中国建立后,大米逐渐成为主粮。

西摩洛人种植烟草,成年男子普遍吸烟。上点年纪的人,喜欢抽竹制的水烟筒。西摩洛人生活中不可缺酒,家家户户会酿出受人喜爱的"小锅酒"。农历六月收谷时节,用新谷子蒸出的一锅锅酒,闻起来芳香扑鼻,喝下去醇香绵厚,滋味非工业制酒可比。西摩洛人喜饮茶,特别是野生薄荷茶。这种茶泡出后金黄透明,生津止渴,清火解毒。

西摩洛人食用的蔬菜种类繁多。除自家菜园里种植的一般蔬菜外,还有蕨菜、臭菜、芭蕉花、苦笋、薄荷、鱼腥草、木耳和各种菌类达数十种。

西摩洛人的村寨多建在半山腰或缓坡地带,周围有茂盛的树林和常年不断的溪水。过去,西摩洛人的房屋多为草房、扇片房。经济条件较好的人家为二层楼,穿心架、土基墙、茅草顶,人住楼上,禽畜养在楼下。经济条件差的人家为一层,木桩杈,春墙或泥巴墙或篱笆墙,茅草或竹片盖顶,当地称为"扇片房";正房分为三间,左为老人住宿,中为堂屋,右为儿女住宿;两边似扇形的房子,一边为灶房,一边关禽畜用;堂屋内紧挨后山墙设一张供桌,桌左上方靠墙板一方,供着代表父、祖父、曾祖父三代祖宗神灵的"俄定沙拉"牌位。

改革开放以来,这里农村普遍地盖起了瓦房。有的盖起了混凝土结构的钢筋平顶房,代替了昔日古朴的草房和扇片房。西摩洛人的新房多为二层,一层人住,中间堂屋,靠山墙摆放一张长条窄几,放电视机和电话。

近一两年,由于山体滑坡,政府拨款和个人集资结合,重新选址统一建起新寨。雅邑乡座细村委会天补村民小组、雅邑村委会大寨村民小组已住进了新的二层瓦房里。

服饰:西摩洛人的服饰与其他支系不同,具有自己的特点。过去,男性服饰根据年龄分不同的款式。5岁至18岁之间,量体裁衣穿蒙裆裤。穿结葡萄扣或钉银质双排扣的普通衣服。手戴银手链、银镯子。脚穿剪刀口布鞋或草鞋。18岁至结婚,头梳平滑式或两分瓦片的高装头。脚裹绑腿带。绑腿带由情人赠送,上绣天、地、太阳、月亮、花草、彩蝶等图案。脖戴圆形银项圈,代表男子是太阳。还可戴银枷锁,以示驱鬼神,保平安。结婚后,包上青包头。40岁以后,可改穿面襟衣、宽裤头的打褶裤,包头加大加长,直到老年不变。

妇女根据不同年龄、婚姻、辈分变化服饰款式。未婚女青年穿长至膝的面襟衣,内有简单衬衣、短裤、筒裙。发辫上拴上"撒"(头绳),头戴绣有梯田、花草、劳作图案,镶有银泡、缀银果、小响铃、红花朵朵的船形帽。整套着装都用丝线、银泡作装点。颈套月牙形银项圈,象征女人是月亮。手戴银镯子或银手链。小腿包白色四方、绣有花草虫鸟图案的裹腿布。脚穿方口布鞋。婚后妇女头戴塔形似尖顶青帽,帽子从帽檐镶嵌颗与颗紧密相连的直竖银泡至帽顶。内穿白领蓝衣,外着靛青色长衫衣至膝,无纽扣,从领下至腿上分为三块,刺绣工艺各不相同。老年妇女穿边角丝线缝制的、不绣花的布裙,头绕青包头,脚穿方口布鞋。

值得注意的是,几十年来,西摩洛人多已接受汉族服饰,只有在节日、喜庆等活动中才穿戴本族服饰。

婚嫁、丧葬：西摩洛人实行一夫一妻制。1949年以前，青年男女的婚姻多是父母包办，媒人撮合。盛行姑舅表婚，即舅父的儿子有优先娶姑母女儿的权利。新中国成立后，一般都是自由恋爱与父母同意相结合。由于对近亲结婚的危害有了新的认识，姑舅表婚的习俗已逐步消失。青年男女通过劳动场所和节日交往互相认识相爱后，双方互赠礼物，然后由男方的父母请媒人到女方家说亲。说亲成功后，便共同喝酒订婚，西摩洛人称"吃小酒"，并商定彩礼数量。

西摩洛女子出嫁，由新郎和一个亲密的男伴前来女方家迎娶。女方家派24人送亲。姑娘出嫁前，盛行哭婚习俗。第二天举行婚仪。婚仪在堂屋中举行。由德高望重的长者主持夫妻拜堂。先拜天地，后拜祖宗，最后夫妻对拜。吃完下午饭后，由新娘按辈分顺序依次给长者洗脚，以示敬意。入夜，在伴娘的陪同下，进行"讨糖闹房"。屋里屋外，趁着闹喜糖吃的欢乐和酒兴，人们在三弦、四弦、芦笙、笛子、木叶的伴奏下如痴如醉地跳起"阿迷车"舞。第三天，回门。第四天，新郎与新娘带上劳动工具，一同前往田地间劳动，象征着"新婚夫妻同耕耘，年年能过好光景"。

西摩洛人的丧葬习俗。人死后，要沐浴、更衣，换上土布制成的衣服。棺木为柏木质。下葬时，要用黄泡刺、柳叶、白珠柳、桃叶等枝条扎成的扫把打扫墓坑，寓含"死人进，后人出"之义。西摩洛人还有办"冷丧"的习俗。如果没有黄道吉日或当时没有能力办丧，可先将棺木暂厝，待条件成熟时再举办隆重的丧礼仪式，时隔数月、数年不等。

节日、禁忌：西摩洛人除了和汉族一样过春节、清明节、端午节、中秋节外，过去还隆重地过本族节日"苦扎扎"（kho^{31}tʃɔ^{33}tʃɔ^{33}）节。"苦扎扎"节是在农历六月二十四至二十五日过，汉族称之为"过六月"。这个节日意味着粮食即将收获，青黄不接的日子已过去，吃饱肚子的日子已来临，可以婚嫁谈恋爱。过"苦扎扎"节，要求团团圆圆地过，嫁出去的姑娘和姑爷、外孙也要叫回。"苦扎扎"节的最后夜晚要耍火把。由于西摩洛人盛行过汉族的节日，西摩洛的传统节日已不像过去那样受重视，只有六月节还受到普遍重视。

西摩洛人的禁忌较多。如：相冲相克日不出售家禽家畜；在祭祀活动中狗肉不能上桌；孕妇不能进新婚夫妻的房间；晚辈不能与长辈同坐，不能在长辈面前跷脚，不能从长辈面前通过等。

民间文学和体育活动：西摩洛人在漫长的历史长河中，用结绳、刻木记事。虽然没有文字，但诗、歌、舞、乐、神话传说等民间文学较丰富。除了传唱古老的"苦情调"、"合欢调"等民歌外，还创作出很多带有民族色彩的山歌。婚、丧、节庆等各种民俗和宗教活动，都离不开歌舞。雅邑乡西摩洛人的舞蹈主要有"阿迷车"和"扭鼓舞"。

西摩洛人喜爱的体育活动，有荡秋千、斗陀螺、打篮球。

宗教信仰：西摩洛人信仰万物有灵、多神崇拜的原始宗教。主要信仰的神有天神、地神、寨神及具有保护性的神林等自然崇拜。西摩洛人与其他哈尼族的支系一样，主要祭祀活动是"祭龙"。在过完大年后的第三个月属龙的日子祭祀，一共进行三天。西摩洛人一般选择枝叶茂盛、生命力强、年龄古老的万年青或株栗树为龙神树、寨神。它是本村寨人和一切生物的保护神林,保佑五谷丰登、人畜安康。因而,西摩洛村村寨寨都有竜树。竜林里严禁砍伐、割草,对保护自然生态平衡起到了良好的作用。现在,有些村寨还沿袭这种习俗。

新中国成立以前,基督教就已传入西摩洛地区,至今又有所发展,雅邑乡约有5%的人信仰基督教。雅邑乡西摩洛聚居区有两座基督教堂:座细村大田头教堂和轩秀教堂。牧师使用汉语和西摩洛语传经布道。

第五节 调查设计

本节主要介绍全书的调查方法、语言能力的划分、年龄段的划定以及调查阶段的安排等几个问题。

一 关于调查方法

语言产生于群众之中,使用于群众之中,所以要真正了解语言的使用情况和语言本体特点,就必须深入到群众中去采集第一手鲜活的语料。能否获取大量有价值的语料,是这次调查成败的关键。为此,调查组把大量的时间放在田野调查上,亲自赴西摩洛居住的村寨与群众接触。在调查中主要强调以下方法。

1. 穷尽式个案调查法

穷尽式个案调查法,是指对所要调查的问题、对象尽量做到微观的分析描写,从个案调查中提取、归纳出规律和认识。

为了调查西摩洛人的语言使用现状,课题组进入雅邑乡后,先收集各村民小组的"人口统计表",然后将每户家庭的"姓名、出生年月、民族、文化程度"等项目逐一输入电脑。接着,课题组成员分别向村民们和村委会干部了解每个家庭各个成员的语言使用情况(包括第一、第二语言的使用情况,有的还包括第三语言的使用情况)。同时,还根据调查的目的和要求,安排一定比例的入户调查。

这项调查的工作量很大,要求细致地、不厌其烦地逐个问询,逐一输入电脑,然后进行数据统计。具体的数据能够向我们显示调查对象的语言使用现状。

2. 问卷调查法

为了全面掌握西摩洛人家庭内部和在不同场合、面对不同对象使用语言的具体情况,进而了解西摩洛人不同年龄、不同职业的语言观念,我们还发放了大量的调查问卷,进行随机抽样调查。我们使用的调查问卷主要有以下几方面的内容:

① 西摩洛人不同场合、不同时期语言使用情况
② 西摩洛人家庭内部语言使用情况

③ 西摩洛人语言态度

此外,我们还分头到学校、机关等单位和集市进行调查,并走访村民、村干部、公务员、教师、学生等各方面有代表性的人物。

3. 核心词汇测试法

为了能够有效地在较短时间内掌握西摩洛不同年龄段人群的语言使用情况,我们课题组设计了"西摩洛语400词测试表"(以下简称"400词表")。这个400词表是从两千多个常用词汇中挑选出来的。挑选的标准是:

①西摩洛大多数人都会说出的基本词汇。如:自然现象类的天、地、月亮、星星、风、雨、火等;动物类的马、牛、猪、狗、鸡、鸭、鱼等;身体部位类的眼睛、鼻子、耳朵、肩膀、手、脚、腿、肚子等;人物称谓类的男人、女人、姑娘、孩子、父亲、母亲、女儿、媳妇等;工具类的铁锅、梯子、扫帚、钥匙、板凳等;动词类的看、听、咬、吃、说、笑、哭等;以及形容词类的高、低、圆、轻、重、多、少等。

②不收现代汉语借词,即使是在日常生活中已普遍使用的。如:电视、电话、手机、乡政府、老师、医生等。因为这些词测不出西摩洛人本族语言的实际能力。

③不收有歧义的词。如:不收"霹雳",因为一些西摩洛人分不清它与"雷"、"电"的区别,认为打霹雳跟打雷是一样的。不收"坡",因为西摩洛人有"上坡"、"下坡"之分。不收"蓝"、"绿"、"青",因为这几个词在西摩洛语中都用一个词表达。

④ 不收在现代生活中已逐渐不用的词。如:姜、麻风病等。

400词一个个地依次测试,每个词的掌握能力按A、B、C、D四级定级:

A级:能脱口而出的

B级:需想一想说出的

C级:经测试人提示后,测试对象想起的

D级:虽经测试人提示,但测试对象仍不知道的

西摩洛人的语言能力就以400词测试的综合评分而定。具体是:

①A级和B级相加的词汇达到350个以上的,语言能力定为"优秀",即能较好地掌握西摩洛语。

②A级和B级相加的词汇在280—349之间的,语言能力定为"良好",即基本掌握西摩洛语。

③A级和B级相加的词汇在240—279之间的,语言能力定为"一般",即西摩洛语的使用能力出现衰退。

④A级和B级相加的词汇在240以下的,语言能力定为"差",即西摩洛语的使用能力出现衰退。

对于400词的测试,一人只需使用一至两小时,母语能力较强或反应较快的一个小时就能完成。通过测试,能够看到不同年龄段的西摩洛人母语能力的差异。我们这一个多月的测试结果,也证实了这一点。

4. 多学科综合法

本书虽然主要以语言学的研究方法为主,但在对个案进行综合分析时,还重视吸取民族学、人类学、文化学、统计学的有关知识和方法,力图在综合分析的基础上,得出科学的结论。比如:对不同支系语言关系的分析,我们注意到民族融合与民族分化的理论;对西摩洛语与汉语接触关系的研究,运用了汉族和少数民族相互关系的研究成果。

二 关于语言使用等级的划分

西摩洛人的语言使用除了母语支系语言外,还有汉语和其他支系语言。所以,语言使用等级的调查,除了母语外还有兼用语——第二语言、第三语言。本调查根据调查对象的听、说能力,将其语言能力分为三个等级:熟练、一般、不会。三个等级的划定标准为:

①熟练:听、说能力俱佳;日常生活中能够自如地运用该语言进行交际。

②一般:听、说能力均为一般或较差,或听的能力较强,说的能力较差;日常生活中以兼用语为主。

③不会:听、说能力均较为低下或完全不懂;已转用兼用语或别的支系语言。

三 关于年龄段的划分

依据语言习得特点和西摩洛人的实际情况,本书将年龄段划分为三段:青少年段(6—19岁);成年段(20—59岁);老年段(60岁以上)。由于6岁以下儿童(0—5岁)的语言能力不甚稳定,所以本书将统计对象的年龄划定在6岁(含6岁)之上。成年段母语人年龄相差40岁,实际上涵盖了青年、中年两大年龄段。虽然这两个年龄段跨度较大,但属于该年龄段的母语人语言能力已经成熟、稳固,"代际性差异"不甚明显,因而无须做进一步的细化切分。

四 关于调查阶段的划分

此次调查大致可分为六个阶段:

1. 材料准备阶段(2008.6.9—7.9)。搜集课题相关的资料,制订相应调查计划,设计调查问卷和调查表。

2. 入户调查阶段(2008.7.13—7.20)。深入雅邑乡访谈、记录,积累大量第一手原始材料。

3. 写作提纲拟订阶段(2008.7.20—7.25)。对收集到的材料加以分类,并在分析的基础上拟订出写作提纲。

4. 正文写作阶段(2008.7.26—8.12)。在分析材料的基础上,依照写作提纲,完成初稿,提炼出具有指导意义的观点。

5. 修改补充阶段(2008.8.13—9.2)。对缺少的材料进行补充;对全文的架构进行"微调";对文字加以润色。

6. 统稿成书阶段。(2008.9.3—9.20)。统一体例；对注释、图表、标点符号等加以规范；设计封面。

第六节 墨江县雅邑乡哈尼族西摩洛语音位系统

西摩洛语是哈尼族西摩洛支系使用的支系语言。雅邑乡的西摩洛话基本一致，只有细微差别。本音系是根据雅邑乡座细村的西摩洛语拟制而成的。发音人是：白开侦（54岁，农民，原座细村村长），白少剑（20岁，高中毕业生），白凌（18岁，高中二年级学生），白萍（17岁，高中二年级学生）。他们都是雅邑乡座细村人，也都是土生土长的西摩洛人。本音系是2008年7月在雅邑乡乡政府所在地坝浦河记录的。

一 声母

西摩洛语声母有30个。主要特点是：1.塞音、塞擦音只有清音，没有浊音。但在擦音上，清浊对立严整。2.在双唇音、舌根音上，分颚化、非颚化两套。3.舌尖前音和舌叶音对立。4.只有单辅音，无复辅音。具体音位列表如下：

表 1-2

方法	部位	双唇 非颚化	双唇 颚化	唇齿	舌尖前	舌尖中	舌叶	舌根 非颚化	舌根 颚化
塞音	不送气	p	pj			t		k	kj
塞音	送气	ph	phj			th		kh	khj
塞擦音	不送气				ts		tʃ		
塞擦音	送气				tsh		tʃh		
鼻音		m	mj			n		ŋ	ŋj
边音						l			
擦音	清			f	s		ʃ	x	xj
擦音	浊			v	z		ʒ	ɣ	j

声母举例：

p	pa^{33}	圈套	pi^{55}	飞
ph	pha^{33}	拆（房子）	phi^{55}	（很）晚
m	ma^{33}	梦	mi^{55}	好（吃）
pj	pja^{55}	（前）边	pje^{31}	软
phj	ji^{55}phji^{55}	墙	phje^{33}	（使）破
mj	ɣ^{55}mjʌ^{55}	时候	mje^{31}	饿

f	fv̠^{33}	蛆	fv^{55}	炒（饭）	
v	a^{31}va^{31}	下（面）	va^{31}	猪	
ts	tsɿ^{55}	跳	tsɿ^{33}	肿	
tsh	tshɿ^{55}	牵	tshā^{31}	蚕	
s	sɿ^{55}	死	sā^{31}	伞	
z	zɿ^{55}	（水）流	zɿ^{33}	平稳	
t	to^{31}	（一）句	ta^{31}	（一）升	
th	thi^{55}	舂（米）	a^{31}tha^{31}	上（面）	
n	no^{31}po^{55}	耳朵	na^{31}	早	
l	lo^{31}	（一）丘（田）	la^{31}	（打一）下	
tʃ	tʃa^{33}	有	tʃo^{31}	吃	
tʃh	mɿ^{55}tʃha^{31}	地	tʃho^{31}	戴（帽）	
ʃ	ʃa^{33}	称	ʃo^{31}	香	
ʒ	ʒɿ^{31}	四	ʒo^{31}	走	
k	ka^{33}	耙（田）	ko^{33}	下（雪）	
kh	kha^{33}	硬	kho^{33}	栽（树）	
ŋ	ŋʌ^{55}	我	ŋo^{31}tɯ^{55}	鱼	
x	xa^{33}	摸	xo^{31}	饭	
ɣ	ɣo^{33}tʃɿ^{55}	网	ɣo^{31}	（一）元	
kj	kji^{33}	盛（饭）	kje^{33}	刮（痧）	
khj	khji^{55}	牢固	a^{31}khje^{31}	空	
ŋj	ŋji^{33}	摇	ŋje^{55}	臭	
xj	to^{31}xji^{33}xji^{33}	淘气	xje^{31}	八	
j	ji^{31}	切（菜）	je^{31}	呕吐	

说明：

① 双唇音 p、ph、m，舌根音 k、kh，舌尖中音 n，能与舌尖元音 ɿ 结合。例如：pɿ^{31}"给"、ɔ^{31}khɿ^{55}"腿"、khɿ^{33}"害怕"、nɿ^{31}"鬼"等。舌根音 k、kh 与舌尖音结合时，k、kh 读得很轻，中间带有介音 s。例如：khɿ^{31}"咬"读为 [kh（s）ɿ^{31}]。

② 舌尖前音 ts、tsh、s、z 与舌叶音 tʃ、tʃh、ʃ、ʒ，只在和舌尖元音结合时构成对立。在与其他元音结合时，不构成对立。与舌面元音结合时，大多数人都读为舌叶音，也有少数人读为舌尖音，但不构成对立。例如：tʃa^{31}ka^{55}"傻子"也有读 tsa^{31}ka^{55} 的。

③ f 声母在本语里只与 v 结合。但在汉语借词中，有与其他元音结合的音节。例如：fɛ^{31}tsɔ^{55}"肥皂"、fɣ̃^{55}"封"等。

④ 鼻音声母 m、n、ŋ 能自成音节，出现在少数表示语气的词上。例如：ɣ^{55}ŋ^{55}"很"、m^{31}

"对"。

二 韵母

西摩洛语韵母共有 29 个。主要特点是：1.松紧元音对立只出现在 ɿ、v 两个元音上。2.固有词大多是单元音韵母，复合元音韵母大多出现在汉语借词上。3.ɛ 和鼻化元音也只出现在汉语借词上。

(一) 单元音韵母(17 个)：

松元音：i、e、ɛ、a、ʌ、ɔ、o、ɤ、ɯ、ɿ、v
紧元音：ɿ̠、v̠
鼻化元音：ĩ、ɛ̃、ã、õ
例词：

i	ti³¹	推	ji⁵⁵	房子
e	te³¹	活	lo³¹ je⁵⁵	船
ɛ	tɛ⁵⁵ pjɔ³³	代表	ʌ⁵⁵ nɛ³³	奶奶
a	pa³¹	抬	pha³³	拆（房子）
ʌ	ʌ³¹ pʌ³¹	父	phʌ⁵⁵	布
ɔ	pɔ³¹	蜂	phɔ⁵⁵	蜕（皮）
o	mo³¹	马	pho⁵⁵ pho³¹	衣服
ɤ	a⁵⁵ mɤ³¹	猴子	mɤ⁵⁵ jʌ⁵⁵	伤口
ɯ	mɯ³¹	好	ŋɯ⁵⁵	是
ɿ	tshɿ³¹	洗	ɤ³¹ sɿ³¹	血
ɿ̠	tshɿ̠³¹	节	sɿ̠³¹	晒（物）
v	v³¹ tv³¹	头	sʌ⁵⁵ tv³³	玉米
v̠	v̠³¹	疯	tv̠³³	出
ĩ	tʃhĩ⁵⁵ tʃhĩ³³	亲戚	pĩ³³	兵
ɛ̃	tɛ̃⁵⁵	灯	fɛ̃³³	分
ã	tã⁵⁵	石	tʃã⁵⁵	（一）阵（雨）
õ	thõ³¹	铜	tɛ⁵⁵ lõ³¹	灯笼

(二) 复合元音韵母(12 个)：

ui、uɛ、ua、ai、ia、iɔ、io、uã、uɛ̃、iɛ̃、iã、iõ
例词：

ui	ui⁵⁵	胃	tui⁵⁵	（一）对

uɛ	lo³¹sɿ³³kuɛ³¹	脚踝	kuɛ⁵⁵		怪
ua	sɿ⁵⁵xua³³	柿子	ua³¹		瓦
ai	pɤ³¹tshai⁵⁵	白菜	kai³³tsɿ³¹		街
ia	tʃia⁵⁵	（一）架	ʃia³³		虾
iɔ	ʃiɔ³¹xɔ³¹tsɿ³³	小伙子	fɛ³¹liɔ⁵⁵		肥料
io	ʃio³¹ʃi⁵⁵	学校	tʃhio³¹		球
uã	uã³³tɯ⁵⁵	豌豆	tʃhuã³¹tsɿ³¹		橡子
uɛ̃	luɛ̃³¹tsɿ³¹	轮子	xuɛ̃³³		昏
iɛ̃	xo³¹tʃhiɛ̃³¹	火钳	tiɛ̃⁵⁵xua⁵⁵		电话
iã	liã³¹	（一）两	xui³¹ʃiã³³		茴香
iõ	ʃiõ⁵⁵	凶	tʃhiõ³¹		穷

说明：

① v 是唇齿元音。发音时，上齿咬下唇，摩擦较重。

② 元音的松紧对立只出现在舌位高的 v、ɿ 两个元音上。其他元音不对立。但在实际的音值上，e、a、ɤ 较紧，i、ʌ、ɔ、o 较松。

紧元音主要出现在中平、低降两个调上，但在高平调上也有少量分布。

③ ɻ 出现在舌叶音声母后读 ɻ，但不与 ɿ 构成对立，所以 ɻ 作为 ɿ 的条件变体处理。例如 tʃhɿ³³"（一）把（米）"的实际读音是 [tʃhɻ³³]。在与双唇音、舌根音、舌尖中音结合时，大多都念为 ɿ（如白萍），也有少数人在少数词上念为 ɻ（如白凌）。但都不构成音位对立。

④ e 的发音带介音 i，读为 [ie]。例如：te³¹"活（了）"读为 [tie³¹]、ʃe⁵⁵"拿"读为 [ʃie⁵⁵]。

三　声调

西摩洛语声调有三个：高平（55）、中平（33）、低降（31）。例如：

高平	中平	低降
pa⁵⁵jɔ³¹ 歪	pa³³ 圈套	pa³¹ 抬
pɯ⁵⁵ 分	pɯ³³ 被子	pɯ³¹ 掏
v⁵⁵ 买	v̠³³ 蛋	v̠³¹ 疯
kɯ⁵⁵ 荡（秋千）	kɯ³³（晒）干	tɯ³¹kɯ³¹ 傻子
mɯ⁵⁵ 干（活）	mɯ³³mɯ³³ 舅舅	mɯ³¹ 好

说明：

① 松元音韵母在三个声调上都出现，紧元音韵母主要出现在中平和低降两个声调上。

② 有的人将 55 调变读为 51 调，31 调变读为 35 调（如白开侦）。有的将部分 55 调读为 35 调（如白凌）。

③ 变调较少。

四　音节类型

西摩洛语音节类型共有 5 种：

1. 元音：v^{55}"买"、ɯ^{55}"他"。
2. 元音+元音：ua^{31}"瓦"、uɛ^{33}"歪"。
3. 辅音+元音：ta^{33}"上"、pɔ^{33}"射"。
4. 辅音+元音+元音：kao^{33}"高"、kui^{55}"贵"。
5. 辅音：m^{31}"对"。

说明：

① 上面 5 种形式中，2、4 两种类型主要出现在汉语借词中。
② 出现频率最高的类型是第 3 种。
③ 第 5 种类型出现频率很低，只出现在个别语气词上。

第二章 西摩洛语使用现状及其成因

西摩洛人主要分布在雅邑乡的座细、徐卡、南温、雅邑、下洛甫、坝利6个村的47个村民小组(村民小组是按自然寨划分的,47个村民小组即47个自然寨),我们穷尽地调查了这些村寨西摩洛人使用母语的情况,调查对象共计4024人,全是6岁以上具有正常语言能力的人。通过调查,我们对西摩洛人的语言使用现状及其成因有了一定的了解。下面,将我们调查得到的数据以及对实际情况的认识叙述如下。

第一节 西摩洛人全民稳定地使用自己的母语

实地调查显示,西摩洛人基本上都能掌握自己的母语。除了7个村民小组熟练掌握母语的人口比例在97.4%至98.9%之间外,其余均为100%。根据这个数字,我们把雅邑乡使用母语的类型定为全民使用母语型。请看各村民小组母语使用水平统计表。

表 2-1

调查点	(村民小组)	总人口	熟练 人口	熟练 比例	一般 人口	一般 比例	不会 人口	不会 比例
徐卡村	捌抱树组	47	47	100%	0	0%	0	0%
徐卡村	备自组	67	67	100%	0	0%	0	0%
徐卡村	路能组	106	106	100%	0	0%	0	0%
徐卡村	普持组	62	62	100%	0	0%	0	0%
徐卡村	萨别组	46	46	100%	0	0%	0	0%
徐卡村	特别普持组	48	48	100%	0	0%	0	0%
徐卡村	新发组	21	21	100%	0	0%	0	0%
徐卡村	咱思鲁模组	35	35	100%	0	0%	0	0%
徐卡村	区鲁山组	59	59	100%	0	0%	0	0%
徐卡村	沙浦鲁娜组	92	92	100%	0	0%	0	0%
雅邑村	安尼糯上组	48	48	100%	0	0%	0	0%
雅邑村	安尼糯下组	114	114	100%	0	0%	0	0%
雅邑村	安宁组	102	102	100%	0	0%	0	0%
雅邑村	布哈组	86	86	100%	0	0%	0	0%
雅邑村	大干田组	61	61	100%	0	0%	0	0%
雅邑村	拉东组	172	172	100%	0	0%	0	0%
雅邑村	洋毛组	121	121	100%	0	0%	0	0%

下洛甫村	阿嘎组	48	48	100%	0	0%	0	0%
	新寨组	123	123	100%	0	0%	0	0%
	坝心组	68	68	100%	0	0%	0	0%
	那会组	41	41	100%	0	0%	0	0%
座细村	座细组	132	132	100%	0	0%	0	0%
	大椿树组	102	102	100%	0	0%	0	0%
	大田头组	96	96	100%	0	0%	0	0%
	枵木树组	82	82	100%	0	0%	0	0%
	轩秀一组	75	75	100%	0	0%	0	0%
	轩秀二组	99	99	100%	0	0%	0	0%
	轩秀三组	130	130	100%	0	0%	0	0%
	轩秀四组	129	129	100%	0	0%	0	0%
	轩秀五组	117	117	100%	0	0%	0	0%
	旧家组	87	86	98.9%	1	1.1%	0	0%
	天补组	193	190	98.4%	3	1.6%	0	0%
	慢哈布组	56	55	98.2%	0	0%	1	1.8%
南温村	的莫组	55	55	100%	0	0%	0	0%
	红花树组	36	36	100%	0	0%	0	0%
	会面组	114	114	100%	0	0%	0	0%
	南温一组	29	29	100%	0	0%	0	0%
	西科目一组	51	51	100%	0	0%	0	0%
	西科目二组	113	113	100%	0	0%	0	0%
	西科目三组	84	84	100%	0	0%	0	0%
	科目组	75	75	100%	0	0%	0	0%
	白龙潭组	71	70	98.6%	0	0%	1	1.4%
	草皮坝组	154	150	97.4%	2	1.3%	2	1.3%
	大田组	51	50	98%	1	2.0%	0	0%
	石灰窑组	65	65	100%	0	0%	0	0%
坝利村	勐埔组	152	150	98.7%	0	0%	2	1.3%
	古鲁山组	109	105	96.3%	0	0%	4	3.7%
合计		4024	4007	99.5%	7	0.2%	10	0.3%

上表显示,雅邑乡西摩洛人母语使用水平为"熟练"级的人数占调查总人口的99.5%,"一般"级的有7人,仅占总人口的0.2%,"不会"级的有10人,只占调查总人口的0.3%。即绝大部分西摩洛人的母语听说能力较强,能够自如地运用母语进行交际。个别人虽不能熟练地使用母语,但只是母语的听说能力发展不平衡,听的能力较强,说的能力较弱,还是能够使用母语进行交际的。这些数据说明西摩洛语是西摩洛人全民使用的交际工具,西摩洛语具有很强的活力。

在西摩洛村寨走访期间,我们也深深地感受到西摩洛语的活力。所见到的西摩洛人中,不论是白发苍苍的老人,还是五六岁的稚童,没有一个不会说西摩洛语的。我们问了一些老乡"你会不会西摩洛语?"他们会满脸惊讶地回答"会呀,怎么不会?""西摩洛人都会西摩洛语,没有不会的。"他们认为西摩洛人说西摩洛语是很自然的。下面随机选取了部分村寨西摩洛人家的语言使用情况,进一步显示西摩洛人全民使用母语的特点。

表 2-2　座细村座细组西摩洛人母语使用情况

家庭	姓名	年龄	民族或支系	文化	第一语言及水平
户主	宗开学	60	西摩洛	小学	西摩洛,熟练
妻子	杨琼珍	57	西摩洛	小学	西摩洛,熟练
户主	宗开兴	69	西摩洛	小学	西摩洛,熟练
妻子	白玉珍	69	西摩洛	文盲	西摩洛,熟练
长子	宗荣岗	33	西摩洛	初中	西摩洛,熟练
户主	宗华荣	31	西摩洛	小学	西摩洛,熟练
爷爷	宗自祥	80	西摩洛	半文盲	西摩洛,熟练
弟弟	宗阿华	23	西摩洛	小学	西摩洛,熟练
户主	杨琼英	41	西摩洛	小学	西摩洛,熟练
长女	宗转珍	20	西摩洛	小学	西摩洛,熟练
长子	宗阿二	18	西摩洛	在读	西摩洛,熟练
户主	宗国辉	35	西摩洛	初中	西摩洛,熟练
妻子	杨存娜	37	西摩洛	小学	西摩洛,熟练
长女	宗付英	16	西摩洛	在读	西摩洛,熟练
长子	宗付强	7	西摩洛	在读	西摩洛,熟练
户主	李荣锋	41	西摩洛	初中	西摩洛,熟练
妻子	白凤英	40	西摩洛	小学	西摩洛,熟练
长女	李玉梅	18	西摩洛	在读	西摩洛,熟练
长子	李玉琼	15	西摩洛	在读	西摩洛,熟练
户主	李开学	68	西摩洛	小学	西摩洛,熟练
妻子	白付芝	65	西摩洛	文盲	西摩洛,熟练
长子	李荣波	34	西摩洛	初中	西摩洛,熟练
长媳	杨秀琴	32	西摩洛	小学	西摩洛,熟练
长孙	李应华	9	西摩洛	在读	西摩洛,熟练
户主	李开发	58	西摩洛	初中	西摩洛,熟练
妻子	杨付仙	56	西摩洛	小学	西摩洛,熟练
长子	李江	35	西摩洛	小学	西摩洛,熟练
二子	李贵祥	31	西摩洛	小学	西摩洛,熟练
三子	李贵荣	26	西摩洛	小学	西摩洛,熟练
三媳	王进芬	32	西摩洛	小学	西摩洛,熟练
户主	李开明	71	西摩洛	文盲	西摩洛,熟练
长子	李加顺	35	西摩洛	小学	西摩洛,熟练
长媳	白连英	32	西摩洛	小学	西摩洛,熟练
长孙	李应宏	9	西摩洛	在读	西摩洛,熟练
户主	宗付仙	67	西摩洛	文盲	西摩洛,熟练
长子	李玉福	27	西摩洛	小学	西摩洛,熟练
孙子	李东	12	西摩洛	在读	西摩洛,熟练
户主	宗文昌	41	西摩洛	初中	西摩洛,熟练

妻子	白凤芝	40	西摩洛	小学	西摩洛,熟练
长女	宗 丽	14	西摩洛	在读	西摩洛,熟练
次女	宗 琼	10	西摩洛	在读	西摩洛,熟练
户主	宗文光	54	西摩洛	小学	西摩洛,熟练
妻子	杨付英	55	西摩洛	文盲	西摩洛,熟练
长女	宗岸青	23	西摩洛	初中	西摩洛,熟练
长女婿	宗阿平	27	西摩洛	小学	西摩洛,熟练
户主	杨顺荣	51	西摩洛	初中	西摩洛,熟练
妻子	李跃娜	46	西摩洛	小学	西摩洛,熟练
长女	杨 芝	22	西摩洛	小学	西摩洛,熟练
长子	杨 红	21	西摩洛	小学	西摩洛,熟练
次女	杨 美	18	西摩洛	初中	西摩洛,熟练
户主	宗开祥	54	西摩洛	小学	西摩洛,熟练
妻子	杨秀英	52	西摩洛	文盲	西摩洛,熟练
长子	宗要昌	27	西摩洛	小学	西摩洛,熟练
岳母	李转娜	80	西摩洛	文盲	西摩洛,熟练
户主	宗开侦	58	西摩洛	小学	西摩洛,熟练
妻子	钟琼芝	57	西摩洛	文盲	西摩洛,熟练
长子	宗文昌	27	西摩洛	小学	西摩洛,熟练
次子	宗文林	23	西摩洛	小学	西摩洛,熟练
户主	宗开荣	38	西摩洛	初中	西摩洛,熟练
长子	宗跃平	16	西摩洛	在读	西摩洛,熟练
长女	宗跃英	13	西摩洛	在读	西摩洛,熟练
父亲	宗孝达	79	西摩洛	小学	西摩洛,熟练
母亲	白付林	78	西摩洛	文盲	西摩洛,熟练
户主	宗开云	47	西摩洛	初中	西摩洛,熟练
妻子	杨桂英	47	西摩洛	小学	西摩洛,熟练
长子	宗王二	20	西摩洛	初中	西摩洛,熟练
次子	宗王三	16	西摩洛	在读	西摩洛,熟练
户主	杨文思	30	西摩洛	初中	西摩洛,熟练
奶奶	宗发娘	83	西摩洛	文盲	西摩洛,熟练
户主	白玉芝	62	西摩洛	小学	西摩洛,熟练
长子	杨阿兴	35	西摩洛	小学	西摩洛,熟练
长媳	白付英	23	西摩洛	小学	西摩洛,熟练
次子	杨建祥	32	西摩洛	小学	西摩洛,熟练
次媳	白秀芬	23	西摩洛	小学	西摩洛,熟练
三子	杨文宏	27	西摩洛	初中	西摩洛,熟练
户主	杨荣光	43	西摩洛	初中	西摩洛,熟练
妻子	杨二娜	41	西摩洛	小学	西摩洛,熟练
长子	杨 大	20	西摩洛	初中	西摩洛,熟练
次子	杨 二	18	西摩洛	在读	西摩洛,熟练
户主	李开兴	72	西摩洛	文盲	西摩洛,熟练
妻子	杨付珍	68	西摩洛	文盲	西摩洛,熟练

长子	李荣祥	32	西摩洛	小学	西摩洛,熟练
次子	李永远	29	西摩洛	小学	西摩洛,熟练
次媳	杨建评	30	西摩洛	小学	西摩洛,熟练
孙子	李春明	8	西摩洛	在读	西摩洛,熟练
户主	杨文新	43	西摩洛	初中	西摩洛,熟练
妻子	王付英	43	西摩洛	小学	西摩洛,熟练
长子	杨 平	17	西摩洛	在读	西摩洛,熟练
次子	杨 康	12	西摩洛	在读	西摩洛,熟练
户主	李金辉	40	西摩洛	小学	西摩洛,熟练
妻子	白琼芝	39	西摩洛	小学	西摩洛,熟练
长子	李万甲	18	西摩洛	小学	西摩洛,熟练
户主	杨文光	40	西摩洛	小学	西摩洛,熟练
妻子	李琼书	39	西摩洛	小学	西摩洛,熟练
长子	杨 昆	18	西摩洛	在读	西摩洛,熟练
次子	杨 春	15	西摩洛	在读	西摩洛,熟练
户主	杨荣昌	44	西摩洛	小学	西摩洛,熟练
妻子	李顺娜	42	西摩洛	小学	西摩洛,熟练
长子	杨贵清	23	西摩洛	小学	西摩洛,熟练
次子	杨 二	17	西摩洛	小学	西摩洛,熟练
户主	杨德学	68	西摩洛	文盲	西摩洛,熟练
妻子	宗付英	61	西摩洛	文盲	西摩洛,熟练
长子	杨富兴	33	西摩洛	小学	西摩洛,熟练
长女	杨付珍	29	西摩洛	小学	西摩洛,熟练
次子	杨富良	24	西摩洛	小学	西摩洛,熟练
户主	宗转娜	74	西摩洛	文盲	西摩洛,熟练
户主	杨树明	70	西摩洛	文盲	西摩洛,熟练
妻子	白主娜	66	西摩洛	文盲	西摩洛,熟练
长子	杨存发	34	西摩洛	高中	西摩洛,熟练
次子	杨里多	30	西摩洛	小学	西摩洛,熟练
三子	杨光义	28	西摩洛	小学	西摩洛,熟练
户主	杨大娜	72	西摩洛	文盲	西摩洛,熟练
长子	宗里保	32	西摩洛	小学	西摩洛,熟练
长媳	朝林珍	34	西摩洛	小学	西摩洛,熟练
长孙	宗挎江	6	西摩洛	学前	西摩洛,熟练
户主	李顺荣	41	西摩洛	初中	西摩洛,熟练
妻子	纪王娜	39	西摩洛	小学	西摩洛,熟练
长女	李俊美	22	西摩洛	初中	西摩洛,熟练
次女	李俊英	20	西摩洛	初中	西摩洛,熟练
长子	李 平	16	西摩洛	初中	西摩洛,熟练
户主	李 荣	41	西摩洛	小学	西摩洛,熟练
妻子	李存凤	40	西摩洛	小学	西摩洛,熟练
长子	李 恩	13	西摩洛	在读	西摩洛,熟练
户主	宗 杰	35	西摩洛	初中	西摩洛,熟练

妻子	李梅英	32	西摩洛	小学	西摩洛,熟练
长女	宗红英	7	西摩洛	在读	西摩洛,熟练
弟弟	宗文贵	33	西摩洛	初中	西摩洛,熟练
弟媳	白万芝	32	西摩洛	小学	西摩洛,熟练
户主	宗文华	30	西摩洛	初中	西摩洛,熟练
长女	宗 香	12	西摩洛	在校	西摩洛,熟练
次女	宗 美	6	西摩洛	学前	西摩洛,熟练

表 2-3　座细村轩秀四组西摩洛人母语使用情况

家庭	姓名	年龄	民族或支系	文化	第一语言及水平
户主	白桂芝	53	西摩洛	文盲	西摩洛,熟练
长子	杨 兵	33	西摩洛	初中	西摩洛,熟练
长媳	李秀英	29	西摩洛	初中	西摩洛,熟练
次子	杨小龙	17	西摩洛	小学	西摩洛,熟练
长女	杨里香	22	西摩洛	在读	西摩洛,熟练
户主	白贵清	38	西摩洛	小学	西摩洛,熟练
妻子	李转云	39	西摩洛	小学	西摩洛,熟练
长子	白先祥	19	西摩洛	在读	西摩洛,熟练
长女	白凤琼	15	西摩洛	在读	西摩洛,熟练
户主	白贵福	42	西摩洛	初中	西摩洛,熟练
妻子	宗玉芬	43	西摩洛	小学	西摩洛,熟练
长女	白成华	22	西摩洛	小学	西摩洛,熟练
次女	白成芝	20	西摩洛	在读	西摩洛,熟练
长子	白云生	18	西摩洛	在读	西摩洛,熟练
户主	白乔文	31	西摩洛	小学	西摩洛,熟练
妻子	李付娜	31	西摩洛	小学	西摩洛,熟练
长女	白秀琼	8	西摩洛	在读	西摩洛,熟练
户主	李付英	53	西摩洛	初中	西摩洛,熟练
长女	王陶芬	25	西摩洛	小学	西摩洛,熟练
次子	王要文	22	西摩洛	在读	西摩洛,熟练
户主	白玉德	59	西摩洛	小学	西摩洛,熟练
妻子	马朝珍	59	西摩洛	小学	西摩洛,熟练
长子	白志文	29	西摩洛	小学	西摩洛,熟练
次子	白志成	26	西摩洛	初中	西摩洛,熟练
户主	杨加发	69	西摩洛	小学	西摩洛,熟练
妻子	玉书灵	69	西摩洛	文盲	西摩洛,熟练
长子	杨应红	21	西摩洛	小学	西摩洛,熟练
户主	杨付祥	43	西摩洛	初中	西摩洛,熟练
妻子	王存珍	45	西摩洛	小学	西摩洛,熟练
长女	杨梅英	23	西摩洛	小学	西摩洛,熟练
长子	杨金明	22	西摩洛	在读	西摩洛,熟练
次子	杨金荣	18	西摩洛	在读	西摩洛,熟练

户主	王发昌	46	西摩洛	初中	西摩洛,熟练
妻子	张二娜	46	西摩洛	文盲	西摩洛,熟练
长女	王 会	23	西摩洛	小学	西摩洛,熟练
长子	王兴华	22	西摩洛	小学	西摩洛,熟练
次子	王兴荣	18	西摩洛	在读	西摩洛,熟练
户主	白家福	55	西摩洛	小学	西摩洛,熟练
妻子	熊梅连	52	西摩洛	小学	西摩洛,熟练
长女	白海英	22	西摩洛	在读	西摩洛,熟练
长子	白应科	19	西摩洛	在读	西摩洛,熟练
户主	白孝忠	48	西摩洛	初中	西摩洛,熟练
妻子	杨七娜	42	西摩洛	文盲	西摩洛,熟练
长子	白重保	23	西摩洛	小学	西摩洛,熟练
长女	白重祥	20	西摩洛	在读	西摩洛,熟练
次子	白重芝	19	西摩洛	在读	西摩洛,熟练
户主	杨开兴	48	西摩洛	高中	西摩洛,熟练
妻子	白付娜	46	西摩洛	小学	西摩洛,熟练
长子	杨 伟	22	西摩洛	初中	西摩洛,熟练
次子	杨 保	20	西摩洛	初中	西摩洛,熟练
三子	杨 彪	18	西摩洛	在读	西摩洛,熟练
户主	杨开明	31	西摩洛	小学	西摩洛,熟练
妻子	马琼英	32	西摩洛	小学	西摩洛,熟练
长子	杨荣昌	12	西摩洛	在读	西摩洛,熟练
次子	杨认平	6	西摩洛	在读	西摩洛,熟练
父亲	杨约黑	81	西摩洛	文盲	西摩洛,熟练
户主	白云昌	65	西摩洛	小学	西摩洛,熟练
妻子	白大娜	66	西摩洛	文盲	西摩洛,熟练
长子	白海书	38	西摩洛	小学	西摩洛,熟练
长媳	杨乔英	33	西摩洛	小学	西摩洛,熟练
次子	白应华	29	西摩洛	小学	西摩洛,熟练
孙女	白晓会	10	西摩洛	在读	西摩洛,熟练
孙子	白晓甜	7	西摩洛	在读	西摩洛,熟练
户主	白立贵	65	西摩洛	小学	西摩洛,熟练
妻子	马玉娜	60	西摩洛	文盲	西摩洛,熟练
长子	白新福	35	西摩洛	小学	西摩洛,熟练
长媳	宗艳芝	32	西摩洛	文盲	西摩洛,熟练
户主	李加顺	64	西摩洛	小学	西摩洛,熟练
妻子	王牛培	65	西摩洛	文盲	西摩洛,熟练
长子	李要发	28	西摩洛	小学	西摩洛,熟练
长媳	马云花	29	西摩洛	小学	西摩洛,熟练
次子	李跃忠	23	西摩洛	小学	西摩洛,熟练
户主	杨文贵	71	西摩洛	小学	西摩洛,熟练
妻子	李沙背	73	西摩洛	文盲	西摩洛,熟练
长女	杨万转	33	西摩洛	小学	西摩洛,熟练

女婿	杨皮者	19	西摩洛	小学	西摩洛,熟练
孙女	杨 芝	11	西摩洛	小学	西摩洛,熟练
孙子	杨院涛	6	西摩洛	在读	西摩洛,熟练
户主	杨家保	67	西摩洛	小学	西摩洛,熟练
妻子	王付玲	68	西摩洛	文盲	西摩洛,熟练
长子	杨贵里	37	西摩洛	小学	西摩洛,熟练
次子	杨发甲	34	西摩洛	小学	西摩洛,熟练
三子	杨荣质	26	西摩洛	小学	西摩洛,熟练
孙女	杨云芬	11	西摩洛	小学	西摩洛,熟练
户主	白琼英	59	西摩洛	文盲	西摩洛,熟练
丈夫	蔡文忠	67	西摩洛	小学	西摩洛,熟练
长子	蔡乔生	37	西摩洛	小学	西摩洛,熟练
长媳	王玉芝	31	西摩洛	小学	西摩洛,熟练
孙女	蔡喜梅	13	西摩洛	在读	西摩洛,熟练
孙子	蔡喜涛	8	西摩洛	在读	西摩洛,熟练
户主	李玉仙	65	西摩洛	文盲	西摩洛,熟练
长子	白阿荣	38	西摩洛	小学	西摩洛,熟练
长媳	白转玲	32	西摩洛	小学	西摩洛,熟练
户主	杨家兴	47	西摩洛	初中	西摩洛,熟练
户主	白光明	31	西摩洛	小学	西摩洛,熟练
侄女	王生娜	20	西摩洛	小学	西摩洛,熟练
户主	杨跃才	40	西摩洛	初中	西摩洛,熟练
妻子	白秀芝	34	西摩洛	小学	西摩洛,熟练
长子	杨成应	17	西摩洛	在读	西摩洛,熟练
次子	杨成进	13	西摩洛	在读	西摩洛,熟练
户主	熊正明	53	西摩洛	小学	西摩洛,熟练
妻子	白存娜	41	西摩洛	文盲	西摩洛,熟练
女儿	熊梅玲	22	西摩洛	在读	西摩洛,熟练
户主	杨应光	32	西摩洛	初中	西摩洛,熟练
妻子	黄双凤	41	西摩洛	初中	西摩洛,熟练
长子	杨军城	14	西摩洛	在读	西摩洛,熟练
长女	杨解平	7	西摩洛	在读	西摩洛,熟练
户主	杨开应	53	西摩洛	小学	西摩洛,熟练
妻子	宗琼英	51	西摩洛	小学	西摩洛,熟练
长子	杨岸兵	29	西摩洛	小学	西摩洛,熟练
次子	杨岸生	28	西摩洛	初中	西摩洛,熟练
长女	杨岸琴	23	西摩洛	在读	西摩洛,熟练
次女	杨岸梅	21	西摩洛	初中	西摩洛,熟练
户主	李荣保	42	西摩洛	小学	西摩洛,熟练
妻子	白玫娜	37	西摩洛	小学	西摩洛,熟练
长子	李代血	15	西摩洛	在读	西摩洛,熟练
长女	李才梅	11	西摩洛	在读	西摩洛,熟练
户主	王发清	56	西摩洛	小学	西摩洛,熟练

妻子	张梅仙	57	西摩洛	小学	西摩洛,熟练
长子	王应红	17	西摩洛	小学	西摩洛,熟练
户主	杨开质	40	西摩洛	小学	西摩洛,熟练
妻子	白书英	35	西摩洛	小学	西摩洛,熟练
长女	杨林梅	14	西摩洛	在读	西摩洛,熟练
次子	杨林福	11	西摩洛	在读	西摩洛,熟练
户主	杨付良	38	西摩洛	小学	西摩洛,熟练
妻子	黄玉书	36	西摩洛	初中	西摩洛,熟练
长女	杨要英	12	西摩洛	在读	西摩洛,熟练
长子	李金荣	6	西摩洛	在读	西摩洛,熟练

表 2-4 座细村慢哈布组西摩洛人母语使用情况

家庭	姓名	年龄	民族或支系	文化	第一语言及水平
户主	宗孝华	62	西摩洛	小学	西摩洛,熟练
妻子	李秀英	59	西摩洛	小学	西摩洛,熟练
长子	宗阿四	28	西摩洛	初中	西摩洛,熟练
次子	宗阿五	26	西摩洛	小学	西摩洛,熟练
次媳	李存珍	24	西摩洛	小学	西摩洛,熟练
户主	宗文祥	54	西摩洛	小学	西摩洛,熟练
妻子	杨琼英	54	西摩洛	小学	西摩洛,熟练
长子	宗德福	31	西摩洛	初中	西摩洛,熟练
次子	宗富祥	28	西摩洛	在读	西摩洛,熟练
长女	宗 娟	26	西摩洛	初中	西摩洛,熟练
户主	宗文光	44	西摩洛	小学	西摩洛,熟练
长女	宗进英	18	西摩洛	小学	西摩洛,熟练
长子	宗春海	15	西摩洛	在读	西摩洛,熟练
母亲	李玉珍	69	西摩洛	文盲	西摩洛,熟练
户主	宗文学	60	西摩洛	小学	西摩洛,熟练
妻子	李付英	60	西摩洛	文盲	西摩洛,熟练
长子	宗老伍	29	西摩洛	小学	西摩洛,熟练
长媳	黄琼梅	27	西摩洛	初中	西摩洛,熟练
次女	宗国英	25	西摩洛	初中	西摩洛,熟练
户主	宗富兴	41	西摩洛	初中	西摩洛,熟练
妻子	白大娜	44	西摩洛	小学	西摩洛,熟练
长女	宗要芝	21	西摩洛	小学	西摩洛,熟练
长子	宗金强	20	西摩洛	在读	西摩洛,熟练
次女	宗金美	18	西摩洛	在读	西摩洛,熟练
户主	白文林	68	西摩洛	小学	西摩洛,熟练
妻子	杨贵珍	64	西摩洛	文盲	西摩洛,熟练
长子	白万发	38	西摩洛	小学	西摩洛,熟练
户主	白荣祥	57	西摩洛	初中	西摩洛,熟练
妻子	杨琼英	51	西摩洛	小学	西摩洛,熟练

长子	白文学	29	西摩洛	小学	西摩洛,熟练
次子	白进华	24	西摩洛	小学	西摩洛,熟练
侄子	白贵海	17	西摩洛	在读	西摩洛,熟练
户主	白荣光	62	西摩洛	小学	西摩洛,熟练
女婿	杨存发	39	西摩洛	初中	西摩洛,熟练
外孙子	杨应红	16	西摩洛	在读	西摩洛,熟练
外孙女	杨应芝	14	西摩洛	在读	西摩洛,熟练
户主	白开侦	71	西摩洛	小学	西摩洛,熟练
妻子	杨八娘	70	西摩洛	文盲	西摩洛,熟练
长女	白琼书	29	西摩洛	小学	西摩洛,熟练
长女婿	宗要里	31	西摩洛	小学	西摩洛,熟练
长孙	宗健安	12	西摩洛	在读	西摩洛,熟练
户主	宗琼珍	56	西摩洛	小学	西摩洛,熟练
长子	白万明	28	西摩洛	小学	西摩洛,熟练
长媳	杨玉转	28	西摩洛	小学	西摩洛,熟练
长孙女	白美华	7	西摩洛	在读	汉语,熟练
户主	李荣光	52	西摩洛	小学	西摩洛,熟练
妻子	杨秀英	45	西摩洛	小学	西摩洛,熟练
长女	李国萍	23	西摩洛	小学	西摩洛,熟练
长子	李建春	21	西摩洛	在读	西摩洛,熟练
次子	李建祥	19	西摩洛	在读	西摩洛,熟练
户主	李玉昌	45	西摩洛	小学	西摩洛,熟练
妻子	李凤芝	44	西摩洛	小学	西摩洛,熟练
长子	李 平	23	西摩洛	初中	西摩洛,熟练
次子	李 江	21	西摩洛	初中	西摩洛,熟练
长女	李建梅	18	西摩洛	初中	西摩洛,熟练
户主	白跃祥	27	西摩洛	小学	西摩洛,熟练

表 2-5　南温村科目组西摩洛人母语使用情况

家庭	姓名	年龄	民族或支系	文化	第一语言及水平
户主	杨兴旺	40	西摩洛	小学	西摩洛,熟练
长女	杨转梅	19	西摩洛	小学	西摩洛,熟练
长子	杨贵保	17	西摩洛	小学	西摩洛,熟练
户主	杨开增	65	西摩洛	小学	西摩洛,熟练
妻子	王琼珍	64	西摩洛	文盲	西摩洛,熟练
次子	杨荣兴	37	西摩洛	初中	西摩洛,熟练
次媳	胡琼慧	32	西摩洛	初中	西摩洛,熟练
长孙	杨坚伟	9	西摩洛	在读	西摩洛,熟练
户主	杨开清	70	西摩洛	小学	西摩洛,熟练
妻子	白转玉	71	西摩洛	文盲	西摩洛,熟练
长子	杨志华	36	西摩洛	初中	西摩洛,熟练
次子	杨乔春	33	西摩洛	初中	西摩洛,熟练

户主	杨文兴	61	西摩洛	小学	西摩洛,熟练
妻子	白琼英	61	西摩洛	小学	西摩洛,熟练
次子	杨志辉	36	西摩洛	初中	西摩洛,熟练
次媳	白家英	29	西摩洛	小学	西摩洛,熟练
长孙	杨祖生	9	西摩洛	在读	西摩洛,熟练
户主	杨荣军	50	西摩洛	高中	西摩洛,熟练
妻子	王桂英	45	西摩洛	初中	西摩洛,熟练
长女	杨 莉	20	西摩洛	在校	西摩洛,熟练
次女	杨 秀	18	西摩洛	在校	西摩洛,熟练
长子	杨 波	14	西摩洛	在读	西摩洛,熟练
父亲	杨开兴	77	西摩洛	文盲	西摩洛,熟练
户主	杨开旭	63	西摩洛	小学	西摩洛,熟练
妻子	张秀芬	59	西摩洛	文盲	西摩洛,熟练
次子	杨富平	34	西摩洛	初中	西摩洛,熟练
四子	杨富祥	28	西摩洛	初中	西摩洛,熟练
户主	杨正学	34	西摩洛	初中	西摩洛,熟练
妻子	白文珍	28	西摩洛	小学	西摩洛,熟练
长子	杨天寿	9	西摩洛	在读	西摩洛,熟练
母亲	李大娜	68	西摩洛	文盲	西摩洛,熟练
户主	杨马光	51	西摩洛	初中	西摩洛,熟练
妻子	李琼芬	46	西摩洛	小学	西摩洛,熟练
次女	杨福转	21	西摩洛	初中	西摩洛,熟练
长子	杨福伟	17	西摩洛	初中	西摩洛,熟练
户主	杨新发	30	西摩洛	初中	西摩洛,熟练
妻子	杨孝英	21	西摩洛	小学	西摩洛,熟练
户主	杨正红	48	西摩洛	初中	西摩洛,熟练
妻子	李学英	41	西摩洛	小学	西摩洛,熟练
次女	杨宏英	20	西摩洛	小学	西摩洛,熟练

表 2-6 雅邑村拉东组西摩洛人母语使用情况表

家庭	姓名	年龄	民族或支系	文化	第一语言及水平
户主	白文高	53	西摩洛	小学	西摩洛,熟练
妻子	宗开娜	49	西摩洛	文盲	西摩洛,熟练
三女	白玉芬	25	西摩洛	小学	西摩洛,熟练
四女	白玉珍	20	西摩洛	小学	西摩洛,熟练
户主	马玉贵	59	西摩洛	小学	西摩洛,熟练
妻子	罗凤萍	46	西摩洛	文盲	西摩洛,熟练
长子	王云祥	27	西摩洛	小学	西摩洛,熟练
长媳	李万娜	24	西摩洛	小学	西摩洛,熟练
户主	李文义	57	西摩洛	小学	西摩洛,熟练
户主	王正祥	41	西摩洛	初中	西摩洛,熟练
妻子	李富英	40	西摩洛	小学	西摩洛,熟练

长女	王春梅	16	西摩洛	在读	西摩洛,熟练
长子	王四代	14	西摩洛	在读	西摩洛,熟练
户主	李跃才	40	西摩洛	小学	西摩洛,熟练
妻子	白美琼	33	西摩洛	小学	西摩洛,熟练
长子	李小龙	17	西摩洛	在读	西摩洛,熟练
长女	李小凤	14	西摩洛	在读	西摩洛,熟练
户主	杨 四	17	西摩洛	小学	西摩洛,熟练
户主	黄文甲	62	西摩洛	小学	西摩洛,熟练
妻子	宗云珍	62	西摩洛	文盲	西摩洛,熟练
次子	黄 杰	34	西摩洛	小学	西摩洛,熟练
母亲	王张娜	85	西摩洛	文盲	西摩洛,熟练
户主	李顺玉	48	西摩洛	文盲	西摩洛,熟练
弟弟	王 森	32	西摩洛	初中	西摩洛,熟练
户主	宗应昌	43	西摩洛	初中	西摩洛,熟练
妻子	白琼英	43	西摩洛	初中	西摩洛,熟练
长子	宗志学	20	西摩洛	初中	西摩洛,熟练
次女	宗玉娜	17	西摩洛	初中	西摩洛,熟练
户主	熊石昌	35	西摩洛	小学	西摩洛,熟练
户主	宗文兴	63	西摩洛	小学	西摩洛,熟练
妻子	白付英	56	西摩洛	文盲	西摩洛,熟练
次子	宗荣华	33	西摩洛	小学	西摩洛,熟练
次媳	李万娜	28	西摩洛	小学	西摩洛,熟练
四子	宗万贵	26	西摩洛	小学	西摩洛,熟练
孙子	宗进华	8	西摩洛	在读	西摩洛,熟练
户主	杨德祥	50	西摩洛	小学	西摩洛,熟练
妻子	白付英	47	西摩洛	小学	西摩洛,熟练
长子	杨 辉	20	西摩洛	在读	西摩洛,熟练
次子	杨 荣	18	西摩洛	在读	西摩洛,熟练
户主	李白顺	54	西摩洛	小学	西摩洛,熟练
妻子	宗阿阳	50	西摩洛	文盲	西摩洛,熟练
长子	李石万	27	西摩洛	初中	西摩洛,熟练
次子	李石林	25	西摩洛	初中	西摩洛,熟练
户主	杨文学	53	西摩洛	小学	西摩洛,熟练
妻子	宗付英	57	西摩洛	文盲	西摩洛,熟练
三子	杨国华	27	西摩洛	初中	西摩洛,熟练
三媳	李冬梅	27	西摩洛	小学	西摩洛,熟练
户主	白文学	59	西摩洛	文盲	西摩洛,熟练
妻子	宗二娜	58	西摩洛	文盲	西摩洛,熟练
四子	白建红	27	西摩洛	小学	西摩洛,熟练
六子	白建华	22	西摩洛	小学	西摩洛,熟练
户主	王章才	42	西摩洛	小学	西摩洛,熟练
妻子	李付英	42	西摩洛	小学	西摩洛,熟练
长子	王 进	19	西摩洛	初中	西摩洛,熟练

次子	王应福	18	西摩洛	在读	西摩洛,熟练
户主	李祖恩	47	西摩洛	小学	西摩洛,熟练
妻子	白琼芬	40	西摩洛	小学	西摩洛,熟练
长子	李进勇	17	西摩洛	在读	西摩洛,熟练
次子	李新福	15	西摩洛	在读	西摩洛,熟练
母亲	黄二娜	81	西摩洛	文盲	西摩洛,熟练
户主	白光华	68	西摩洛	小学	西摩洛,熟练
次子	白文荣	32	西摩洛	初中	西摩洛,熟练
次媳	宗秀芬	32	西摩洛	小学	西摩洛,熟练
孙女	白贵珍	7	西摩洛	在读	西摩洛,熟练
户主	宗孝明	65	西摩洛	文盲	西摩洛,熟练
妻子	杨转弟	59	西摩洛	文盲	西摩洛,熟练
长子	宗正荣	38	西摩洛	小学	西摩洛,熟练
户主	杨文兴	47	西摩洛	初中	西摩洛,熟练
妻子	宗琼芝	35	西摩洛	文盲	西摩洛,熟练
四弟	杨开忠	35	西摩洛	初中	西摩洛,熟练
长女	杨艳态	8	西摩洛	在读	西摩洛,熟练
户主	熊文忠	48	西摩洛	小学	西摩洛,熟练
妻子	宗付英	47	西摩洛	文盲	西摩洛,熟练
次子	熊天培	23	西摩洛	初中	西摩洛,熟练
长女	熊三娜	19	西摩洛	小学	西摩洛,熟练
户主	白万忠	42	西摩洛	小学	西摩洛,熟练
妻子	白主娘	44	西摩洛	小学	西摩洛,熟练
长女	白华敏	18	西摩洛	在读	西摩洛,熟练
长子	白 津	15	西摩洛	在读	西摩洛,熟练
户主	李发昌	67	西摩洛	文盲	西摩洛,熟练
妻子	宗玉珍	67	西摩洛	文盲	西摩洛,熟练
三子	李小成	24	西摩洛	小学	西摩洛,熟练
长孙	李 林	18	西摩洛	初中	西摩洛,熟练
户主	宗正华	53	西摩洛	小学	西摩洛,熟练
妻子	王秀英	56	西摩洛	小学	西摩洛,熟练
次子	宗 海	22	西摩洛	在读	西摩洛,熟练
三子	宗 平	20	西摩洛	在读	西摩洛,熟练
户主	李万娜	71	西摩洛	文盲	西摩洛,熟练
三子	白发元	30	西摩洛	小学	西摩洛,熟练
户主	王正昌	40	西摩洛	小学	西摩洛,熟练
妻子	宗付珍	41	西摩洛	小学	西摩洛,熟练
长女	王 丽	21	西摩洛	小学	西摩洛,熟练
长子	王 明	19	西摩洛	小学	西摩洛,熟练
户主	白付英	78	西摩洛	文盲	西摩洛,熟练
户主	宗文亮	62	西摩洛	文盲	西摩洛,熟练
妻子	李二娜	58	西摩洛	文盲	西摩洛,熟练
长子	宗存志	39	西摩洛	小学	西摩洛,熟练

次子	宗华明	33	西摩洛	小学	西摩洛,熟练
四女	宗琼英	28	西摩洛	小学	西摩洛,熟练
户主	宗家保	54	西摩洛	初中	西摩洛,熟练
妻子	白乔玉	55	西摩洛	小学	西摩洛,熟练
长子	宗建杰	29	西摩洛	初中	西摩洛,熟练
长媳	杞 艳	28	西摩洛	小学	西摩洛,熟练
长孙	宗宏宽	6	西摩洛	在读	西摩洛,熟练
母亲	白大娜	83	西摩洛	文盲	西摩洛,熟练
户主	白孝忠	50	西摩洛	初中	西摩洛,熟练
妻子	李凤芝	52	西摩洛	文盲	西摩洛,熟练
长子	白建勇	24	西摩洛	小学	西摩洛,熟练
次子	白建祥	21	西摩洛	初中	西摩洛,熟练
三子	白连发	19	西摩洛	初中	西摩洛,熟练
户主	张文忠	42	西摩洛	小学	西摩洛,熟练
妻子	杨秀珍	39	西摩洛	小学	西摩洛,熟练
长女	张建芬	20	西摩洛	小学	西摩洛,熟练
次女	张建琼	10	西摩洛	小学	西摩洛,熟练
姐姐	张玉背	62	西摩洛	文盲	西摩洛,熟练
户主	白光祥	82	西摩洛	文盲	西摩洛,熟练
妻子	李清娜	80	西摩洛	文盲	西摩洛,熟练
长子	白祖清	51	西摩洛	初中	西摩洛,熟练
长媳	李跃娜	47	西摩洛	小学	西摩洛,熟练
孙女	白建芬	23	西摩洛	初中	西摩洛,熟练
孙子	白建伟	20	西摩洛	小学	西摩洛,熟练
次子	李文科	49	西摩洛	小学	西摩洛,熟练
次媳	白凤英	49	西摩洛	文盲	西摩洛,熟练
长孙	李保甲	24	西摩洛	小学	西摩洛,熟练
次孙	李保昌	21	西摩洛	在读	西摩洛,熟练
户主	白跃德	57	西摩洛	文盲	西摩洛,熟练
妻子	熊大娜	53	西摩洛	文盲	西摩洛,熟练
长子	白文兴	30	西摩洛	小学	西摩洛,熟练
长媳	李凤转	25	西摩洛	小学	西摩洛,熟练
次子	白石忠	26	西摩洛	小学	西摩洛,熟练
户主	白文亮	60	西摩洛	小学	西摩洛,熟练
妻子	白付英	52	西摩洛	文盲	西摩洛,熟练
户主	王文兴	53	西摩洛	文盲	西摩洛,熟练
妻子	熊二娜	51	西摩洛	文盲	西摩洛,熟练
次子	王成东	24	西摩洛	小学	西摩洛,熟练
三子	王成海	19	西摩洛	小学	西摩洛,熟练
户主	李文华	44	西摩洛	小学	西摩洛,熟练
妻子	宗家娜	44	西摩洛	小学	西摩洛,熟练
长女	李晓芳	22	西摩洛	在读	西摩洛,熟练
次女	李晓红	18	西摩洛	初中	西摩洛,熟练

户主	宗开亮	71	西摩洛	文盲	西摩洛,熟练
妻子	王阿良	64	西摩洛	文盲	西摩洛,熟练
长子	宗乔保	44	西摩洛	小学	西摩洛,熟练
次子	宗乔兴	41	西摩洛	小学	西摩洛,熟练
次媳	李宗娜	35	西摩洛	小学	西摩洛,熟练
长孙	宗双福	17	西摩洛	小学	西摩洛,熟练
户主	李文明	73	西摩洛	小学	西摩洛,熟练
长子	李正华	39	西摩洛	小学	西摩洛,熟练
长媳	宗连珍	42	西摩洛	小学	西摩洛,熟练
长孙	李跃文	20	西摩洛	小学	西摩洛,熟练
次孙	李文富	18	西摩洛	小学	西摩洛,熟练
户主	李文学	61	西摩洛	小学	西摩洛,熟练
妻子	杨琼书	62	西摩洛	小学	西摩洛,熟练
次子	李春平	33	西摩洛	初中	西摩洛,熟练
户主	李文跃	52	西摩洛	小学	西摩洛,熟练
妻子	熊二娜	50	西摩洛	小学	西摩洛,熟练
长子	李进荣	18	西摩洛	小学	西摩洛,熟练
户主	宗孝荣	58	西摩洛	文盲	西摩洛,熟练
妻子	白付珍	56	西摩洛	文盲	西摩洛,熟练
长子	宗正祥	34	西摩洛	小学	西摩洛,熟练
长媳	杨树珍	33	西摩洛	小学	西摩洛,熟练
次子	宗双应	25	西摩洛	小学	西摩洛,熟练
户主	翟大娜	61	西摩洛	小学	西摩洛,熟练
次子	李飞龙	33	西摩洛	小学	西摩洛,熟练
户主	李文照	57	西摩洛	小学	西摩洛,熟练
妻子	宗秀英	57	西摩洛	文盲	西摩洛,熟练
次子	李万儿	34	西摩洛	初中	西摩洛,熟练
次媳	胡江红	28	西摩洛	小学	西摩洛,熟练
三子	李万忠	31	西摩洛	初中	西摩洛,熟练
长孙	李学洞	8	西摩洛	在读	西摩洛,熟练
户主	马玉香	63	西摩洛	文盲	西摩洛,熟练
三子	宗孝祥	33	西摩洛	初中	西摩洛,熟练
四子	宗孝存	23	西摩洛	初中	西摩洛,熟练

表 2-7 徐卡村普持组西摩洛人母语使用情况

家庭	姓名	年龄	民族或支系	文化	第一语言及水平
户主	杨贵娜	71	西摩洛	文盲	西摩洛,熟练
长子	杨文德	22	西摩洛	小学	西摩洛,熟练
户主	杨文华	59	西摩洛	小学	西摩洛,熟练
妻子	宗要娜	55	西摩洛	文盲	西摩洛,熟练
次子	杨应忠	27	西摩洛	小学	西摩洛,熟练
三子	杨应顺	23	西摩洛	初中	西摩洛,熟练

四子	杨应昌	21	西摩洛	初中	西摩洛,熟练
户主	王文志	60	西摩洛	小学	西摩洛,熟练
妻子	杨文英	61	西摩洛	文盲	西摩洛,熟练
长子	王荣祥	38	西摩洛	初中	西摩洛,熟练
长媳	陶阿凤	31	西摩洛	小学	西摩洛,熟练
长孙	王 兵	6	西摩洛	在读	西摩洛,熟练
户主	王国应	43	西摩洛	初中	西摩洛,熟练
妻子	熊美珍	42	西摩洛	小学	西摩洛,熟练
长子	王 进	21	西摩洛	初中	西摩洛,熟练
长女	王 丽	18	西摩洛	小学	西摩洛,熟练
母亲	罗秀珍	67	碧约	文盲	西摩洛,熟练
户主	罗跃顺	44	碧约	初中	西摩洛,熟练
妻子	杨秀芬	40	西摩洛	小学	西摩洛,熟练
长女	罗 艳	21	西摩洛	初中	西摩洛,熟练
长子	罗 伟	18	西摩洛	初中	西摩洛,熟练
父亲	杨文明	65	西摩洛	文盲	西摩洛,熟练
户主	王文高	52	西摩洛	初中	西摩洛,熟练
妻子	瞿云珍	50	西摩洛	小学	西摩洛,熟练
次女	王琼英	20	西摩洛	小学	西摩洛,熟练
长子	王国将	17	西摩洛	小学	西摩洛,熟练
户主	杨国祥	50	西摩洛	文盲	西摩洛,熟练
妻子	杨小转	49	西摩洛	文盲	西摩洛,熟练
三子	杨 三	25	西摩洛	小学	西摩洛,熟练
长女	杨石英	23	西摩洛	初中	西摩洛,熟练
长媳	杨 美	23	西摩洛	小学	西摩洛,熟练
户主	杨文荣	54	西摩洛	小学	西摩洛,熟练
长子	杨孝发	29	西摩洛	小学	西摩洛,熟练
长媳	李主培	27	西摩洛	小学	西摩洛,熟练
三女	杨转英	22	西摩洛	初中	西摩洛,熟练
长孙	杨荣胜	6	西摩洛	在读	西摩洛,熟练
户主	杨顺发	33	西摩洛	小学	西摩洛,熟练
妻子	王 芬	32	西摩洛	小学	西摩洛,熟练
长子	杨春平	8	西摩洛	在读	西摩洛,熟练
母亲	王 娘	59	西摩洛	文盲	西摩洛,熟练
户主	王发祥	37	西摩洛	在读	西摩洛,熟练
妻子	刘美会	32	西摩洛	在读	西摩洛,熟练
长女	王春亚	9	西摩洛	在读	西摩洛,熟练
二弟	王玉发	37	西摩洛	文盲	西摩洛,熟练
母亲	李转娘	71	西摩洛	文盲	西摩洛,熟练
户主	杨文成	67	西摩洛	文盲	西摩洛,熟练
妻子	宗贵娜	60	西摩洛	文盲	西摩洛,熟练
长子	杨转发	32	西摩洛	文盲	西摩洛,熟练
次子	杨万成	21	西摩洛	小学	西摩洛,熟练

户主	杨开应	53	西摩洛	小学	西摩洛,熟练
妻子	王云秀	49	西摩洛	小学	西摩洛,熟练
三子	杨孝权	21	西摩洛	小学	西摩洛,熟练
户主	杨文祥	57	西摩洛	小学	西摩洛,熟练
户主	杨开普	56	西摩洛	小学	西摩洛,熟练
妻子	熊美珍	46	西摩洛	小学	西摩洛,熟练
次子	杨孝忠	22	西摩洛	小学	西摩洛,熟练
三子	杨孝荣	21	西摩洛	小学	西摩洛,熟练
户主	杨里顺	31	西摩洛	小学	西摩洛,熟练
妻子	杨凤英	29	西摩洛	小学	西摩洛,熟练
长子	杨祖万	8	西摩洛	在读	西摩洛,熟练
父亲	杨文昌	72	西摩洛	文盲	西摩洛,熟练
户主	杨发明	54	西摩洛	小学	西摩洛,熟练
长子	杨绍祥	36	西摩洛	小学	西摩洛,熟练
户主	杨家新	66	西摩洛	小学	西摩洛,熟练

表 2-8 坝利村勐埔组西摩洛人母语使用情况

家庭	姓名	年龄	民族或支系	文化	第一语言及水平
户主	杨德福	54	西摩洛	高中	西摩洛,熟练
妻子	马高娜	42	西摩洛	文盲	西摩洛,熟练
三子	杨刀才	23	西摩洛	小学	西摩洛,熟练
四子	杨家兴	19	西摩洛	小学	西摩洛,熟练
户主	马开发	62	西摩洛	小学	西摩洛,熟练
妻子	白琼珍	63	西摩洛	文盲	西摩洛,熟练
长子	马富兴	32	西摩洛	小学	西摩洛,熟练
次女	马二娜	31	西摩洛	小学	西摩洛,熟练
三女	马三娜	30	西摩洛	小学	西摩洛,熟练
四女	马 艳	26	西摩洛	小学	西摩洛,熟练
五女	马 玉	25	西摩洛	小学	西摩洛,熟练
儿媳	杨贵英	27	西摩洛	小学	西摩洛,熟练
孙子	马夏溪	6	西摩洛	学前	西摩洛,熟练
户主	杨德高	59	西摩洛	小学	西摩洛,熟练
妻子	李福娜	59	西摩洛	文盲	西摩洛,熟练
长子	杨三保	31	西摩洛	小学	西摩洛,熟练
次子	杨才生	24	西摩洛	小学	西摩洛,熟练
户主	杨光应	46	西摩洛	小学	西摩洛,熟练
妻子	杨琼芬	46	西摩洛	文盲	西摩洛,熟练
二弟	杨要昌	40	西摩洛	小学	西摩洛,熟练
三弟	杨要发	37	西摩洛	小学	西摩洛,熟练
长女	杨祖娜	22	西摩洛	小学	西摩洛,熟练
次女	杨祖英	18	西摩洛	在读	西摩洛,熟练
户主	杨学兴	51	西摩洛	小学	西摩洛,熟练

妻子	马贵英	48	西摩洛	文盲	西摩洛,熟练
长子	杨白才	27	西摩洛	初中	西摩洛,熟练
长女	杨映琼	25	西摩洛	小学	西摩洛,熟练
次子	杨家应	23	西摩洛	小学	西摩洛,熟练
母亲	白玉珍	80	西摩洛	文盲	西摩洛,熟练
户主	李文科	56	布都	小学	布都,熟练
妻子	马贵娘	55	西摩洛	文盲	西摩洛,熟练
三子	李志昌	27	布都	初中	布都,熟练
四女	李元富	23	布都	初中	布都,熟练
户主	马志学	58	西摩洛	小学	西摩洛,熟练
妻子	杨凤英	58	西摩洛	文盲	西摩洛,熟练
三女	马俊	21	西摩洛	初中	西摩洛,熟练
三子	马陆强	19	西摩洛	在读	西摩洛,熟练
户主	杨志学	51	西摩洛	小学	西摩洛,熟练
长子	杨荣文	26	西摩洛	小学	西摩洛,熟练
户主	白荣光	50	西摩洛	初中	西摩洛,熟练
妻子	赵玉珍	53	碧约	初中	碧约,熟练
长子	白发明	28	西摩洛	初中	西摩洛,熟练
长媳	王梅	27	西摩洛	小学	西摩洛,熟练
次女	白美娜	25	西摩洛	小学	西摩洛,熟练
户主	王文亮	66	西摩洛	文盲	西摩洛,熟练
妻子	白阿双	64	西摩洛	文盲	西摩洛,熟练
次子	白跃增	34	西摩洛	小学	西摩洛,熟练
五子	王立才	24	西摩洛	小学	西摩洛,熟练
户主	杨文科	50	西摩洛	小学	西摩洛,熟练
妻子	马琼珍	48	西摩洛	文盲	西摩洛,熟练
三子	杨发祥	22	西摩洛	小学	西摩洛,熟练
四子	杨院华	18	西摩洛	小学	西摩洛,熟练
户主	李米哩	78	西摩洛	文盲	西摩洛,熟练
长子	白荣刚	38	西摩洛	小学	西摩洛,熟练
孙子	白院东	17	西摩洛	小学	西摩洛,熟练
户主	马小二	49	西摩洛	小学	西摩洛,熟练
妻子	白凤春	42	西摩洛	小学	西摩洛,熟练
长子	马应才	21	西摩洛	小学	西摩洛,熟练
长女	马燕梅	19	西摩洛	小学	西摩洛,熟练
户主	马文学	53	西摩洛	初中	西摩洛,熟练
妻子	李应书	52	西摩洛	文盲	西摩洛,熟练
长子	马越良	28	西摩洛	小学	西摩洛,熟练
次子	马阿明	25	西摩洛	小学	西摩洛,熟练
长女	马命娜	23	西摩洛	小学	西摩洛,熟练
户主	白学林	33	西摩洛	小学	西摩洛,熟练
妻子	杨美	30	西摩洛	小学	西摩洛,熟练
长子	白松	9	西摩洛	在读	西摩洛,熟练

户主	马志华	54	西摩洛	初中	西摩洛,熟练
长子	马要清	34	西摩洛	小学	西摩洛,熟练
长媳	白万珍	34	西摩洛	文盲	西摩洛,熟练
三女	马照背	25	西摩洛	小学	西摩洛,熟练
孙子	马路生	16	西摩洛	在读	西摩洛,熟练
孙女	马生娜	14	西摩洛	在读	西摩洛,熟练
户主	马志良	55	西摩洛	小学	西摩洛,熟练
妻子	王富珍	55	西摩洛	文盲	西摩洛,熟练
长子	马二平	34	西摩洛	小学	西摩洛,熟练
次子	马主生	25	西摩洛	小学	西摩洛,熟练
三子	马白发	24	西摩洛	小学	西摩洛,熟练
户主	王凤英	52	西摩洛	初中	西摩洛,熟练
长子	马国泽	27	西摩洛	小学	西摩洛,熟练
次女	马国琼	25	西摩洛	小学	西摩洛,熟练
三女	马琼芬	22	西摩洛	小学	西摩洛,熟练
户主	杨得清	66	西摩洛	小学	西摩洛,熟练
妻子	董贵珍	64	西摩洛	文盲	西摩洛,熟练
三子	杨荣祥	33	西摩洛	初中	西摩洛,熟练
户主	杨文学	33	西摩洛	小学	西摩洛,熟练
妻子	彭桂珍	33	汉	小学	汉,熟练
长子	杨 伟	15	西摩洛	在读	汉,熟练
次子	杨伟东	11	西摩洛	在读	汉,熟练
户主	杨荣兴	30	西摩洛	初中	西摩洛,熟练
妻子	马福侬	31	西摩洛	小学	西摩洛,熟练
长女	杨旭红	9	西摩洛	在读	西摩洛,熟练
户主	杨文兴	52	西摩洛	文盲	西摩洛,熟练
妻子	白扣召	50	西摩洛	小学	西摩洛,熟练
长子	杨应光	23	西摩洛	小学	西摩洛,熟练
户主	白荣清	59	西摩洛	文盲	西摩洛,熟练
妻子	杨玲玲	59	西摩洛	文盲	西摩洛,熟练
长子	白学玲	33	西摩洛	小学	西摩洛,熟练
次子	白 康	28	西摩洛	小学	西摩洛,熟练
次媳	杨 美	30	汉	初中	汉,熟练
三子	白桥顺	23	西摩洛	小学	西摩洛,熟练
长孙	白 松	9	西摩洛	在读	西摩洛,熟练
长女	白存章	21	西摩洛	小学	西摩洛,熟练
户主	杨文兴	57	西摩洛	小学	西摩洛,熟练
妻子	黄云珍	57	西摩洛	文盲	西摩洛,熟练
三女	杨琼芝	27	西摩洛	小学	西摩洛,熟练
四女	杨彩珍	24	西摩洛	小学	西摩洛,熟练
五女	杨彩娜	22	西摩洛	初中	西摩洛,熟练
户主	杨迎东	29	西摩洛	中专	西摩洛,熟练
户主	王桥德	40	西摩洛	小学	西摩洛,熟练

妻子	白玉娜	39	西摩洛	小学	西摩洛,熟练
长子	王 春	18	西摩洛	初中	西摩洛,熟练
次子	王阿春	14	西摩洛	在读	西摩洛,熟练
户主	杨要立	32	西摩洛	小学	西摩洛,熟练
妻子	白琼珍	32	西摩洛	小学	西摩洛,熟练
长女	杨东梅	11	西摩洛	在读	西摩洛,熟练
长子	杨云海	9	西摩洛	在读	西摩洛,熟练
户主	杨正学	53	西摩洛	初中	西摩洛,熟练
妻子	马云芝	50	西摩洛	初中	西摩洛,熟练
长女	杨进国	22	西摩洛	小学	西摩洛,熟练
长媳	马转玉	20	西摩洛	小学	西摩洛,熟练
户主	李 涛	43	布都	初中	布都,熟练
妻子	白要娜	39	西摩洛	小学	西摩洛,熟练
长子	李 平	22	布都	在读	西摩洛,熟练
次子	李 昆	18	布都	初中	西摩洛,熟练
户主	李光明	59	西摩洛	小学	西摩洛,熟练
妻子	杨琼仙	58	西摩洛	文盲	西摩洛,熟练
长女	李晓英	31	西摩洛	初中	西摩洛,熟练
三子	李信用	25	西摩洛	高中	西摩洛,熟练
四子	李发武	21	西摩洛	初中	西摩洛,熟练
户主	马开增	64	西摩洛	文盲	西摩洛,熟练
妻子	杨正书	67	西摩洛	文盲	西摩洛,熟练
长子	马萨者	28	西摩洛	小学	西摩洛,熟练
户主	杨光明	55	西摩洛	小学	西摩洛,熟练
妻子	董琼珍	55	西摩洛	小学	西摩洛,熟练
长子	杨万才	34	西摩洛	小学	西摩洛,熟练
次女	杨万芝	26	西摩洛	小学	西摩洛,熟练
儿媳	杨埂娜	27	西摩洛	小学	西摩洛,熟练
长孙	杨祖顺	7	西摩洛	在读	西摩洛,熟练
户主	马志礼	56	西摩洛	初中	西摩洛,熟练
妻子	杨七娜	57	西摩洛	文盲	西摩洛,熟练
长女	马梅芝	34	西摩洛	小学	西摩洛,熟练
长子	马 涛	31	西摩洛	初中	西摩洛,熟练
次女	马阿芬	29	西摩洛	小学	西摩洛,熟练
三女	马阿云	25	西摩洛	小学	西摩洛,熟练
儿媳	白困建	24	西摩洛	小学	西摩洛,熟练
户主	王文兴	70	西摩洛	小学	西摩洛,熟练
妻子	李琼芝	71	西摩洛	文盲	西摩洛,熟练
长子	王桥元	43	西摩洛	小学	西摩洛,熟练
长媳	白琼芬	43	西摩洛	小学	西摩洛,熟练
长孙	王国庆	21	西摩洛	小学	西摩洛,熟练
次孙	王国民	19	西摩洛	小学	西摩洛,熟练
孙女	王发娜	15	西摩洛	小学	西摩洛,熟练

户主	白跃兴	50	西摩洛	小学	西摩洛,熟练
妻子	熊凤英	51	西摩洛	小学	西摩洛,熟练
三女	白张富	20	西摩洛	初中	西摩洛,熟练
户主	杨琼珍	72	西摩洛	文盲	西摩洛,熟练
次子	白要礼	47	西摩洛	小学	西摩洛,熟练
四子	白贵兴	35	西摩洛	小学	西摩洛,熟练
六子	白阿陆	27	西摩洛	小学	西摩洛,熟练
孙女	白美美	23	西摩洛	小学	西摩洛,熟练

上表不仅显示了西摩洛家庭成员大多能熟练地使用自己的母语,而且也显示了他们的第一语言多是母语。西摩洛人是全民双语的人群,但大多数西摩洛人都是先习得母语,而后才学汉语。学龄前儿童多是母语单语人。因为母语是西摩洛人最初认识周围世界的语言,所以西摩洛人从小就接受了母语的文化熏陶,母语成为他们思维和交际的自然工具,他们对母语有着天然的语言情感。从交际中的语言选择上看,西摩洛人更习惯于选用母语。他们在大多数场合下,都是用母语交流,除非是明确了交际对象不会西摩洛语时,才会说汉语。

西摩洛人熟练使用母语在 400 词测试中也得以体现。我们对不同年龄段的 40 位西摩洛人进行了母语核心词汇量测试(测试方法见第一章第五节)。所有的测试对象都能说出部分词语,其中 34 人为"良好"以上等级,即不经提示能独立说出 280 个以上词语。具体测试结果见下表:

表 2-9

姓名	年龄	A	B	A+B	C	D	等级
白开文	80	368	19	387	11	2	优秀
王发昌	71	373	16	389	7	4	优秀
白琼书	68	209	82	291	72	37	良好
杨琴珍	65	266	39	305	85	10	良好
熊朝明	64	342	30	372	20	8	优秀
李贵福	64	259	51	310	82	8	良好
白德兴	61	388	6	394	5	1	优秀
马荣光	59	345	28	373	19	8	优秀
杨付珍	55	351	34	385	12	3	优秀
白开侦	54	344	35	379	13	8	优秀
李文昌	52	321	27	348	49	3	良好
马志昌	50	347	21	368	15	17	优秀
李祖娘	44	369	8	377	15	8	优秀
李贵兴	42	334	41	375	23	2	优秀
王琼芬	39	366	6	372	19	9	优秀
白贵清	39	335	33	368	28	4	优秀
白秀芝	36	203	66	269	118	13	一般
马金芝	35	366	10	376	15	9	优秀
杨要林	33	352	7	359	22	19	优秀

熊 明	31	344	22	366	20	14	优秀
宗林国	30	297	31	328	27	45	良好
李秀英	28	355	13	368	19	13	优秀
白秀英	28	279	43	322	63	15	良好
杨志康	24	351	16	367	14	19	优秀
白少剑	19	306	30	336	41	23	良好
李 晶	19	295	34	329	59	12	良好
杨 琼	18	323	23	346	42	12	良好
白 凌	18	347	13	360	10	30	优秀
杨 伟	18	203	131	334	55	11	良好
李万春	18	191	26	217	162	21	差
白 萍	17	335	24	359	30	11	优秀
马兰飞	15	248	35	283	80	37	良好
杨 瑶	14	293	36	329	42	29	良好
王 东	14	165	38	203	142	55	差
王云生	13	164	41	205	133	62	差
李兰秀	13	242	46	288	77	35	良好
马福倩	13	305	35	340	41	19	良好
白 丽	10	244	48	292	70	38	一般
白荣发	10	290	40	330	44	26	良好
王院艳	8	210	35	245	93	62	一般

上表所列的测试对象，年龄最小的只有 8 岁，年龄最大的有 80 岁。掌握母语核心词汇最多的是 61 岁的白德兴，达 394 个。最少的是 14 岁的王东，他也能说出 203 个。我们在测试时发现，这些年龄不同、掌握词汇量不同的西摩洛人，都能用母语交际。不同的只是词汇量大的，用本语词多一些；词汇量小的，用汉语借词多一些。但母语人自身并没有感觉到他们之间的母语水平有任何差别。我们问母语词汇量较小的王东和他的同伴王云生："你们觉得自己的西摩洛语说得怎么样？"他俩异口同声地回答："好，很好。"看来，掌握 200 多个核心词语就能满足母语日常交际的需要了。

第二节 西摩洛人不同年龄段的语言使用情况

不同年龄段的西摩洛人使用母语的能力存在一定的差异。为此，我们考察了三个年龄段西摩洛人的语言使用情况。分述如下：

一 60岁以上西摩洛人的母语能力

表 2-10

调查点 （村民小组）		总人口	熟练		一般		不会	
			人口	比例	人口	比例	人口	比例
徐卡村	捌抱树组	6	6	100%	0	0%	0	0%
	备自组	10	10	100%	0	0%	0	0%
	普持组	9	9	100%	0	0%	0	0%
	萨别组	2	2	100%	0	0%	0	0%
	特别普持组	7	7	100%	0	0%	0	0%
	新发组	2	2	100%	0	0%	0	0%
	咱思鲁模组	3	3	100%	0	0%	0	0%
	区鲁山组	15	15	100%	0	0%	0	0%
	沙浦鲁娜组	18	18	100%	0	0%	0	0%
	路能组	18	18	100%	0	0%	0	0%
雅邑村	安尼糯上组	10	10	100%	0	0%	0	0%
	安尼糯下组	14	14	100%	0	0%	0	0%
	安宁组	22	22	100%	0	0%	0	0%
	布哈组	12	12	100%	0	0%	0	0%
	大干田组	8	8	100%	0	0%	0	0%
	拉东组	23	23	100%	0	0%	0	0%
	洋毛组	19	19	100%	0	0%	0	0%
下洛甫村	阿嘎组	8	8	100%	0	0%	0	0%
	新寨组	13	13	100%	0	0%	0	0%
	坝心组	13	13	100%	0	0%	0	0%
	那会组	28	28	100%	0	0%	0	0%
座细村	座细组	21	21	100%	0	0%	0	0%
	大田头组	10	10	100%	0	0%	0	0%
	慢哈布组	9	9	100%	0	0%	0	0%
	轩秀二组	8	8	100%	0	0%	0	0%
	轩秀三组	19	19	100%	0	0%	0	0%
	轩秀五组	12	12	100%	0	0%	0	0%
	轩秀一组	8	8	100%	0	0%	0	0%
	旧家组	28	28	100%	0	0%	0	0%
	天补组	25	25	100%	0	0%	0	0%
南温村	的莫组	8	8	100%	0	0%	0	0%
	红花树组	3	3	100%	0	0%	0	0%
	会面组	10	10	100%	0	0%	0	0%
	南温一组	7	7	100%	0	0%	0	0%
	西科目一组	6	6	100%	0	0%	0	0%

南温村	西科目二组	15	15	100%	0	0%	0	0%
	西科目三组	23	23	100%	0	0%	0	0%
	科目组	14	14	100%	0	0%	0	0%
	白龙潭组	10	10	100%	0	0%	0	0%
	草皮坝组	22	22	100%	0	0%	0	0%
	大田组	11	11	100%	0	0%	0	0%
	石灰窑组	12	12	100%	0	0%	0	0%
坝利村	勐埔组	13	13	100%	0	0%	0	0%
	古鲁山组	11	11	100%	0	0%	0	0%
合 计		565	565	100%	0	0%	0	0%

60岁以上这一年龄段最显著的特点是,所有老人的西摩洛语使用水平均为"熟练"级,即这个年龄段的西摩洛语水平是最高的。有些老人还会唱西摩洛唱词,讲西摩洛民间故事。西摩洛人的婚丧嫁娶、红白喜事、农耕生产、为人处世等大事小事,都可以用古老的西摩洛语和西摩洛调来唱,借此表达本支系人对生活和生命的特定理解。如丧礼时,用唱词歌颂死者、告慰生者;婚嫁时,用唱词教自己的孩子怎么与夫家人相处。唱词采用比喻、拟人、夸张、对偶、排比等多种修辞方式,韵律优美、生动形象、饱含真情。白琼珍老人(71岁)告诉我们说:"我们那辈的老人很喜欢用西摩洛语唱歌、讲故事。就是现在,高兴的时候,我也会唱上两句。现在的年轻人都不会了。"

西摩洛老人的第一语言都是西摩洛语,在日常生活中也主要使用西摩洛语。与使用汉语相比,老人们十分乐意而且更加习惯于说西摩洛语,他们对自己的母语怀有深厚的情感。如坝利村的宗鼎昌老人(65岁,雅邑乡供销社退休职工),在当地以热爱西摩洛语而出名,如果会说西摩洛语的西摩洛人不跟他说西摩洛语,他就会气愤地骂道:"怎么啦,忘本了?"这一年龄段的西摩洛老人,女的一般是文盲,男的文化程度多是初小,汉语水平总体上不如中青年,有的甚至还不会说汉语。三个年龄段中,这个年龄段的母语单语人是最多的。我们对47个西摩洛村寨60岁以上老人不会汉语的情况进行了统计,得出如下数据:

表 2-11

调查点		总人口	不会汉语	
(村民小组)			人口	比例
座细村	大田头组	10	8	80%
	座细组	21	16	76.2%
	天补组	25	19	76%
	轩秀一组	8	4	50%
	轩秀五组	12	5	41.7%
	轩秀四组	15	6	40%
	旧家组	28	10	36%
	慢哈布组	9	2	22.2%
	枒木树组	16	3	18.7%
	大椿树组	12	2	16.7%

徐卡村	萨别组	2	2	100%
	捌抱树组	6	2	33.3%
	沙浦鲁娜组	18	3	17%
	路能组	18	3	16.7%
	特别普持组	7	1	14.3%
	区鲁山组	15	1	6.7%
南温村	红花树组	3	1	33.3%
	西科目二组	15	1	6.7%
	西科目三组	23	2	8.7%
坝利村	勐埔组	13	1	7.7%
下洛甫村	新寨组	13	1	7.6%
合 计		289	93	32.2%

上表显示：有21个村寨的93位老人不会说汉语，占这些村寨老人总数的32.2%。这些单语老人主要分布在座细村和徐卡村。单语老人较多的村寨，多坐落于山顶或山腰，交通不便，缺少与汉语接触的机会。他们文化程度不高，大多是文盲，少数读过小学，基本上没有接受过汉语书面语训练。单语的成因既有地理因素，也有社会文化因素。为了更清楚地了解这个年龄段母语单语人的情况，我们选取了单语人数占50%以上的4个小组，把各小组的单语村民情况分列于下：

表 2-12　座细村座细组（16人）

姓名	年龄	民族或支系	文化	第一语言及水平	第二语言及水平
白玉珍	69	西摩洛	文盲	西摩洛，熟练	汉，不会
宗自祥	80	西摩洛	半文盲	西摩洛，熟练	汉，不会
白付芝	65	西摩洛	文盲	西摩洛，熟练	汉，不会
李开明	71	西摩洛	文盲	西摩洛，熟练	汉，不会
宗付仙	67	西摩洛	文盲	西摩洛，熟练	汉，不会
李转娜	80	西摩洛	文盲	西摩洛，熟练	汉，不会
白付林	78	西摩洛	文盲	西摩洛，熟练	汉，不会
宗发娘	83	西摩洛	文盲	西摩洛，熟练	汉，不会
李开兴	72	西摩洛	文盲	西摩洛，熟练	汉，不会
杨付珍	68	西摩洛	文盲	西摩洛，熟练	汉，不会
杨德学	68	西摩洛	文盲	西摩洛，熟练	汉，不会
宗付英	61	西摩洛	文盲	西摩洛，熟练	汉，不会
白主娜	66	西摩洛	文盲	西摩洛，熟练	汉，不会
宗转娜	74	西摩洛	文盲	西摩洛，熟练	汉，不会
杨树明	70	西摩洛	文盲	西摩洛，熟练	汉，不会
杨大娜	72	西摩洛	文盲	西摩洛，熟练	汉，不会

表 2-13　座细村天补组（19 人）

姓名	年龄	民族或支系	文化	第一语言及水平	第二语言及水平
董琼娜	60	西摩洛	小学	西摩洛,熟练	汉,不会
杨凤珍	61	西摩洛	半文盲	西摩洛,熟练	汉,不会
杨树清	67	西摩洛	文盲	西摩洛,熟练	汉,不会
杨文华	77	西摩洛	文盲	西摩洛,熟练	汉,不会
黄玉珍	71	西摩洛	文盲	西摩洛,熟练	汉,不会
李文学	72	西摩洛	文盲	西摩洛,熟练	汉,不会
杨琼英	71	西摩洛	文盲	西摩洛,熟练	汉,不会
纪琼珍	68	西摩洛	文盲	西摩洛,熟练	汉,不会
王玉珍	60	西摩洛	文盲	西摩洛,熟练	汉,不会
纪文清	65	西摩洛	文盲	西摩洛,熟练	汉,不会
杨记娜	64	西摩洛	文盲	西摩洛,熟练	汉,不会
王二娜	72	西摩洛	文盲	西摩洛,熟练	汉,不会
纪玉昌	77	西摩洛	文盲	西摩洛,熟练	汉,不会
杨玉娘	71	西摩洛	文盲	西摩洛,熟练	汉,不会
纪文相	71	西摩洛	小学	西摩洛,熟练	汉,不会
白玉珍	68	西摩洛	文盲	西摩洛,熟练	汉,不会
纪阿福	79	西摩洛	文盲	西摩洛,熟练	汉,不会
宗孝荣	71	西摩洛	文盲	西摩洛,熟练	汉,不会
杨玉珍	72	西摩洛	文盲	西摩洛,熟练	汉,不会

表 2-14　座细村大田头组（8 人）

姓名	年龄	民族或支系	文化	第一语言及水平	第二语言及水平
杨旺保	61	西摩洛	文盲	西摩洛,熟练	汉,不会
王二娘	69	西摩洛	文盲	西摩洛,熟练	汉,不会
白琼书	68	西摩洛	文盲	西摩洛,熟练	汉,不会
杨有忠	60	西摩洛	小学	西摩洛,熟练	汉,不会
白腰发	61	西摩洛	文盲	西摩洛,熟练	汉,不会
杨白玉	61	西摩洛	文盲	西摩洛,熟练	汉,不会
白开林	75	西摩洛	文盲	西摩洛,熟练	汉,不会
张玉付	70	西摩洛	文盲	西摩洛,熟练	汉,不会

表 2-15　座细村轩秀一组（4 人）

姓名	年龄	民族或支系	文化	第一语言及水平	第二语言及水平
杨付英	67	西摩洛	文盲	西摩洛,熟练	汉,不会
杨德忠	67	西摩洛	小学	西摩洛,熟练	汉,不会
王秀芬	60	西摩洛	小学	西摩洛,熟练	汉,不会
白周娜	78	西摩洛	文盲	西摩洛,熟练	汉,不会

二 20—59岁西摩洛人的母语能力

表 2-16

调查点 (村民小组)		总人口	熟练		一般		不会	
			人口	比例	人口	比例	人口	比例
徐卡村	捌抱树组	32	32	100%	0	0%	0	0%
	备自组	44	44	100%	0	0%	0	0%
	路能组	71	71	100%	0	0%	0	0%
	普持组	45	45	100%	0	0%	0	0%
	萨别组	36	36	100%	0	0%	0	0%
	特别普持组	31	31	100%	0	0%	0	0%
	新发组	14	14	100%	0	0%	0	0%
	咱思鲁模组	26	26	100%	0	0%	0	0%
	区鲁山组	32	32	100%	0	0%	0	0%
	沙浦鲁娜组	59	59	100%	0	0%	0	0%
雅邑村	安尼糯上组	30	30	100%	0	0%	0	0%
	安尼糯下组	82	82	100%	0	0%	0	0%
	安宁组	62	62	100%	0	0%	0	0%
	布哈组	56	56	100%	0	0%	0	0%
	大干田组	44	44	100%	0	0%	0	0%
	拉东组	121	121	100%	0	0%	0	0%
	洋毛组	80	80	100%	0	0%	0	0%
下洛甫村	阿嘎组	33	33	100%	0	0%	0	0%
	新寨组	85	85	100%	0	0%	0	0%
	坝心组	46	46	100%	0	0%	0	0%
	那会组	5	5	100%	0	0%	0	0%
座细村	座细组	83	83	100%	0	0%	0	0%
	大椿树组	65	65	100%	0	0%	0	0%
	大田头组	70	70	100%	0	0%	0	0%
	枥木树组	51	51	100%	0	0%	0	0%
	慢哈布组	37	37	100%	0	0%	0	0%
	轩秀二组	72	72	100%	0	0%	0	0%
	轩秀三组	85	85	100%	0	0%	0	0%
	轩秀四组	82	82	100%	0	0%	0	0%
	轩秀五组	81	81	100%	0	0%	0	0%
	轩秀一组	58	58	100%	0	0%	0	0%
	旧家组	39	39	100%	0	0%	0	0%
	天补组	123	123	100%	0	0%	0	0%

南温村	的莫组	37	37	100%	0	0%	0	0%
	红花树组	27	27	100%	0	0%	0	0%
	会面组	82	82	100%	0	0%	0	0%
	南温一组	13	13	100%	0	0%	0	0%
	西科目一组	30	30	100%	0	0%	0	0%
	西科目二组	75	75	100%	0	0%	0	0%
	西科目三组	44	44	100%	0	0%	0	0%
	科目组	37	37	100%	0	0%	0	0%
	白龙潭组	48	48	100%	0	0%	0	0%
	草皮坝组	104	103	99%	0	0%	1	1%
	大田组	26	26	100%	0	0%	0	0%
	石灰窑组	40	40	100%	0	0%	0	0%
坝利村	勐埔组	118	118	100%	0	0%	0	0%
	古鲁山组	75	75	100%	0	0%	0	0%
合 计		2636	2635	99.96%	0	0%	1	0.04%

调查显示,该年龄段中,"熟练"级比例占99.9%,这说明绝大多数成年人都能熟练地使用自己的母语。不具备母语能力的只有1人:杨富全,25岁,南温村草皮坝人。他从小一直在外读书,缺乏习得母语的环境。

这个年龄段的母语使用水平虽然都是熟练,但与60岁以上的老人相比,母语的使用情况主要有两个特点。一是母语能力出现一定程度的下降。他们使用西摩洛语,大多停留在口语交际上,对本民族的口头文学所知甚少。也就是说,他们把西摩洛语作为简单的交际工具,而不是当作文化的载体。二是这个年龄段的文盲很少,文化水平较上一年龄段高得多。他们大多是熟练的"母语—汉语"双语人,可以根据交际对象的语言能力自由地选择交际用语。总的看来,这个年龄段对母语的需求不及上一代强烈。虽然也有少数人是母语单语人,但不及老年人多。老年人不会汉语的有93人,占该年龄段人口的32.2%;这个年龄段不会说汉语的只有48人,仅占该年龄段人口的6.1%。详细情况见下表:

表 2-17

调查点（村民小组）		总人口	不会汉语	
			人口	比例
座细村	大田头组	70	18	25.7%
	天补组	123	11	8.9%
	轩秀四组	82	3	3.7%
	大椿树组	65	3	4.6%
	座细组	83	3	3.7%
	枛木树组	51	1	2%
徐卡村	捌抱树组	32	2	6.25%
	咱思鲁模组	26	2	7.7%
	萨别组	36	1	2.8%
	区鲁山组	32	1	3.1%
	路能组	71	1	1.4%

坝利村	勐埔组	118	2	1.7%
合 计		789	48	6.1%

20—59岁年龄段的西摩洛人大多兼用了汉语,为什么这48位还是母语单语人?我们来看他们的基本情况:

表 2-18　座细村大田头组（18 人）

姓名	年龄	民族或支系	文化	第一语言及水平	第二语言及水平
杨凤英	51	西摩洛	小学	西摩洛,熟练	汉,不会
杨玉付	53	西摩洛	小学	西摩洛,熟练	汉,不会
杨加福	58	西摩洛	小学	西摩洛,熟练	汉,不会
李跃娜	44	西摩洛	小学	西摩洛,熟练	汉,不会
李福英	47	西摩洛	小学	西摩洛,熟练	汉,不会
纪付芬	32	西摩洛	小学	西摩洛,熟练	汉,不会
李凤芝	48	西摩洛	小学	西摩洛,熟练	汉,不会
李发娘	54	西摩洛	文盲	西摩洛,熟练	汉,不会
杨玉娘	25	西摩洛	小学	西摩洛,熟练	汉,不会
王主娜	56	西摩洛	文盲	西摩洛,熟练	汉,不会
李云芝	48	西摩洛	小学	西摩洛,熟练	汉,不会
杨文光	54	西摩洛	小学	西摩洛,熟练	汉,不会
李付珍	53	西摩洛	文盲	西摩洛,熟练	汉,不会
杨常生	29	西摩洛	小学	西摩洛,熟练	汉,不会
杨孝昌	57	西摩洛	小学	西摩洛,熟练	汉,不会
李凤芝	42	西摩洛	小学	西摩洛,熟练	汉,不会
杨立忠	54	西摩洛	小学	西摩洛,熟练	汉,不会
李琼珍	51	西摩洛	半文盲	西摩洛,熟练	汉,不会

表 2-19　座细村天补组（11 人）

姓名	年龄	民族或支系	文化	第一语言及水平	第二语言及水平
白文清	56	西摩洛	文盲	西摩洛,熟练	汉,不会
杨里背	54	西摩洛	文盲	西摩洛,熟练	汉,不会
杨开娜	50	西摩洛	文盲	西摩洛,熟练	汉,不会
杨开发	56	西摩洛	文盲	西摩洛,熟练	汉,不会
宗玉兰	53	西摩洛	文盲	西摩洛,熟练	汉,不会
杨玉娜	53	西摩洛	文盲	西摩洛,熟练	汉,不会
杨全珍	58	西摩洛	文盲	西摩洛,熟练	汉,不会
杨玉芝	58	西摩洛	文盲	西摩洛,熟练	汉,不会
宗发娜	40	西摩洛	文盲	西摩洛,熟练	汉,不会
宗祖娜	57	西摩洛	文盲	西摩洛,熟练	汉,不会
杨琼书	54	西摩洛	半文盲	西摩洛,熟练	汉,不会

表 2-20　座细村轩秀四组（3人）

姓名	年龄	民族或支系	文化	第一语言及水平	第二语言及水平
李付娜	31	西摩洛	小学	西摩洛,熟练	汉,不会
王陶芬	25	西摩洛	小学	西摩洛,熟练	汉,不会
张二娜	46	西摩洛	文盲	西摩洛,熟练	汉,不会

表 2-21　座细村大椿树组（3人）

姓名	年龄	民族或支系	文化	第一语言及水平	第二语言及水平
董琼芬	54	西摩洛	小学	西摩洛,熟练	汉,不会
白召娜	52	西摩洛	小学	西摩洛,熟练	汉,不会
杨琼书	50	西摩洛	小学	西摩洛,熟练	汉,不会

表 2-22　座细村座细组（3人）

姓名	年龄	民族或支系	文化	第一语言及水平	第二语言及水平
杨琼珍	57	西摩洛	小学	西摩洛,熟练	汉,不会
杨付英	55	西摩洛	文盲	西摩洛,熟练	汉,不会
钟琼芝	57	西摩洛	文盲	西摩洛,熟练	汉,不会

表 2-23　座细村杩木树组（1人）

姓名	年龄	民族或支系	文化	第一语言及水平	第二语言及水平
白阿伍	38	西摩洛	小学	西摩洛,熟练	汉,不会

表 2-24　徐卡村捌抱树组（2人）

姓名	年龄	民族或支系	文化	第一语言及水平	第二语言及水平
张发娘	54	西摩洛	文盲	西摩洛,熟练	汉,不会
刘顺才	27	西摩洛	小学	西摩洛,熟练	汉,不会

表 2-25　徐卡村咱思鲁模组（2人）

姓名	年龄	民族或支系	文化	第一语言及水平	第二语言及水平
白西代	50	西摩洛	文盲	西摩洛,熟练	汉,不会
白海芝	41	西摩洛	文盲	西摩洛,熟练	汉,不会

表 2-26　徐卡村萨别组（1人）

姓名	年龄	民族或支系	文化	第一语言及水平	第二语言及水平
杨沙毕	54	西摩洛	小学	西摩洛,熟练	汉,不会

表 2-27　徐卡村区鲁山组（1人）

姓名	年龄	民族或支系	文化	第一语言及水平	第二语言及水平
熊梅书	54	西摩洛	文盲	西摩洛,熟练	汉,不会

表 2-28　徐卡村路能组（1人）

姓名	年龄	民族或支系	文化	第一语言及水平	第二语言及水平
李凤芝	46	西摩洛	小学	西摩洛,熟练	汉,不会

表 2-29　坝利村勐埔组（2人）

姓名	年龄	民族或支系	文化	第一语言及水平	第二语言及水平
马贵娘	55	西摩洛	文盲	西摩洛,熟练	汉,不会
杨琼芬	46	西摩洛	文盲	西摩洛,熟练	汉,不会

从上表提供的个人信息得知,母语单语人多是40岁以上的中年妇女。她们多是文盲,接受汉文化的机会不多,与外界交往也不多。

这个年龄段的时间跨度有40年,涉及中年、青年两代人,所以他们之间的母语水平存在一定的差异。40—59岁的中年人普遍比20—39岁的年轻人母语水平高。两组人群语言能力的差异主要表现在西摩洛口头文学和词汇量上。中年人词汇量普遍较大,有少部分还会唱西摩洛民歌。如40岁的王琼芬给我们唱了很多西摩洛民歌,43岁的李文昌和54岁的白开侦给我们解释了西摩洛寨名的来历,并分析了西摩洛固有词的构词理据。青年人则对西摩洛词语的文化内涵理解得不如中年人深刻。

从人口分布上看,西摩洛人口比例高的村寨比比例低的母语水平高。在纯西摩洛人村寨,西摩洛语既是家庭用语,又是村寨用语。人们习得和使用母语的时间长,使用母语的区域广。因为不存在非本支系人员,在交际中不需要转换语码,母语人经常处于母语单语状态,母语得到充分地训练,母语水平较高。有非西摩洛支系的村寨,由于非西摩洛语的存在,西摩洛语的使用在某个局部范围内会受到限制,西摩洛语水平自然会低一些。

三　6—19岁西摩洛人的语言能力

这一年龄段可称为学龄段,其西摩洛语水平见下表:

表 2-30

调查点（村民小组）		总人口	熟练		一般		不会	
			人口	比例	人口	比例	人口	比例
徐卡村	捌抱树组	9	9	100%	0	0%	0	0%
	备自组	13	13	100%	0	0%	0	0%
	路能组	17	17	100%	0	0%	0	0%
	普持组	8	8	100%	0	0%	0	0%
	萨别组	8	8	100%	0	0%	0	0%
	特别普持组	10	10	100%	0	0%	0	0%
	新发组	5	5	100%	0	0%	0	0%

村	组							
徐卡村	咱思鲁模组	6	6	100%	0	0%	0	0%
	区鲁山组	12	12	100%	0	0%	0	0%
	沙浦鲁娜组	15	15	100%	0	0%	0	0%
雅邑村	安尼糯上组	8	8	100%	0	0%	0	0%
	安尼糯下组	18	18	100%	0	0%	0	0%
	安宁组	22	22	100%	0	0%	0	0%
	布哈组	18	18	100%	0	0%	0	0%
	大干田组	9	9	100%	0	0%	0	0%
	拉东组	28	28	100%	0	0%	0	0%
	洋毛组	22	22	100%	0	0%	0	0%
下洛甫村	阿嘎组	7	7	100%	0	0%	0	0%
	新寨组	25	25	100	0	0%	0	0%
	坝心组	9	9	100%	0	0%	0	0%
	那会组	8	8	100%	0	0%	0	0%
座细村	座细组	28	28	100%	0	0%	0	0%
	大椿树组	25	25	100%	0	0%	0	0%
	大田头组	16	16	100%	0	0%	0	0%
	枹木树组	15	15	100%	0	0%	0	0%
	慢哈布组	10	9	90%	0	0%	1	10%
	轩秀一组	9	9	100%	0	0%	0	0%
	轩秀二组	19	19	100%	0	0%	0	0%
	轩秀三组	26	26	100%	0	0%	0	0%
	轩秀四组	32	32	100%	0	0%	0	0%
	轩秀五组	24	24	100%	0	0%	0	0%
	旧家组	20	20	100%	0	0%	0	0%
	天补组	45	42	93%	3	7%	0	0%
南温村	的莫组	10	10	100%	0	0%	0	0%
	红花树组	6	6	100%	0	0%	0	0%
	会面组	22	22	100%	0	0%	0	0%
	南温一组	9	9	100%	0	0%	0	0%
	西科目一组	15	15	100%	0	0%	0	0%
	西科目二组	23	23	100%	0	0%	0	0%
	西科目三组	17	17	100%	0	0%	0	0%
	科目组	24	24	100%	0	0%	0	0%
	白龙潭组	13	12	92.3%	0	0%	1	7.7%
	草皮坝组	28	25	89.3%	2	7.1%	1	3.6%
	大田组	14	13	92.9%	1	7.1%	0	0%
	石灰窑组	13	13	100%	0	0%	0	0%
坝利村	勐埔组	21	19	90.5%	0	0%	2	9.5%
	古鲁山组	23	19	82.6%	0	0%	4	17.4%
合 计		784	768	98.1%	7	0.8%	9	1.1%

上表显示,6—19岁西摩洛人群中,母语"熟练"级的有768人,占总人数的98.1%;"一般"

级的 7 人,仅占总人数的 0.8%;"不会"的 9 人,只占总人数的 1.1%。绝大部分青少年都能熟练地使用母语。

这个年龄段受到的文化教育是三个年龄段中最高的,兼用汉语的人口比例也是最高的。绝大部分青少年,是熟练的双语人。不会说汉语的母语单语人只有 4 位,他们分别是座细村大椿树组的杨秋和座细组的宗拤江、徐卡村捌抱树组的刘顺娜、坝利村勐埔组的马夏溪。他们家庭成员的情况是:

表 2-31

家庭	姓名	年龄	民族或支系	文化	第一语言及水平	第二语言及水平
户主	杨祖生	56	西摩洛	小学	西摩洛,熟练	汉,一般
妻子	张琼芬	56	西摩洛	初中	西摩洛,熟练	汉,一般
长子	杨建生	34	西摩洛	小学	西摩洛,熟练	汉,熟练
长媳	李转珍	25	西摩洛	小学	西摩洛,熟练	汉,熟练
次子	杨发应	24	西摩洛	小学	西摩洛,熟练	汉,熟练
长孙	杨立龙	8	西摩洛	学前	西摩洛,熟练	汉,一般
次孙	**杨 秋**	6	西摩洛	学前	西摩洛,熟练	汉,不会
户主	杨大娜	72	西摩洛	文盲	西摩洛,熟练	汉,不会
长子	宗里保	32	西摩洛	小学	西摩洛,熟练	汉,熟悉
长媳	朝林珍	34	西摩洛	小学	西摩洛,熟练	汉,熟练
长孙	**宗拤江**	6	西摩洛	学前	西摩洛,熟练	汉,不会
户主	刘文学	52	西摩洛	小学	西摩洛,熟练	汉,熟练
妻子	张发娘	54	西摩洛	文盲	西摩洛,熟练	汉,不会
长子	刘顺才	27	西摩洛	小学	西摩洛,熟练	汉,不会
次女	**刘顺娜**	18	西摩洛	小学	西摩洛,熟练	汉,不会
母亲	白三娜	71	西摩洛	文盲	西摩洛,熟练	汉,不会

表 2-32

家庭	姓名	年龄	民族或支系	文化	第一语言及水平	第二语言及水平	第三语言及水平
户主	马开发	62	西摩洛	小学	西摩洛,熟练	布都,熟练	汉,熟练
妻子	白琼珍	63	西摩洛	文盲	西摩洛,熟练	布都,熟练	汉,熟练
长子	马富兴	32	西摩洛	小学	西摩洛,熟练	布都,熟练	汉,熟练
二女	马二娜	31	西摩洛	小学	西摩洛,熟练	布都,熟练	汉,一般
三女	马三娜	30	西摩洛	小学	西摩洛,熟练	布都,熟练	汉,熟练
四女	马艳	26	西摩洛	小学	西摩洛,熟练	布都,熟练	汉,熟练
五女	马玉	25	西摩洛	小学	西摩洛,熟练	布都,熟练	汉,熟练
儿媳	杨贵英	27	西摩洛	小学	西摩洛,熟练	布都,熟练	汉,熟练
孙子	**马夏溪**	6	西摩洛	学前	西摩洛,熟练	布都,一般	汉,不会

这 4 位青少年只会说母语主要与家庭背景有关。杨秋是爷爷、奶奶带大的,爷爷、奶奶汉语说得不流畅,平时跟她都说西摩洛语。宗拤江的奶奶不会说汉语。刘顺娜一家五口,除了父亲外,都不会说汉语,而父亲又经常外出,与家人交流的时间少。马夏溪的家人是多语人,平时

在家里主要说西摩洛语和布都语，没有习得汉语的家庭环境。他们中除了刘顺娜外，其余的都是6岁的学龄前儿童，入学后，很快就会成为双语人。

与前两个年龄段相比，虽然大多数青少年也能熟练地使用母语，但有少数青少年改变了母语习得的顺序，先习得汉语后习得母语，成为"汉语—西摩洛语"双语型的人。即先在家庭里习得汉语，长大以后，在村寨、集市等公众场合逐渐习得母语。为了更清楚地揭示不同年龄段的母语习得顺序，我们穷尽调查了坝浦河西摩洛人的语言习得顺序，具体情况见下表：

表 2-33

年龄段	总人口	第一语言是西摩洛语		第一语言是汉语	
		人口	比例	人口	比例
6—19岁	44	25	56.8%	19	43.2%
20—59岁	161	138	85.7%	23	14.3%
60岁以上	4	4	100%	0	100%
合计	209	167	79.9%	42	20.1%

上表显示坝浦河的老、中、青三代的语言习得顺序及其所占的比例，从中不难看出这个村母语退化为第二语言的现象在扩大化。在古鲁山调查时，也发现青少年改变了母语习得顺序，下面把他们的家庭情况列表于下：

表 2-34

家庭	姓名	年龄	民族或支系	文化	第一语言及水平	第二语言及水平
户主	王进华	38	西摩洛	小学	西摩洛,熟练	汉,熟练
妻子	白会英	39	碧约	小学	碧约,熟练	汉,熟练
长子	王平	15	西摩洛	小学	汉,熟练	西摩洛,熟练
长女	王应	12	西摩洛	在读	汉,熟练	西摩洛,熟练
户主	王俊华	32	西摩洛	小学	西摩洛,熟练	汉,熟练
妻子	李万娜	29	西摩洛	小学	西摩洛,熟练	汉,熟练
长子	王福孙	7	西摩洛	在读	汉,熟练	西摩洛,熟练
户主	李文忠	61	西摩洛	初中	西摩洛,熟练	汉,熟练
长子	李明	38	西摩洛	小学	西摩洛,熟练	汉,熟练
长媳	白桂芝	36	西摩洛	初中	西摩洛,熟练	汉,熟练
长孙女	李彩红	15	西摩洛	小学	西摩洛,熟练	汉,熟练
次孙女	李红云	12	西摩洛	小学	汉,熟练	西摩洛,熟练
户主	宗波法	45	西摩洛	小学	西摩洛,熟练	汉,熟练
妻子	段美英	43	西摩洛	小学	西摩洛,熟练	汉,熟练
长女	宗新美	13	西摩洛	在读	汉,熟练	西摩洛,不会
长子	宗云强	12	西摩洛	在读	汉,熟练	西摩洛,不会
户主	杨林华	42	西摩洛	小学	西摩洛,熟练	汉,熟练
妻子	白艳芳	29	西摩洛	小学	西摩洛,熟练	汉,熟练
长女	杨小应	13	西摩洛	在读	汉,熟练	西摩洛,不会
长子	杨国栋	7	西摩洛	在读	汉,熟练	西摩洛,不会

户主	罗春法	41	西摩洛	小学	西摩洛,熟练	汉,熟练
妻子	李发娘	38	西摩洛	小学	西摩洛,熟练	汉,熟练
长子	罗应恩	15	西摩洛	在读	汉,熟练	西摩洛,熟练
长女	罗应习	8	西摩洛	在读	汉,熟练	西摩洛,熟练
户主	宗 杰	30	西摩洛	初中	西摩洛,熟练	汉,熟练
妻子	杨 玲	29	西摩洛	小学	西摩洛,熟练	汉,熟练
长女	宗艳萍	5	西摩洛	学前	汉,熟练	西摩洛,不会

古鲁山组的村会计宗杰（30岁）对我们说："现在，我们古鲁山五六岁的小孩都只会说汉语，西摩洛语长大以后自然就会了，不屑学。"我们说话时，他的女儿一直靠在他身边。他的女儿叫宗艳萍，今年五岁。我们问她会不会说西摩洛话，她向我们摇了摇头。我们在寨子里看到许多年纪小小的汉语单语人，还跟他们合了影。村会计告诉我们说"像我这个年纪的父母亲，都教小孩说汉语，因为汉语太重要了"。

这个年龄段的西摩洛人母语听、说能力发展不平衡，听的能力较强，说的能力较差。西摩洛语是没有文字的语言，语言能力体现在听和说的能力上。听的能力是接受语言信息的能力，说的能力是输出语言信息的能力。一般的规律是，6岁以前听的能力比说的能力强；6岁以后，进入九年制义务教育阶段，说母语的时间被汉语习得大量挤占，青少年的说母语能力相对较弱。这正如李会英（42岁，西摩洛人）所说："我们在家里说西摩洛话，我的两个儿子（老大19岁，老二17岁）只会说简单的西摩洛话。"

总之，青少年的母语能力是三个年龄段中最低的。造成这种现象的外部原因是：在接受中小学教育时，孩子们长时间地离开使用母语的家庭环境和社会环境。内部因素是：父母对汉语的重视程度要超过母语。激烈的社会竞争，使越来越多的父母意识到汉语的重要性，从小注重培养孩子的汉语能力。有的家庭在孩子开始学说话时，就主动地教汉语；有的家庭，父母相互之间说母语，对孩子却说汉语，有意为孩子营造学习汉语的语言环境。我们在雅邑乡中心小学调查时，发现那里的西摩洛教师家庭，都有意识地教自己的小孩学习汉语，对小孩是否会说西摩洛语不很重视。家长们对我们说：他们在家里不教孩子学说西摩洛语，也不担心孩子将来不会说西摩洛语，因为孩子们出去和别的小朋友一起玩就自然会了。

第三节　西摩洛语在西摩洛人社会生活中的使用功能

我们调查的47个西摩洛村寨都是全民双语社区。西摩洛人对汉语的态度是顺应、接纳，西摩洛语和汉语的关系，既相互补充又相互竞争。在不同的交际环境中，西摩洛语和汉语既有分工，又有互补。即使在同一个场合中，西摩洛语和汉语也常常交替使用。选择使用什么语言，往往遵循顺应原则和礼貌原则，依据交际对象的语言能力和交际场所而定。如果双方都是西摩洛人,都能熟练地使用西摩洛语,就会使用西摩洛语。如果一方是西摩洛人,另一方不是西摩洛人,不会说西摩洛语,则会选择使用汉语。如果一方是西摩洛人,另一方不是西摩洛人,但会说西摩洛语,则有三种可能:如果非西摩洛方先说西摩洛语,双方则使用西摩洛语;如果非西摩洛一方不说西摩洛语,则使用汉语;如果西摩洛一方能听懂汉语,但说得不熟练或不习惯说汉语,非西摩洛一方则会选用西摩洛语。

以下分析一些具体场合中的语言使用情况。

一 家庭内部

族内婚姻家庭和族际婚姻家庭语言的使用情况存在差异,具体如下。

(1) 族内婚姻家庭以西摩洛语为主。

族内婚姻家庭的成员若都是西摩洛人,一般都会说西摩洛语。在这样的家庭里,不管辈分高低,不管年龄大小,大家都习惯用西摩洛语交流,西摩洛语伴随着每一个家庭成员的生活。虽然不同辈分的人从西摩洛语中得到的文化传承不同,但西摩洛语毕竟是他们生活中最早接受、使用频率最高的语言,所以他们对西摩洛语有深厚的民族情感。西摩洛语在他们的心目中既有应用价值,又有情感价值。一日复一日的田间劳作,一天又一天的饭后闲聊,他们用西摩洛语表情达意,用西摩洛语沉思默想。通过世世代代的传承,西摩洛语已经为他们构筑了一个有声的言语世界和无声的内心世界。这个世界是无形的,但却是真实可感的。为此,即便是长期外出打工的人,回到家乡后也是用西摩洛语向乡亲们讲述外面的世界,如果不说西摩洛语,老人会骂他忘本,年轻人会认为他是装腔作势,会讨厌他。在西摩洛人聚居的村寨,如果不会西摩洛语,就无法融入到西摩洛人的生活中去。

如今,随着经济的发展,少部分西摩洛人用起了电话、手机。不少西摩洛青年在外打工,虽然在日常生活中都只使用汉语,但在与家人通电话时还是用西摩洛语。越来越多的西摩洛家庭认识到汉语的重要性,特别是外出工作的西摩洛人,他们非常重视孩子的汉语学习。西摩洛教师家庭更是如此。雅邑乡中心小学有三分之一的教师家庭是西摩洛人,夫妻双方也都会说西摩洛语,但他们从不教自己的孩子讲西摩洛语,认为会说汉语是社会进步的表现。他们在情感上热爱自己的民族,热爱自己的母语。但在实际生活中,又去阻止母语的传承,应用价值和感情价值在这里出现了矛盾。

(2) 族际婚姻家庭一般使用"西摩洛语—汉语"双语。如白开侦(54岁,原座细村支书)一家五口都是西摩洛人,都会说西摩洛语。他的儿子娶了红河州的彝族媳妇,不会说西摩洛语。所以在家里,除跟她说汉语外,互相之间都说西摩洛语。这位外地媳妇,嫁进西摩洛家庭几年后,就学会了西摩洛语。又如,天补组的杨解珍,是从澜沧嫁过来的汉族媳妇,现在西摩洛话已经很熟练了,两个小孩也都会说西摩洛话。

外族成员进入西摩洛语的交际环境后,渐渐由"汉语"单语人转变为"汉语—西摩洛语"双语人。支系间的婚姻家庭也是如此。西摩洛家庭中的布都、白宏或碧约成员,他们刚进入西摩洛家庭时,有的是母语单语人,有的是"母语—汉语"双语人,在西摩洛家庭生活几年之后,都能用西摩洛语交谈了。

二　学校

西摩洛人聚居的雅邑乡现已建立了较完善的九年制义务教育体系,包括学前教育(学前班)、小学教育和初中教育。西摩洛适龄儿童一般先就近在村小就读,从五年级开始,才到乡中心小学寄宿就读。学校开设的课程都是用汉语授课,没有开设过专门以学习和掌握西摩洛语为目的语的课程。早些年,西摩洛村寨的小学,老师会把西摩洛语作为辅助性教学语言。在一、二年级时,上课用西摩洛语解释得较多,三、四年级时慢慢减少,五、六年级就完全不用了。我们采访了南温村小学退休教师熊朝明(65岁,西摩洛人)。他先后在龙坝多福小学、龙潭小学、南温小学教过书。他给我们说了当年课堂教学的一些情况:"我教的学生多数从小就说西摩洛话,不会说汉语,或者汉语说得不好。一年级时,往往需要用双语教学,就是用汉语读课文,用西摩洛话解释,这样能够帮助学生理解课文的意义。三、四年级时,学生的汉语水平提高了,上课时用西摩洛话解释就慢慢减少了,五、六年级就完全不用了。"

近年来,县教委进行教学改革,要求老师使用普通话教学,各科老师都必须达到相应的普通话水平等级,还提出乡中心小学三年级必须开设英语课程。所以,在西摩洛学校的课堂教学中(除英语课使用英语教学外),老师、学生说的都是汉语普通话。轩秀四组的杨金明(22岁,西摩洛人)和杨金荣(18岁)兄弟俩就经历了这种变化。他说:"我哥哥在轩秀小学读一、二年级时,老师上课有时会用西摩洛语解释。到我读小学时,老师上课就一句西摩洛语也不说了。当时教我们的老师是座细村的西摩洛人,会说西摩洛语。"我们问他能否听得懂课,他说:"刚开始听不懂,时间久了,慢慢就听懂了。"家长也认可这种教学方式,认为小孩上学的目的就是学好汉语,上课不用西摩洛语是应该的。雅邑乡中心小学校长杨进学(49岁,西摩洛人)认为现在的学生汉语基础比原来好,不需要用双语教学。他说:"现在的学生家长是上个世纪80年代我们教过的学生,具有一定的汉语水平。电视也帮助小孩学习汉语。现在的小孩进城的机会多,对外界的恐惧感减少了,敢于与人交谈了,这对他们学习汉语是很有帮助的。"

可见,在课堂教学中,西摩洛小学已经由以汉语教学为主、西摩洛语辅助教学的模式渐渐向汉语单语授课形式转变。西摩洛孩子刚来上学时,有的会讲汉语,有的不会,但不会讲汉语的西摩洛孩子也听得懂汉语。跟身边会汉语的玩多了,自然就会了。不会说汉语方言的西摩洛孩子,在学习普通话时,也有自己的优势,不会受到汉语方言的干扰。他们直接由母语过渡到普通话,不必经历方言干扰的过程。在雅邑乡中心小学,学前班时对个别不会汉语的西摩洛孩子需要双语教育,一年级时就不需要用双语教学了。母语不会成为西摩洛小孩学习的障碍。

在课下,老师之间、学生之间以及老师与学生之间,说西摩洛语还是说汉语则因人而异。老师之间主要说汉语。乡中心小学有51个教师,西摩洛教师有10多个,此外还有布都、白宏、碧约等支系以及汉、彝等其他民族的老师。多数西摩洛老师既会说普通话,又会说西摩洛语,有的甚至还会讲碧约话、白宏话等多种支系语言。学校很重视普通话,西摩洛老师与非西摩洛老师之间说汉语,西摩洛老师之间说汉语的时候多一些,只在特殊场合,如聚会或聊天等联络感情的场合,才说西摩洛语。杨校长是西摩洛人,当我们向他了解老师之间的语言使用情况时,他告诉我们说:"老师倾向于讲使用人口较多的语言,比如汉语。我与西摩洛老师谈工作时,讲汉语;交流思想感情时,我尽量讲西摩洛语,我用西摩洛语叫他们的乳名,跟他们交谈。我会碧约话、卡多话、白宏话、布都话等,我会说的民族话很多,不会说的只有彝语。往往是根据交际目的来选择语言。"

学生之间两种语言都用。在四年级以前,儿童多在村里的教学点就读,大多使用母语。如在轩秀、座细、南温等教学点,同学多来自西摩洛聚居区,会说西摩洛语的同学多,同学之间习惯于说西摩洛语。但在草皮坝、龙潭、下洛甫等教学点,学生中有不少来自其他支系,说的是非西摩洛语,因此同学之间一般说汉语。总的来说,在村里的教学点上小学低年级时期是中小学期间说母语最多的时段。

五、六年级在中心小学就读,使用母语的机会减少了。中心小学除了西摩洛支系以外,还有哈尼其他支系以及彝、汉、白、傣等多个民族。到中心小学就读的学生大多是"民族语—汉语"双语人。学生在课后使用的语言一般是:西摩洛学生和非西摩洛学生之间说汉语当地方言;西摩洛学生之间讨论与学习有关的问题时用汉语,聊天时用西摩洛语;部分不会说西摩洛语的西摩洛学生说汉语。

初中以后到县城上学。经过了六年的汉语学习,学生已经初步接受了汉语书面语,汉语的使用水平有了较大提高,很少讲西摩洛语,就是西摩洛同学之间也只是偶尔说西摩洛语。白少剑(20岁,西摩洛人,会母语)是这样描述他中小学期间的语言使用情况的:"一至四年级,与同学交谈主要是说西摩洛语。五、六年级在雅邑中心小学,还时而说说西摩洛话,初中、高中在墨江县城上的,完全说汉语了。"

老师与学生之间,说汉语的时间比较多。老师在班上开会时主要说汉语;与学生交谈时,西摩洛语和汉语交替使用;跟学生家长交谈时,主要说西摩洛语,因为除个别家长外,一般都会说西摩洛语。

三 商业场所

坝浦河是乡政府新址,现有两家旅店、三家餐馆、三个商店、一家摩托车营修店、一家理发店。除了理发店一家外,店主都是从各个西摩洛寨子迁来的西摩洛人,都是"母语—汉语"双语人,有的还是兼用其他支系语言的多语人。店里请的服务员也大多是西摩洛人,会说西摩洛语。顾客主要是本地的西摩洛人和政府的公职人员。店主们根据顾客的语言能力来选择交际语言。在市场的商业交际中,还是使用西摩洛语的多。例如,米粉店老板李文昌是1992年从徐卡村特别普持组搬下来的。他的西摩洛语很熟练,对来吃米线的西摩洛人,都说西摩洛语。望江楼老板李会英一家四口都是西摩洛人,都会说西摩洛语。我们在他们店里住了一个多月,老板一直用熟练的汉语跟我们交流,但她在家里还是说西摩洛语。

来坝浦河街上做生意的西摩洛人,都能自如地用西摩洛语或汉语跟顾客交流。一天早上,一位穿着西摩洛服装的中年妇女在卖豆角,我们用当地汉语问她是哪个寨子的,她马上用汉语脱口而答:"轩秀的",随即又回过头用西摩洛语跟来买豆角的西摩洛人交谈。熟练地转换西摩洛语和汉语是坝浦河商业交往中最常见的语言交际。

综上所述,雅邑乡西摩洛人的语言生活,母语和汉语两种语言并重使用,但在不同的场合中会有不同的侧重。总的看来,西摩洛语和汉语的关系是和谐的。在家庭内部和西摩洛人之间,西摩洛语的应用价值和情感价值高于汉语,西摩洛语成为第一选择。但在机关、学校里,在与非西摩洛人交际中,汉语的应用价值大于西摩洛语,说汉语成为人们的第一选择。这就是说,西摩洛语和汉语的应用价值是互补的。

第四节 西摩洛语稳定使用的成因分析

在经济一体化、文化全球化的大趋势下,语言的社会功能发生快速变化。强势语言的功能在扩大;弱势语言的功能在缩小,甚至消失。西摩洛语,一个使用人口一万四千余人的小语种,长期以来一直作为西摩洛人全民的交际工具在稳定地使用,是什么因素使得西摩洛语能够经受住汉语浪潮的冲击,仍然保持其语言活力?本节分析产生这种现象的成因。

一 相对聚居是西摩洛人全民使用西摩洛语的客观条件

西摩洛总人口 14711 人,其中 8000 余人分布在墨江县的雅邑乡。这个乡有 21878 人(乡派出所提供的数据,2008 年),辖 14 个村委会、179 个村民小组,居住着哈尼族的多个支系以及汉、彝、傣等多个民族。从全乡的角度来看,西摩洛以杂居状态分布,但从单一的自然村寨来看,西摩洛人的分布呈高度聚居状态。本文考察了雅邑乡 6 个村委会的 47 个村民小组,并逐一统计这些村寨的民族成分结构。其统计结果见下表:

表 2-35

村民小组	人口	西摩洛支系 人口	西摩洛支系 比例	非西摩洛支系 人口	非西摩洛支系 比例
徐卡村咱思鲁模组	41	41	100%	0	0%
徐卡村萨别组	51	51	100%	0	0%
雅邑村大干田组	67	67	100%	0	0%
雅邑村拉东组	181	181	100%	0	0%
雅邑村安尼糯下组	123	123	100%	0	0%
座细村枒木树组	84	84	100%	0	0%
座细村大椿树组	106	106	100%	0	0%

座细村轩秀四组	134	134	100%	0	0%
南温村红花树组	39	39	100%	0	0%
南温村西科目一组	52	52	100%	0	0%
南温村西科目二组	114	114	100%	0	0%
南温村西科目三组	92	92	100%	0	0%
下洛甫村阿嘎组	52	52	100%	0	0%
座细村座细组	142	141	99.3%	1	0.7%
座细村轩秀三组	141	140	99.3%	1	0.7%
南温村会面组	120	119	99.2%	1	0.8%
雅邑村安宁组	111	110	99.1%	1	0.9%
徐卡村路能组	115	114	99.1%	1	0.1%
座细村旧家组	97	96	99%	1	1%
座细村天补组	207	205	99%	2	1%
座细村大田头组	104	103	99%	1	1%
座细村轩秀一组	79	78	98.7%	1	1.3%
南温村白龙潭组	76	75	98.7%	1	1.3%
徐卡村普持组	69	68	98.6%	1	1.4%
座细村慢哈布组	65	64	98.5%	1	1.5%
南温村石灰窑组	68	67	98.5%	1	1.5%
座细村轩秀五组	128	126	98.4%	2	1.6%
徐卡村特别普持组	51	50	98%	1	2%
南温村科目组	120	117	97.5%	3	2.5%
南温村草皮坝组	174	168	96.6%	6	3.4%
下洛甫村新寨组	142	137	96.5%	4	3.5%
雅邑村洋毛组	138	133	96.4%	5	3.6%
雅邑村安尼糯上组	54	52	96.3%	2	3.7%
下洛甫村那会组	49	47	95.9%	2	4.1%
座细村轩秀二组	115	109	94.8%	6	5.2%
南温村大田组	57	54	94.7%	3	5.3%
徐卡村备自组	74	70	94.6%	4	5.4%
徐卡村沙埔鲁莫组	102	94	92.2%	8	7.8%
雅邑村布哈组	98	90	91.8%	8	8.2%
徐卡村捌抱树组	48	44	91.7%	4	8.3%
徐卡村新发组	25	22	88%	3	12%
坝利村古鲁山组	135	118	87.4%	17	12.6%
下洛甫村坝心组	85	70	82.4%	15	17.6%
徐卡村区鲁山组	76	59	77.6%	17	22.4%
坝利村勐埔组	202	152	75.2%	50	24.8%
南温村的莫组	79	56	70.9%	23	29.1%
南温一组	58	29	50%	29	50%
合 计	5177	4964	95.9%	213	4.1%

上表按西摩洛人口所占比例降序排列,并区分了西摩洛支系和非西摩洛支系。西摩洛支系人口占总人口的95.9%,非西摩洛人口比例仅占4.1%。其中有12个村寨的西摩洛人口比

例达 100%,有 33 个自然寨的西摩洛人口比例超过 95%,西摩洛人口比例最低的南温一组也达到 50%。这说明在西摩洛村寨中,西摩洛是主体民族支系。可见,西摩洛人是以大杂居、小聚居的形式分布在雅邑乡的。

这种以寨聚居的分布局面,为全民使用西摩洛语提供了极为有利的条件。大部分西摩洛村寨,或个个都是西摩洛人,或十有八九是西摩洛人,使西摩洛语的使用者觉得用母语交际很方便,从而增加对母语交际的信心。西摩洛语自然成为西摩洛村寨的通用语言,西摩洛村寨成了西摩洛人习得和使用西摩洛语的有利场所。

西摩洛聚居村寨多建在半山腰,山路崎岖难行,交往不便。过去,不通公路,村寨之间的交往都得靠走路。居住在山里的西摩洛人很少与外界接触。这种地理环境为西摩洛语的保留提供了有利条件,使得西摩洛语得以代代相传。现在交通条件得以改善,部分村寨通了毛路(泥土路或石子路),但车辆很少,主要的交通工具是摩托车。至今,还有些村寨没有通公路。座细村村委会主任宗林国告诉我们:他经常下寨,座细村的十二个村民小组都在山上,都得走山路。我们去座细村轩秀、下洛甫新寨、坝利村勐埔和古鲁山等村寨调查时,都是走的山路,深深体会到了这里交通的艰难。半山而居的聚居状态,使西摩洛村寨成为稳定的母语社区,有利于母语的保留。

近年来,随着社会经济的发展,九年义务教育的普及,西摩洛寨子与外界的接触更加密切。外出打工、族际婚姻、异地求学有逐渐增多的趋势,但与外界语言和文化的接触并没有影响西摩洛语在西摩洛村寨的语言优势地位。因为在西摩洛聚居村寨,西摩洛语的使用群体规模大,西摩洛语是区域优势语,外来语言的社会功能往往受到制约。一些外来人口,如外地嫁进来的汉族媳妇:轩秀一组的张泽梅和旧家小组的李玉琼,来到轩秀村几年后,都学会了西摩洛语。聚居区是保护母语的天然屏障,为西摩洛语的习得和传承提供了良好的客观环境。

二 支系内婚是西摩洛语得以代代传承的重要因素

西摩洛人过去多倾向于支系内婚,似乎成为西摩洛人的不成文的婚姻制度。支系内婚的家庭为孩子的母语习得提供了良好的家庭语言环境,为西摩洛语的保留提供了良好的条件。支系内婚,更有利于母语的传承。

从母语习得的顺序看,支系内婚家庭的孩子,一般是先习得自己的母语,而后才习得第二语言。而支系外婚家庭的孩子,会受非支系成员的影响而改变母语习得的顺序,或放弃习得母语。因为儿童并没有选择习得某种语言的先天偏好,通常最先习得他们成长环境中最早接触的语言。支系内婚的孩子最先接触到的就是自己的母语,接触最多的也是自己的母语,三四岁时,会用母语说一些简单的句子,到五六岁时,基本上完成了母语的习得。而支系外婚家庭的孩子,在习得语言时存在多种选择性,存在不习得母语或以母语为第二语言的可能性。

从母语的使用水平上看,支系内婚家庭成员的母语水平比支系外婚家庭成员高。母语的习得是在语言交往过程中无意识地掌握的,要经过一个较长的潜移默化过程。从语音、语法知识的获得,到词汇和语义不断丰富扩展,都需要经过不断语言交往。支系内婚家庭的成员习得母语,既可在家庭内,也可在家庭外,无论是习得母语的时间、习得母语的区域,还是习得母语的对象,都比支系外婚家庭成员要多,受到的母语训练也更充分,使用母语的水平自然也比非支系内家庭成员高。

  从语言态度上看,支系内婚家庭成员对母语认同度比支系外婚家庭成员高。支系内婚家庭的语言状况主要有两种:母语单语和"母语—汉语或其他支系语言"双语。母语单语人对母语的认同度自然是最高的,因为母语是他们认识世界、表达思想感情的唯一语言工具。长期习用母语,使他们习惯于接受母语承载的民族文化、道德规范和认同传统,在心理上形成了对母语的语言忠诚。母语双语人虽然多一种认识事物的语言工具,但最先进入其语言系统的是自己的母语,是母语最先给他们描绘了生活图景。在幼年,每一天都与自己的母语相伴,他们不仅习得了母语,而且也接受了母语文化的熏陶。其后虽然学会了第二语言,但对自己最先习得的母语还是有深厚的情感。他们长大后即便是远离家乡不说母语,也不会完全忘记掉母语。支系外婚家庭的语言状况则与此不同,存在放弃母语或改变母语习得顺序的可能性。放弃母语自然不存在母语认同;改变母语习得顺序的双语人对母语的认同感不及以母语为第一语言的人高。因为他们的母语往往是在需要与西摩洛语使用者接触,觉得西摩洛语有用才学会的,功利性因素比感情因素多一些。而后,一旦离开西摩洛语语境,母语很容易丢失。

三 强烈的支系意识是西摩洛语得以保留的重要原因之一

  西摩洛语不仅是西摩洛人的重要交际工具,还是支系认同、民族感情的纽带。在西摩洛村寨,当问到"你是什么民族"时,得到的答案大多是"西摩洛人",或"哈尼族西摩洛人"。因为在他们的意识中,西摩洛是一个独立的群体。在上个世纪 50 年代全国民族识别之前,他们还不知道自己是哈尼族,只知道自己是西摩洛人。民族识别之后,把他们归入哈尼族,哈尼族的意识才逐渐增强,但支系意识仍然存在,并一直延续下来。所以,在西摩洛人的心目中,他们仍然把使用西摩洛语与保持自己的民族特点紧密联系在一起。这也是西摩洛语得以完好保存的一个重要因素。

  我们走访了雅邑乡的乡政府公务员、村委会干部、学校的领导和老师学生、商人、农民等不同职业的西摩洛人,深深体会到西摩洛人对自己母语的认同感。乡政府的工作人员对我们说:"在民族地区工作,只有会民族语言,才能了解他们,取得他们的信任。"徐卡村村委会主任白美花(37 岁,西摩洛人,高中文化)也认为西摩洛语很重要,她说:"我们平时做村里的工作时,都用西摩洛语。日常生活中,我们也更习惯于讲自己的母语。只有外出办事时,或者是和不会西摩洛语的人交谈时,才会讲汉语。"

  雅邑中心小学校长杨进学给我们说了一件事:在修建坝浦河小学时,需要发动座细村的老百姓出工、出木料。一个不会西摩洛语的校长做村民的工作,他们就是不肯。后来领导派他去做思想工作,他用西摩洛语跟村民们说:"大哥,今天轮着我做这事,你们要帮这个忙。"西摩洛老乡爽快地说:"别个来说我不管,你来说,好说。"他用西摩洛语说:"这事全靠你们了。"老乡们说:"是,是,是。"这个难事就靠这么几句西摩洛语搞定了。杨校长还谈起了他的一些经验:"跟西摩洛老师交流时,我尽量讲西摩洛语,我用本民族语叫他们的乳名,跟他们交谈。这样,老师会觉得你不摆校长架子,乐意跟你讲心里话。西摩洛语是西摩洛人的根,你跟他们讲民族话,他们的心就稳了,感情就亲近了。母语在特殊的环境、特殊的场合中,能发挥特殊的作用。"

我们在南温村给熊朝明(65岁,西摩洛人,南温小学退休教师)做了西摩洛语400词测试。给他报酬时,他怎么都不肯拿。他说:"我很喜欢西摩洛话。今天,听说你们来调查西摩洛话,就主动来了,想帮你们提供一点本民族语言的一些情况,想为西摩洛话的调查研究尽一点力。"

西摩洛的乡亲们也认为西摩洛语是西摩洛人不同于其他支系语言和其他民族语言的一个特征,如果哪一天西摩洛语没有了,西摩洛支系也就不存在了。南温村的李秀辉(女,27岁,西摩洛人)出去打工,回到村里不说西摩洛语。老人们骂她"忘根",还认为她是装的,年轻人也讨厌她这种做法。

语言具有多种功能,包括交际需要、认识客观世界、发展文化教育、传承传统文化、表达民族感情等。但是,不同民族语言的这些功能的分配是不完全一致的。西摩洛语能增强本支系的凝聚力,促进不同村寨西摩洛人之间的认同感。西摩洛语在连接西摩洛人民族情感方面起到别的特征无法替代的作用。这也是西摩洛语得以稳定保留的重要原因之一。

当然,除了以上几个原因外,国家的民族语言平等政策是西摩洛人能使用西摩洛语的一个重要保障,西摩洛人对说自己的母语都感到有自豪感,这是大家容易理解到的,不再赘述。

第五节　少数西摩洛人母语能力下降以及母语转为第二语言

虽然西摩洛人的母语能力基本上保持在稳定使用的阶段,但也出现了一定程度的下降,甚至出现了部分人的第一语言是汉语的新现象。这是值得重视的一个新信号。下面我们对这种现象进行客观地描述,然后再做些可能的理论分析。

一　少数西摩洛人语言能力下降

在表2-1中看到,有个别人母语能力属于"一般"级或"不懂"级。这些人在全民熟练使用母语的大环境里,是个特殊的小群体。这些人特殊语言水平的形成有其特殊的语言使用环境。我们先来看看属于"一般"级的7个人的情况,分别是:座细村天补小组的李江美和李洪斌,旧家组的董亚国和欧杨茹仙;南温村草皮坝组的杨莉和杨波,大田小组的李要成。他们家庭的基本成员及其西摩洛语使用水平如下表:

表 2-36

家庭	姓名	年龄	民族或支系	文化	第一语言及水平	第二语言及水平
户主	李文昌	38	西摩洛	初中	西摩洛,熟练	汉语,熟练
妻子	杨解珍	38	汉	小学	汉,熟练	西摩洛,一般
长女	李江美	13	西摩洛	在读	汉,熟练	西摩洛,一般
长子	李洪斌	8	西摩洛	在读	汉,熟练	西摩洛,一般
弟弟	李跃文	33	西摩洛	初中	西摩洛,熟练	汉,熟练
母亲	杨凤珍	61	西摩洛	半文盲	西摩洛,熟练	汉,不会
户主	杨荣忠	45	西摩洛	小学	西摩洛,熟练	汉,熟练
弟弟	杨杰锋	33	西摩洛	小学	西摩洛,熟练	汉,熟练
弟媳	白秀芬	27	西摩洛	小学	西摩洛,熟练	汉,熟练
侄女	欧杨茹仙	7	西摩洛	在读	汉,熟练	西摩洛,一般
户主	董华良	64	西摩洛	小学	西摩洛,熟练	汉,熟练
长子	董荣昌	34	西摩洛	小学	西摩洛,熟练	汉,熟练
长媳	杨付英	27	西摩洛	小学	西摩洛,熟练	汉,熟练
长孙	董亚国	7	西摩洛	在读	汉,熟练	西摩洛,一般
户主	王文应	58	西摩洛	小学	西摩洛,熟练	汉,熟练
长女	王在英	37	西摩洛	小学	西摩洛,熟练	汉,熟练
长女婿	杨应华	40	西摩洛	小学	西摩洛,熟练	汉,熟练
外孙女	杨莉	12	西摩洛	在读	汉,熟练	西摩洛,一般
外孙	杨波	8	西摩洛	在读	汉,熟练	西摩洛,一般
户主	李希红	32	西摩洛	初中	西摩洛,熟练	汉,熟练
妻子	胥阿转	31	汉	小学	汉,熟练	西摩洛,不会
长子	李要成	10	西摩洛	在读	汉,熟练	西摩洛,一般

在采访中我们获知,以上7人西摩洛语水平下降的原因主要与族际婚姻、外出读书有关。座细村的李江美和李洪斌,其母亲是从西双版纳嫁过来的汉族人,从小教他们学汉语,西摩洛话是后来学的,说的时间不长。欧杨茹仙的妈妈,虽然是西摩洛人,但崇尚汉文化,从小就让她的孩子学汉语,欧杨茹仙这个名字也是受电视剧的影响而取的时尚名字。旧家组的董亚国,两岁时就跟他的大伯去了西双版纳,大伯母是汉族人,教他说汉语,5岁时才回到老家,学西摩洛语的时间不长。南温村的杨莉、杨波,其父母经常跟外面接触,因此,在他们刚学话时,父母就特意教他们学汉语了。他们的西摩洛语是在跟同伴们玩耍时学会的。李要成,出生于族际婚姻家庭,其母亲是汉族人,不会说西摩洛语。他的西摩洛语是在家庭外学会的。

西摩洛语水平属于"不会"级的有10人。他们分别是:南温村草皮坝组的王梦婷和杨富全,白龙潭组的杨梦娇;座细村慢哈布组的白美华;坝利村古鲁山组的宗新美、宗云强和杨小应、杨国栋,勐埔组的杨伟和杨伟东。他们家庭的基本成员及其西摩洛语使用水平见下表:

表 2-37 南温村草皮坝组(2人)

家庭	姓名	年龄	民族或支系	文化	第一语言及水平	第二语言及水平
户主	王云高	68	西摩洛	小学	西摩洛,熟练	汉,熟练

妻子	鲍秀珍	65	碧约	小学	碧约,熟练	汉,熟练
长子	王坤	39	西摩洛	初中	西摩洛,熟练	汉,熟练
长孙女	王梦婷	13	西摩洛	在读	汉,熟练	西摩洛,不会
户主	杨云保	57	西摩洛	小学	西摩洛,熟练	汉,熟练
妻子	柴发仙	54	汉	初中	汉,熟练	西摩洛,一般
长子	杨富荣	27	西摩洛	小学	西摩洛,熟练	汉,熟练
长媳	王丽萍	26	汉	初中	汉,熟练	西摩洛,不会
次子	杨富全	25	西摩洛	初中	汉,熟练	西摩洛,不会
次媳	杨富兰	23	西摩洛	初中	西摩洛,熟练	汉,熟练

表 2-38　南温村白龙潭组（1 人）

家庭	姓名	年龄	民族或支系	文化	第一语言及水平	第二语言及水平
户主	杨正泽	35	西摩洛	初中	西摩洛,熟练	汉,熟练
妻子	杨梅仙	34	汉	初中	汉,熟练	西摩洛,熟练
长女	杨梦娇	9	西摩洛	在读	汉,熟练	西摩洛,不会

表 2-39　座细村慢哈布组（1 人）

家庭	姓名	年龄	民族或支系	文化	第一语言及水平	第二语言及水平
户主	宗琼珍	56	西摩洛	小学	西摩洛,熟练	汉,一般
长子	白万明	28	西摩洛	小学	西摩洛,熟练	汉,熟练
长媳	杨玉转	28	西摩洛	小学	西摩洛,熟练	汉,熟练
孙女	白美华	7	西摩洛	学前	汉,熟练	西摩洛,不会

表 2-40　坝利村古鲁山组（4 人）

家庭	姓名	年龄	民族或支系	文化	第一语言及水平	第二语言及水平
户主	宗波法	45	西摩洛	小学	西摩洛,熟练	汉,熟练
妻子	段美英	43	西摩洛	小学	西摩洛,熟练	汉,熟练
长女	宗新美	13	西摩洛	在读	汉,熟练	西摩洛,不会
长子	宗云强	12	西摩洛	在读	汉,熟练	西摩洛,不会
户主	杨林华	42	西摩洛	小学	西摩洛,熟练	汉,熟练
妻子	白艳芳	29	西摩洛	小学	西摩洛,熟练	汉,熟练
长女	杨小应	13	西摩洛	在读	汉,熟练	西摩洛,不会
长子	杨国栋	7	西摩洛	在读	汉,熟练	西摩洛,不会

表 2-41　坝利村勐埔组（2 人）

家庭	姓名	年龄	民族或支系	文化	第一语言及水平	第二语言及水平	第三语言及水平
户主	杨文学	33	西摩洛	小学	西摩洛,熟练	布都,熟练	汉,熟练
妻子	彭桂珍	33	汉	小学	汉,熟练	西摩洛,不会	布都,不会
长子	杨伟	15	西摩洛	在读	汉,熟练	西摩洛,不会	布都,不会
次子	杨伟东	11	西摩洛	在读	汉,熟练	西摩洛,不会	布都,不会

王梦婷、杨富全和杨梦娇三人出生于支系外婚家庭。王梦婷是奶奶带大的,奶奶是碧约人,平时跟她说汉语。杨富全的母亲是汉族人,西摩洛语说得不流畅,从小跟妈妈学汉语。后来一直在外读书,现在还在昆明师范学院读书。杨梦娇的母亲是汉族人,虽然西摩洛语也熟练,但很重视孩子学习汉语,在家从不跟小孩说西摩洛语。

　　白美华、宗新美、宗云强、杨小应和杨国栋不会说母语跟家长的语言观念有关。这三个家庭都是西摩洛支系内家庭,但家长对汉语很重视,认为小孩应该先学会汉语,便于以后出去打工,母语会不会无所谓。这样的人数虽然不多,但却传递了一种新的信息:少部分30岁左右的年轻家长对汉语的重视程度超过了母语。

二　少数西摩洛人母语转为第二语言

　　双语习得的一般规律是:母语是第一语言,非母语是第二语言。西摩洛人的语言习得情况大致也是如此。但在少数人中出现了一个新情况:在母语熟练型和一般型的人群中有少数人的母语是第二语言。这种语言习得顺序的形成有其客观条件,也有其主观因素,需要我们加以分析,认识其性质和规律。我们先了解一下西摩洛人母语转为第二语言的基本情况。下面是母语转为第二语言的数据统计表:

表 2-42

调查点	(村民小组)	总人口	母语是第二语言 人口	母语是第二语言 比例
座细村	坝浦河组	209	42	20.9%
座细村	轩秀五组	117	4	3.4%
座细村	旧家组	87	4	4.6%
座细村	大椿树组	102	4	3.9%
座细村	轩秀三组	130	2	1.5%
南温村	草皮坝组	154	11	7.1%
南温村	南温一组	29	8	27.6%
南温村	西科目一组	51	2	3.9%
南温村	西科目三组	84	3	3.5%
南温村	白龙潭组	71	3	4.2%
南温村	会面组	114	2	1.8%
南温村	大田组	51	1	2%
南温村	科目组	75	1	1.3%
南温村	石灰窑组	65	1	1.5%
坝利村	古鲁山组	109	7	6.4%
合计		1367	95	6.9%

　　上表统计显示,有95人的第二语言是母语,分布在座细、南温、坝利3个村的15个组,所占的比例为这些组总人口的6.9%。为什么这95位西摩洛人改变了母语习得顺序呢?我们

先来了解 53 人（不包括坝浦河①）的家庭成员情况：

表 2-43　座细村轩秀五组（4 人）

家庭	姓名	年龄	民族或支系	文化	第一语言及水平	第二语言及水平
户主	王陶发	62	西摩洛	小学	西摩洛,熟练	汉,一般
妻子	杨琼珍	59	西摩洛	文盲	西摩洛,熟练	汉,一般
女婿	张学清	39	白宏	小学	白宏,熟练	汉,熟练
长女	王应芝	33	西摩洛	小学	西摩洛,熟练	汉,熟练
孙子	张东	13	西摩洛	在读	汉,熟练	西摩洛,熟练
外孙女	张梅	8	西摩洛	在读	汉,熟练	西摩洛,熟练
户主	白家应	38	西摩洛	初中	西摩洛,熟练	汉,熟练
妻子	段云际	36	汉	初中	汉,熟练	西摩洛,一般
长女	白珍英	14	西摩洛	在读	汉,熟练	西摩洛,熟练
次女	白玲芳	11	西摩洛	在读	汉,熟练	西摩洛,熟练

表 2-44　座细村旧家组（4 人）

家庭	姓名	年龄	民族或支系	文化	第一语言及水平	第二语言及水平
户主	董华良	64	西摩洛	小学	西摩洛,熟练	汉,熟练
长子	董荣昌	34	西摩洛	小学	西摩洛,熟练	汉,熟练
长媳	杨付英	27	西摩洛	小学	西摩洛,熟练	汉,熟练
长孙	董亚国	7	西摩洛	在读	汉,熟练	西摩洛,一般
户主	肖平	42	西摩洛	小学	汉,熟练	西摩洛,一般
长子	黄强	18	西摩洛	在读	汉,熟练	西摩洛,熟练
长女	黄倩	16	西摩洛	在读	汉,熟练	西摩洛,熟练
母亲	杨凤芝	63	汉	文盲	汉,熟练	西摩洛,熟练

表 2-45　座细村大椿树组（4 人）

家庭	姓名	年龄	民族或支系	文化	第一语言及水平	第二语言及水平
户主	李二娜	35	汉	小学	汉,熟练	西摩洛,熟练
长女	白秀珍	16	西摩洛	在读	汉,熟练	西摩洛,熟练
次女	白琼珍	11	西摩洛	在读	汉,熟练	西摩洛,熟练
户主	杨文祥	48	西摩洛	初中	西摩洛,熟练	汉,熟练
妻子	杨存珍	39	汉	小学	汉,熟练	西摩洛,熟练
长女	杨梅	16	西摩洛	在读	汉,熟练	西摩洛,熟练
长子	杨春福	12	西摩洛	在读	汉,熟练	西摩洛,熟练

---

① 因坝浦河是个移民村寨,村委会尚未制出该村的户口台账。该村 42 位母语为第二语言的人的家庭情况暂缺。

表 2-46　座细村轩秀三组（2 人）

家庭	姓名	年龄	民族或支系	文化	第一语言及水平	第二语言及水平
户主	宗文祥	45	西摩洛	初中	西摩洛,熟练	汉,熟练
妻子	李玉仙	39	汉	初中	汉,熟练	西摩洛,熟练
长子	宗凯伟	17	西摩洛	小学	汉,熟练	西摩洛,熟练
户主	李德生	36	西摩洛	初中	西摩洛,熟练	汉,一般
长子	李 文	13	西摩洛	在读	汉,熟练	西摩洛,熟悉

表 2-47　南温村草皮坝组（11 人）

家庭	姓名	年龄	民族或支系	文化	第一语言及水平	第二语言及水平
户主	李文荣	45	西摩洛	初中	西摩洛,熟练	汉,熟练
妻子	李富英	35	西摩洛	小学	西摩洛,熟练	汉,熟练
长子	李军洪	12	西摩洛	小学	汉,熟练	西摩洛,熟练
次子	李军华	8	西摩洛	小学	汉,熟练	西摩洛,熟练
户主	王文应	58	西摩洛	小学	西摩洛,熟练	汉,熟练
长女婿	杨应华	40	西摩洛	小学	西摩洛,熟练	汉,熟练
长女	王在英	37	西摩洛	小学	西摩洛,熟练	汉,熟练
外孙女	杨 莉	12	西摩洛	在读	汉,熟练	西摩洛,一般
外孙	杨 波	8	西摩洛	在读	汉,熟练	西摩洛,一般
户主	杨文恩	70	西摩洛	小学	西摩洛,熟练	汉,熟练
妻子	李梅英	63	西摩洛	文盲	西摩洛,熟练	汉,熟练
三子	杨发顺	37	西摩洛	初中	西摩洛,熟练	汉,熟练
三媳	杨树英	31	西摩洛	小学	西摩洛,熟练	汉,熟练
孙女	杨慧仙	9	西摩洛	在读	汉,熟练	西摩洛,熟练
户主	李新林	34	西摩洛	初中	西摩洛,熟练	汉,熟练
妻子	杨琼伸	37	西摩洛	小学	西摩洛,熟练	汉,熟练
长女	李艳秋	8	西摩洛	在读	汉,熟练	西摩洛,熟练
母亲	杨琼珍	62	西摩洛	文盲	西摩洛,熟练	汉,熟练
户主	杨 东	42	西摩洛	初中	西摩洛,熟练	汉,熟练
妻子	周秀英	36	汉	小学	汉,熟练	西摩洛,一般
长子	杨承伟	17	西摩洛	在读	汉,熟练	西摩洛,熟练
长女	杨晓玲	13	西摩洛	在读	汉,熟练	西摩洛,熟练
母亲	王桂芬	65	西摩洛	文盲	西摩洛,熟练	汉,熟练
户主	李文华	30	西摩洛	小学	西摩洛,熟练	汉,熟练
妻子	熊 梅	28	西摩洛	小学	西摩洛,熟练	汉,熟练
长子	李江鹏	9	西摩洛	在读	汉,熟练	西摩洛,熟练
母亲	杨坝能	56	西摩洛	小学	西摩洛,熟练	汉,熟练
弟弟	杨文贵	23	西摩洛	小学	西摩洛,熟练	汉,熟练
户主	王云书	59	西摩洛	小学	西摩洛,熟练	汉,熟练
长子	李开中	30	西摩洛	初中	西摩洛,熟练	汉,熟练
长媳	李凤梅	26	西摩洛	小学	西摩洛,熟练	汉,熟练
次子	李春松	24	西摩洛	小学	西摩洛,熟练	汉,熟练

孙女	李艳佳	6	西摩洛	学前	汉,熟练	西摩洛,熟练
户主	杨光学	37	西摩洛	初中	西摩洛,熟练	汉,熟练
妻子	沈连英	31	汉	初中	汉,熟练	西摩洛,一般
长女	杨晓萍	7	西摩洛	在读	汉,熟练	西摩洛,熟练

表 2-48　南温一组（8人）

家庭	姓名	年龄	民族或支系	文化	第一语言及水平	第二语言及水平
户主	杨家保	71	西摩洛	小学	西摩洛,熟练	汉,熟练
妻子	王小凤	62	西摩洛	文盲	西摩洛,熟练	汉,熟练
长子	杨有忠	40	西摩洛	初中	西摩洛,熟练	汉,熟练
长媳	朱桂英	33	布都	小学	布都,熟练	汉,熟练
孙女	杨霞	13	西摩洛	在读	汉,熟练	西摩洛,熟练
孙子	杨云润	9	西摩洛	在读	汉,熟练	西摩洛,熟练
户主	杨忠文	37	西摩洛	初中	西摩洛,熟练	汉,熟练
妻子	金云芝	32	布都	小学	布都,熟练	汉,熟练
长子	杨云春	10	西摩洛	在读	汉,熟练	西摩洛,熟练
次子	杨云祥	6	西摩洛	在读	汉,熟练	西摩洛,熟练
父亲	杨发昌	76	西摩洛	文盲	西摩洛,熟练	汉,熟练
母亲	李树梅	67	西摩洛	文盲	西摩洛,熟练	汉,熟练
户主	杨忠泽	42	西摩洛	初中	西摩洛,熟练	汉,熟练
妻子	王祖梅	42	西摩洛	小学	西摩洛,熟练	汉,熟练
长子	杨晓应	18	西摩洛	小学	汉,熟练	西摩洛,熟练
次子	杨晓春	15	西摩洛	在读	汉,熟练	西摩洛,熟练
母亲	王梅书	74	西摩洛	文盲	西摩洛,熟练	汉,熟练
户主	王建	40	布都	高中	布都,熟练	汉,熟练
妻子	杨梅	37	西摩洛	小学	西摩洛,熟练	汉,熟练
长女	王锦芳	13	西摩洛	在读	汉,熟练	西摩洛,熟练
长子	王锦龙	9	西摩洛	在读	汉语,熟练	西摩洛,熟练
母亲	李琼芬	72	布都	文盲	布都,熟练	汉,熟练

表 2-49　南温村西科目一组（2人）

家庭	姓名	年龄	民族或支系	文化	第一语言及水平	第二语言及水平
户主	杨贵里	39	西摩洛	初中	西摩洛,熟练	汉,熟练
妻子	熊凤英	36	西摩洛	小学	西摩洛,熟练	汉,熟练
长女	杨波	16	西摩洛	在读	汉,熟练	西摩洛,熟练
长子	杨欢	13	西摩洛	在读	汉,熟练	西摩洛,熟练

表 2-50　南温村西科目三组（3人）

家庭	姓名	年龄	民族或支系	文化	第一语言及水平	第二语言及水平
户主	宗文高	76	西摩洛	小学	西摩洛,熟练	汉,熟练
次子	宗玉杰	48	西摩洛	高中	西摩洛,熟练	汉,熟练

次媳	王珍	33	西摩洛	小学	西摩洛,熟练	汉,熟练
孙女	宗园婷	11	西摩洛	在读	汉,熟练	西摩洛,熟练
户主	李文明	74	西摩洛	文盲	西摩洛,熟练	汉,熟练
妻子	熊玉珍	71	西摩洛	文盲	西摩洛,熟练	汉,一般
女婿	熊有福	43	汉	初中	汉,熟练	西摩洛,熟练
三女	李秀珍	40	西摩洛	小学	西摩洛,熟练	汉,熟练
外孙女	熊李燕	21	西摩洛	初中	汉,熟练	西摩洛,熟练
外孙女	熊李丽	19	西摩洛	在读	汉,熟练	西摩洛,熟练

表 2-51　南温村白龙潭组（3 人）

家庭	姓名	年龄	民族或支系	文化	第一语言及水平	第二语言及水平
户主	杨富保	31	西摩洛	小学	西摩洛,熟练	汉,熟练
妻子	王金凤	29	西摩洛	小学	西摩洛,熟练	汉,熟练
长女	杨洁艳	8	西摩洛	在读	汉,熟练	西摩洛,熟练
母亲	翟琼珍	63	西摩洛	文盲	西摩洛,熟练	汉,熟练
户主	杨正成	37	西摩洛	初中	西摩洛,熟练	汉,熟练
妻子	杨秀珍	36	西摩洛	初中	西摩洛,熟练	汉,熟练
长子	杨　俊	6	西摩洛	学前	汉,熟练	西摩洛,熟练
弟弟	杨正林	37	西摩洛	初中	西摩洛,熟练	汉,熟练
户主	杨天胜	56	西摩洛	小学	西摩洛,熟练	汉,熟练
妻子	杨梅书	53	西摩洛	小学	西摩洛,熟练	汉,熟练
长子	杨海锋	30	西摩洛	小学	西摩洛,熟练	汉,熟练
三子	杨海庭	27	西摩洛	小学	西摩洛,熟练	汉,熟练
孙女	杨景丽	6	西摩洛	学前	汉,熟练	西摩洛,熟练

表 2-52　南温村会面组（2 人）

家庭	姓名	年龄	民族或支系	文化	第一语言及水平	第二语言及水平
户主	王军宏	43	西摩洛	高中	西摩洛,熟练	汉,熟练
妻子	白秀兰	36	西摩洛	高中	西摩洛,熟练	汉,熟练
长女	王晓丹	13	西摩洛	在读	汉,熟练	西摩洛,熟练
次女	王晓婷	11	西摩洛	在读	汉,熟练	西摩洛,熟练
母亲	马云珍	63	西摩洛	文盲	西摩洛,熟练	汉,熟练

表 2-53　南温村大田组（1 人）

家庭	姓名	年龄	民族或支系	文化	第一语言及水平	第二语言及水平
户主	李希红	32	西摩洛	初中	西摩洛,熟练	汉,熟练
妻子	胥阿转	31	汉	小学	汉,熟练	西摩洛,不会
长子	李要成	10	西摩洛	在读	汉,熟练	西摩洛,一般

表 2-54　南温村科目组（1人）

家庭	姓名	年龄	民族或支系	文化	第一语言及水平	第二语言及水平
户主	杨永生	35	西摩洛	初中	西摩洛,熟练	汉,熟练
妻子	朱梅玲	29	西摩洛	小学	西摩洛,熟练	汉,熟练
长子	杨海兵	8	西摩洛	在读	汉,熟练	西摩洛,熟练
母亲	王小娜	75	西摩洛	文盲	西摩洛,熟练	汉,熟练

表 2-55　南温村石灰窑组（1人）

家庭	姓名	年龄	民族或支系	文化	第一语言及水平	第二语言及水平
户主	白云珍	69	西摩洛	小学	西摩洛,熟练	汉,熟练
长子	杨跃昌	43	西摩洛	初中	西摩洛,熟练	汉,熟练
长媳	赵采英	31	西摩洛	小学	西摩洛,熟练	汉,熟练
长孙女	杨春兰	6	西摩洛	在读	汉,熟练	西摩洛,熟练

表 2-56　坝利村古鲁山组（7人）

家庭	姓名	年龄	民族或支系	文化	第一语言及水平	第二语言及水平
户主	王进华	38	西摩洛	小学	西摩洛,熟练	汉,熟练
妻子	白会英	39	碧约	小学	碧约,熟练	汉,熟练
长子	王平	15	西摩洛	小学	汉,熟练	西摩洛,熟练
次女	王应	12	西摩洛	在读	汉,熟练	西摩洛,熟练
户主	王俊华	32	西摩洛	小学	西摩洛,熟练	汉,熟练
妻子	李万娜	29	西摩洛	小学	西摩洛,熟练	汉,熟练
长子	王福孙	7	西摩洛	在读	汉,熟练	西摩洛,熟练
户主	宗志安	28	西摩洛	初中	西摩洛,熟练	汉,熟练
妻子	王凤英	25	西摩洛	小学	西摩洛,熟练	汉,熟练
妻妹	王娜三	18	西摩洛	初中	汉,熟练	西摩洛,熟练
户主	李文忠	61	西摩洛	初中	西摩洛,熟练	汉,熟练
长子	李明	38	西摩洛	小学	西摩洛,熟练	汉,熟练
长媳	白桂芝	36	西摩洛	初中	西摩洛,熟练	汉,熟练
长孙女	李彩红	15	西摩洛	小学	西摩洛,熟练	汉,熟练
次孙女	李红云	12	西摩洛	小学	汉,熟练	西摩洛,熟练
户主	罗春法	41	西摩洛	小学	西摩洛,熟练	汉,熟练
妻子	李发娘	38	西摩洛	小学	西摩洛,熟练	汉,熟练
长女	罗应恩	15	西摩洛	在读	汉,熟练	西摩洛,熟练
长子	罗应习	8	西摩洛	在读	汉,熟练	西摩洛,熟练

　　上表的家庭情况提供了三个重要信息：一是,以母语为第二语言的53人,32人出生于支系内婚家庭,21人出生于支系外婚家庭,这说明影响西摩洛人母语习得顺序的最重要的因素不是族际婚姻。二是,以母语为第二语言的53人中,只有2人是20岁以上的成年人,其余的51人都是6—19岁的青少年。这些青少年的家长多是三四十岁的中年人,都受过学校教育,这说明年轻一代的父母更重视子女的汉语习得。三是,以母语为第二语言的人在西摩洛村寨

中分布不平衡,有的村寨多,有的村寨少,有的村寨没有。

可见,母语习得顺序的改变,既有家庭内部因素,也有家庭外部的社会文化因素。我们从调查中了解到,母语习得顺序的改变主要与村寨的交通状况和经济文化有关。这些先习得汉语、后习得母语的西摩洛人,主要居住在交通较便利、经济较发达、与外支系接触较多的村寨,村里多设有小学。以下我们分析3个改变母语习得顺序人数较多的村寨。

(1) 座细村坝浦河组

坝浦河组共有209位西摩洛人,以母语为第二语言的有42人,年龄由6岁到59岁不等[①],是雅邑乡以母语为第二语言人数最多、出现时间最早的西摩洛村寨。其母语习得顺序变化的原因,主要与该寨比较发达有关。坝浦河是个移民寨,1973年江楚公路(墨江至楚雄)通车后,才陆续有西摩洛人移居此地。据该村的老村长白开侦介绍,1980年才开始有住户。坝浦河的白少剑(20岁),他家是1992年搬来的,当时只有6户人家,现已经在发展到57户。2005年,乡政府、卫生院、财政所、雅邑乡中心小学迁至此地,坝浦河成为雅邑乡的政治、经济和文化中心。坝浦河的发展过程是不断接纳异地人员、接受先进文化的过程。再者,便利的交通和特殊的政治文化地位,也为坝浦河提供了较多的商业机会,居民经济形式多样,人均收入远远高于雅邑乡人均收入。为了适应经济发展的需要,必须兼用汉语来扩大语言的交际功能。在选择子女习得的语言时,在西摩洛语和汉语的双语关系中,更多地强调了强势语言汉语。

(2) 南温村南温一组

该寨有29位西摩洛人,改变母语习得顺序的有8人,他们全都是6—19岁的青少年。而该组的青少年一共只有9人。可见该寨的西摩洛人对汉语的重视程度超过了母语。这主要与周边环境以及经济和文化因素有关。南温一组在江楚公路沿线,交通便利。所处位置与南温田毗邻。南温田是雅邑乡经济收入最高的村寨,南温一组的部分经济收入来自于与南温田做生猪交易。南温田是汉族聚居地,不会西摩洛语。南温一组与其交往都是用汉语。再者南温一组有重视教育的传统,寨子里出了几个读书跳龙门的人,这更让村里人看到读书的希望。因此,村里人很重视文化教育,从小就教自己的孩子说汉语。

(3) 南温村草皮坝组

该寨有154位西摩洛人,其中青少年28人,改变母语习得顺序的有11人,全是6—19岁这个年龄段的。影响该组青少年母语习得顺序改变的因素主要有以下两点:一是位于江楚公路沿线,交通方便,接触汉语的机会较多,时间较早。二是寨子里有一所村完小,村民读书的人多,50岁以下的人都上过学,没有文盲,是雅邑乡西摩洛村寨中受教育较好的村寨之一,家长们很重视小孩的教育。

虽然与母语是第一语言的人群相比,改变母语习得顺序者只是个微小的群体,但这个群体主要是青少年,而青少年的语言习得情况对语言使用趋势,有方向性意义。因此这是个值得关

---

① 数据是坝浦河白少剑(20岁,高中毕业)住户调查所得。

注的重要现象。

三 母语的交际功能出现一定程度的衰退

虽然西摩洛人全民稳定地使用西摩洛语,但不同的人掌握的词汇量存在一定的差距。大致的情况是:居住在交通较闭塞的村寨的西摩洛人,词汇量大一些;居住在交通较便利地区的西摩洛人词汇量小一些。年轻人的词汇量比老年人的词汇量少得多(详见"不同年龄段的语言使用情况")。例如数词的掌握情况,居住在交通较闭塞村寨的村民一般能从1数到10,如轩秀的白开侦(54岁)、白琼书(68岁),南温的熊明(31岁)、熊朝明(65岁)等人都能数到10。而居住在公路沿线的村民,一般都只能数到5,如坝浦河的白要福(48岁)、杨万寿(58岁)、宗林国(31岁)只能数到5。从词汇的掌握情况看,如"船"、"雨伞"、"麻雀"等词语,中老年人说本语词,青少年用汉语借词;"运气"、"灵魂"、"接气(人快死时)"等表义抽象的词语,青少年都不会说了,他们习惯于表达看得到的事物,抽象的词难以表达。西摩洛人掌握母语的词汇量总体呈下滑的趋势。

再者,九年义务教育把语言习得的主线放在汉语上,父母对本民族语的习得没有什么要求,所以本民族语出现一定程度的衰退。西摩洛语限于自然习得,冲击了本民族语的掌握。母语的使用范围退缩到较小的范围。白萍(18岁,西摩洛人,在思茅中学读高一)告诉我们"同学之间互相说笑用民族语,讨论成绩用汉语"。座细村村长宗林国告诉我们:他下到村里做老乡的思想工作时用西摩洛语,宣传上面的政策时用汉语。有些词,用西摩洛话不好表达。

四 母语的地位下降

母语地位的高低主要体现在母语人对本民族语的重视程度。在长期与汉语的接触中,西摩洛人逐渐认识到汉语是一种谋求生存发展的语言资源。汉语的地位不完全是第二语言的地位,而是在地位上接近母语的一种语言,甚至有的认为比母语更为重要。他们把说汉语当成资源,看成财富,与自己的未来发展联系在一起;而对自己的母语则采取无所谓的态度,不愁子女学不会,学多少算多少。在招工、录取公务员时,一般只看汉语水平,不看会不会西摩洛语。

第六节 雅邑乡非西摩洛人使用西摩洛语的情况

雅邑乡虽然是个西摩洛人比较聚集的乡,但仍有一些汉、彝等民族以及哈尼族的其它支系布都、白宏、卡多、碧约与他们杂居在一起。这些非西摩洛人使用西摩洛语的情况如何,是需要进一步探讨的问题。

我们统计了雅邑乡6个西摩洛聚居村的人口分布,计得非西摩洛人口为194人,这些人口包括哈尼族不同支系的人口以及汉族、彝族等人口。下表是雅邑乡 6 个村委会非西摩洛人西摩洛语使用情况的统计表。

表 2-57

调查点	（村民小组）	人口	民族或支系	熟练 人口	熟练 比例	一般 人口	一般 比例	不会 人口	不会 比例
座细村	天补组	2	汉	1	50%	0	0%	0	0%
			碧约	0	0%	1	50%	0	0%
	座细组	1	彝	0	0%	1	100%	0	0%
	旧家组	1	汉	0	0%	1	100%	0	0%
	轩秀二组	5	汉	1	20%	4	80%	0	0%
	轩秀三组	1	汉	1	100%	0	0%	0	0%
	轩秀五组	2	汉	0	0%	1	50%	0	0%
			白宏	0	0%	0	0%	1	50%
南温村	白龙潭组	1	汉	1	100%	0	0%	0	0%
	草皮坝组	5	汉	1	20%	4	80%	0	0%
		2	碧约	1	50%	1	50%	0	0%
	大田组	3	汉	0	0%	0	0%	2	66.7%
			碧约	1	33.3%	0	0%	0	0%
	的莫组	20	布都	20	100%	0	0%	0	0%
	会面组	1	汉	0	0%	0	0%	1	100%
	南温一组	11	汉	8	72.7%	1	9.1%	0	0%
			白宏	1	9.1%	0	0%	1	9.1%
	西科目三组	2	汉	2	100%	0	0%	0	0%
	科目组	3	汉	1	33.3%	0	0%	1	33.3%
			碧约	1	33.4%	0	0%	0	0%
	石灰窑组	1	白宏	0	0%	0	0%	1	100%
徐卡村	区鲁山组	17	汉	17	100%	0	0%		
	咱思鲁模组	1	汉	0	0%	0	0%	1	100%
	备自组	5	汉	2	40%	0	0%	0	0%
			彝	0	0%	1	20%	0	0%
			回	0	0%	1	20%	0	0%
			碧约	1	20%	0	0%	0	0%
	路能组	1	汉	1	100%	0	0%	0	0%
	普持组	2	碧约	2	100%	0	0%	0	0%
	特别普持组	1	布都	1	100%	0	0%	0	0%
	新发组	5	汉	5	100%	0	0%	0	0%
	沙浦鲁娜组	8	汉	8	100%	0	0%	0	0%
雅邑村	安尼糯上组	2	汉	2	100%	0	0%	0	0%
	安宁上组	1	汉	1	100%	0	0%	0	0%
	布哈组	9	汉	4	44.4%	0	0%	2	22.2%
			彝	0	0%	3	33.4%	0	0%
	洋毛组	5	汉	4	80%	0	0%	1	20%

下洛甫村	新寨组	4	汉	1	25%	0	0%	0	0%
			彝	2	50%	1	25%	0	0%
	坝心组	15	彝	15	100%	0	0%	0	0%
	那会组	2	彝	2	100%	0	0%	0	0%
坝利村	勐埔组	39	布都	39	100%	0	0%	0	0%
	古鲁山组	16	汉	2	12.5%	0	0%	2	12.5%
			碧约	9	56.3%	0	0%	0	0%
			白宏	2	12.5%	0	0%	1	6.2%
合计		194		160	82.5%	20	10.3%	14	7.2%

上表显示，在6个村委会共32个西摩洛人聚居的村民小组中，共有194个非西摩洛人，包括汉、彝等民族和碧约、白宏、布都等哈尼族支系。其中，西摩洛语达到"熟练"程度的是160人，占其人口总数的82.5%；西摩洛语水平为"一般"的有20人，占10.3%；不会西摩洛语的有14人，占7.2%。这说明，在西摩洛人聚居的村寨，人数仅占少量的非西摩洛人已经融入到西摩洛语的环境中：82.5%的人西摩洛语听、说能力俱佳，日常生活中能够自如地运用西摩洛语进行交际；10.3%的人听、说西摩洛语的能力均为一般，日常生活中以汉语为主。只有7.2%的人不会西摩洛语。

下面再详细介绍一些村寨使用西摩洛语的情况。

一　坝利村勐埔组

坝利村原属龙坝乡，2008年5月划分到雅邑乡。全村辖14个村民小组，总人口2617人，其中，西摩洛人约420人，白宏人1917人，布都人230人，碧约人40余人。调查组选取坝利村西摩洛人最密集的一个村民小组——勐埔寨作为专访点。我们下到寨子时，村民们得知我们前来调查的目的后，纷纷围拢过来热情地向我们介绍自己家庭成员的语言使用情况。据村民小组组长金礼发（42岁，布都人）介绍，勐埔寨是一个西摩洛人和布都人杂居的寨子，有43户共191人，其中布都人7户共39人。寨子里的人几乎都会说西摩洛语和布都语。当我们问及布都村民："你们都会说西摩洛语吗？"大家似乎觉得问这个问题很奇怪，有个别年轻人说："当然会啦！"下面是勐埔组这7户布都家庭的语言使用情况：

表 2-58

家庭	姓名	年龄	民族或支系	文化	第一语言及水平	第二语言及水平	第三语言及水平
户主	金礼发	42	布都	小学	布都，熟练	西摩洛，熟练	汉，熟练
妻子	姜美娜	42	布都	文盲	布都，熟练	西摩洛，熟练	汉，熟练
弟弟	金 三	39	布都	小学	布都，熟练	西摩洛，熟练	汉，熟练
长女	金银娜	18	布都	在读	布都，熟练	西摩洛，熟练	汉，熟练
长子	金 强	15	布都	在读	布都，熟练	西摩洛，熟练	汉，熟练
户主	李文科	56	布都	小学	布都，熟练	西摩洛，熟练	汉，熟练
妻子	马贵娘	55	西摩洛	文盲	西摩洛，熟练	布都，熟练	汉，熟练

三子	李志昌	27	布都	初中	布都,熟练	西摩洛,熟练	汉,熟练
四女	李元富	23	布都	初中	布都,熟练	西摩洛,熟练	汉,熟练
户主	王哈衣	64	布都	文盲	布都,熟练	西摩洛,熟练	汉,熟练
长子	刀要才	36	布都	小学	布都,熟练	西摩洛,熟练	汉,熟练
次子	刀要得	34	布都	小学	布都,熟练	西摩洛,熟练	汉,熟练
三子	刀得六	23	布都	小学	布都,熟练	西摩洛,熟练	汉,熟练
户主	罗正发	60	布都	文盲	布都,熟练	西摩洛,熟练	汉,熟练
母亲	王元珍	58	布都	文盲	布都,熟练	西摩洛,熟练	汉,熟练
次子	罗荣华	32	布都	小学	布都,熟练	西摩洛,熟练	汉,熟练
三子	罗德清	30	布都	初中	布都,熟练	西摩洛,熟练	汉,熟练
四子	罗合者	24	布都	小学	布都,熟练	西摩洛,熟练	汉,熟练
五子	罗白发	21	布都	小学	布都,熟练	西摩洛,熟练	汉,熟练
六子	罗德发	20	布都	小学	布都,熟练	西摩洛,熟练	汉,熟练
户主	李 涛	43	布都	初中	布都,熟练	西摩洛,熟练	汉,熟练
妻子	白要娜	39	西摩洛	小学	西摩洛,熟练	布都,熟练	汉,熟练
长子	李 平	22	布都	在读	布都,熟练	西摩洛,熟练	汉,熟练
次子	李 昆	18	布都	初中	布都,熟练	西摩洛,熟练	汉,熟练
户主	白开福	43	布都	小学	布都,熟练	西摩洛,熟练	汉,熟练
妻子	姜明娜	52	布都	文盲	布都,熟练	西摩洛,熟练	汉,熟练
长女	白大娘	27	布都	小学	布都,熟练	西摩洛,熟练	汉,熟练
次女	白二娘	24	布都	小学	布都,熟练	西摩洛,熟练	汉,熟练
长子	白秋林	23	布都	小学	布都,熟练	西摩洛,熟练	汉,熟练
次子	白顺得	20	布都	初中	布都,熟练	西摩洛,熟练	汉,熟练
三女	白 丽	18	布都	在读	布都,熟练	西摩洛,熟练	汉,熟练
户主	李荣华	43	布都	高中	布都,熟练	西摩洛,熟练	汉,熟练
妻子	姜云美	45	布都	初中	布都,熟练	西摩洛,熟练	汉,熟练
长女	李 艳	16	布都	在读	布都,熟练	西摩洛,熟练	汉,熟练
长子	李 东	12	布都	在读	布都,熟练	西摩洛,熟练	汉,熟练
户主	罗正昌	52	布都	小学	布都,熟练	西摩洛,熟练	汉,熟练
妻子	刘凤英	51	布都	文盲	布都,熟练	西摩洛,熟练	汉,熟练
长子	罗立发	27	布都	小学	布都,熟练	西摩洛,熟练	汉,熟练
次子	罗少黑	23	布都	初中	布都,熟练	西摩洛,熟练	汉,熟练
三子	罗阳才	21	布都	初中	布都,熟练	西摩洛,熟练	汉,熟练
长女	罗瞻漫	17	布都	在读	布都,熟练	西摩洛,熟练	汉,熟练

上表中的李文科、李涛两家,是布都和西摩洛的族际婚姻家庭,丈夫是布都,妻子是西摩洛。我们了解得知,两个家庭的孩子出生上报户口时是跟随父亲的支系,但是在语言习得上,是布都语和西摩洛语同时进行。当我们问及哪种语言是自己的第一语言时,他们表现出困惑的样子,想了想,然后笑笑地说"一样一样的"。在勐埔寨族际婚姻家庭内,夫妻二人在组成家庭时,各自没有放弃自己的支系语言,而是兼用了对方的语言,家庭生活中布都语和西摩洛语交替使用。下一代便同时习得了两种语言,自己也分不清哪个是母语,哪个是第二语言。

我们对勐埔寨所有的布都人进行了穷尽式地统计。下表是布都人掌握西摩洛语的统计表:

表 2-59

年龄段	总人口	熟练		略懂		不会	
		人口	比例	人口	比例	人口	比例
6—19 岁	7	7	100%	0	0%	0	0%
20—59 岁	30	30	100%	0	0%	0	0%
60 岁以上	2	2	100%	0	0%	0	0%
合计	39	39	100%	0	0%	0	0%

上表说明，勐埔寨各个年龄段、所有布都人的西摩洛语均为熟练，也就是说他们能够自如转换布都语和西摩洛语的两种语码，两种语言都是布都人日常生活中不可替代的语言工具。但布都人的汉语水平普遍较高。下表是布都人的汉语能力统计表：

表 2-60

年龄段	总人口	熟练		略懂		不会	
		人口	比例	人口	比例	人口	比例
6—19 岁	7	7	100%	0	0%	0	0%
20—59 岁	30	30	100%	0	0%	0	0%
60 岁以上	2	2	100%	0	0%	0	0%
合计	39	39	100%	0	0%	0	0%

可见，布都人不分男女老少都以布都语为主，但他们又都兼用西摩洛语和汉语，三种语言掌握的程度都好。村民杨要立（32岁）为我们的勐埔寨之行担任了向导。据他讲述：他们村寨是布都人和西摩洛人杂居的地方，布都人占少数、西摩洛人占多数，所以布都人全部会讲西摩洛语，并且熟练地掌握了汉语。勐埔寨的布都人都是布都、西摩洛、汉语三语人。

二 南温村的莫组

与坝利村勐埔寨具有相同语言情况的还有南温村的莫组。南温村位于雅邑乡北部，东部与龙坝乡交界，西面与徐卡村接壤，南邻座细村，北面与南谷村连接。辖区有 17 个村民小组，其中 12 个为西摩洛聚居寨。的莫村民组有 22 户，共 79 人，其中西摩洛人有 56 人（6岁以下1人），布都人 22 人（6岁以下2人），彝族 1 人。根据对有语言能力的 20 名布都人的调查、统计，我们的结论是：的莫组的布都人全都熟练地掌握西摩洛语，大部分人具有"熟练"级的汉语水平。下表是南温村的莫组布都人西摩洛话能力统计表：

表 2-61

年龄段	总人口	熟练		一般		不会	
		人口	比例	人口	比例	人口	比例
6—19 岁	0	0	0%	0	0%	0	0%
20—59 岁	14	14	100%	0	0%	0	0%
60 岁以上	6	6	100%	0	0%	0	0%
合计	20	20	100%	0	0%	0	0%

下表是南温村的莫组布都人汉语能力统计表：

表 2-62

年龄段	总人口	熟练		一般		不会	
		人口	比例	人口	比例	人口	比例
6—19 岁	0	0	0%	0	0%	0	0%
20—59 岁	14	14	100%	0	0%	0	0%
60 岁以上	6	5	83.3%	0	0%	1	16.7%
合计	20	19	95%	0	0%	1	5%

以上两个表显示，的莫组的布都人都熟练地掌握了西摩洛语和汉语，是布都、西摩洛、汉语的三语人。不会汉语的是 72 岁的李琼芬老人，由于年老、没有文化、与外界接触少，因此只会布都语和西摩洛语。

三　徐卡村区鲁山组

除哈尼族其他支系兼用西摩洛语外，汉族也能够兼用西摩洛语。如：徐卡村的区鲁山、沙浦鲁娜、新发等村民组。下表是区鲁山组 17 名汉族人的家庭语言使用情况：

表 2-63

家庭	姓名	年龄	民族或支系	文化	第一语言及水平	第二语言及水平
户主	段绍祥	45	汉	小学	汉，熟练	西摩洛，熟练
妻子	高发芝	41	汉	小学	汉，熟练	西摩洛，熟练
长子	段秀芬	23	汉	小学	汉，熟练	西摩洛，熟练
长女	段秀美	20	汉	初中	汉，熟练	西摩洛，熟练
父亲	段阿二	81	汉	文盲	汉，熟练	西摩洛，熟练
母亲	王凤书	75	汉	文盲	汉，熟练	西摩洛，熟练
户主	段海忠	53	汉	小学	汉，熟练	西摩洛，熟练
妻子	李秀英	47	汉	小学	汉，熟练	西摩洛，熟练
父亲	段海东	79	汉	初中	汉，熟练	西摩洛，熟练
母亲	白大娜	81	汉	文盲	汉，熟练	西摩洛，熟练
户主	段绍云	43	汉	小学	汉，熟练	西摩洛，熟练
妻子	李阳娜	39	西摩洛	小学	西摩洛，熟练	汉，熟练
长子	段华成	19	汉	小学	汉，熟练	西摩洛，熟练
长女	段光珍	15	汉	小学	汉，熟练	西摩洛，熟练
母亲	孙云书	82	西摩洛	文盲	西摩洛，熟练	汉，一般
户主	段海国	47	汉	小学	汉，熟练	西摩洛，熟练
妻子	白玉芝	42	西摩洛	文盲	西摩洛，熟练	汉，熟练
长女	段华美	19	汉	小学	汉，熟练	西摩洛，熟练
长子	段华平	17	汉	小学	汉，熟练	西摩洛，熟练
户主	黄秀珍	75	汉	文盲	汉，熟练	西摩洛，熟练

上表说明，区鲁山组各年龄段的 17 个汉族人，或者来自汉族家庭，或者来自汉族和西摩洛的族际婚姻家庭（报汉族成分），无一例外地全部熟练掌握了西摩洛语。

徐卡村有汉族人杂居的小组还有沙浦鲁娜、新发、备自、路能、咱思鲁模五个组。具体情况如下：

沙浦鲁娜组共有汉族8人：杨靠英（26岁）、段绍友（35岁）、段华伟（12岁）、段华龙（6岁）、殷绍明（32岁）、白凤艳（28）、殷华江（6）、殷世荣（76）；新发组共有汉族4人：高秀英（47岁）、张天祥（61岁）、李贵珍（57岁）、张富荣（31岁）；备自组汉族2人：李发娜（57岁）、王熊保（61）；路能组汉族1人：周存英（37岁），以上这些人除第一语言汉语外，全部兼用西摩洛语。咱思鲁模组只有汉族1人，是陶俊芬（21岁），刚刚从外地嫁入，来的时间短，还没有学会西摩洛语。

四 下洛甫村

下洛甫是雅邑乡所辖的一个村。从乡政府所在地座细村坝浦河出发，沿他郎江往东南方向走8公里，过一座浮桥，再向上走5公里左右即到村公所。阿嘎、新寨、坝心、那会4个小组是西摩洛人的聚居寨，西摩洛人的风俗习惯还保留得较为完整。调查发现，除阿嘎没有西摩洛以外的民族外，其他3个小组均有个别汉族和少数彝族。据任教28年的雅邑中心小学校长杨进学介绍，雅邑乡的彝族全部沿河而居，与山上的彝族有了很大区别，已经不会讲彝语，多数人转用汉语为第一语言并兼用西摩洛语。下面是各村民小组彝族家庭的语言使用情况。

表 2-64 新寨组语言使用情况

家庭	姓名	年龄	民族或支系	文化	第一语言及水平	第二语言及水平
户主	李孝明	52	西摩洛	小学	西摩洛,熟练	汉,熟练
妻子	王琼芬	53	西摩洛	文盲	西摩洛,熟练	汉,熟练
长子	王建东	25	西摩洛	小学	西摩洛,熟练	汉,熟练
长媳	李艳芬	25	彝	小学	汉,熟练	西摩洛,熟练
户主	李文林	36	彝	小学	西摩洛,熟练	汉,熟练
妻子	白秀芝	35	西摩洛	小学	西摩洛,熟练	汉,熟练
长子	李 白	14	彝	在读	西摩洛,熟练	汉,熟练
次子	李 瑞	9	彝	在读	西摩洛,熟练	汉,熟练
户主	白德顺	48	西摩洛	小学	西摩洛,熟练	汉,熟练
妻子	杨家芬	51	西摩洛	文盲	西摩洛,熟练	汉,熟练
长子	白 荣	23	西摩洛	初中	西摩洛,熟练	汉,熟练
次子	白 伟	22	西摩洛	初中	西摩洛,熟练	汉,熟练
儿媳	何阿娜	20	彝	初中	汉,熟练	西摩洛,一般

上表显示，新寨组共5个彝族人，4人西摩洛语水平为"熟练"，1人为"一般"。20岁的何阿娜刚刚结婚，不是本寨人。据村民小组组长杨海（37岁）讲，还没有听到何阿娜说彝语，日常交际用汉语，西摩洛话能听、说一些简单用语。李文林一家是族际婚姻家庭，妻子是西摩洛人，父子三人都是彝族人。在家庭内部，西摩洛语成为第一语言。

表 2-65 坝心组语言使用情况

家庭	姓名	年龄	民族或支系	文化	第一语言及水平	第二语言及水平
户主	李继红	53	彝	初中	汉,熟练	西摩洛,熟练
妻子	杨凤珍	54	西摩洛	小学	西摩洛,熟练	汉,熟练
长子	李 荣	30	彝	小学	汉,熟练	西摩洛,熟练
户主	李福有	34	彝	小学	汉,熟练	西摩洛,熟练
妻子	白琼芬	34	西摩洛	小学	西摩洛,熟练	汉,熟练
长子	李 进	10	彝	小学	汉,熟练	西摩洛,熟练
长女	李进梅	6	彝	学前	汉,熟练	西摩洛,熟练
母亲	罗余娜	69	西摩洛	文盲	西摩洛,熟练	汉,熟练
三姐	李存珍	35	西摩洛	文盲	西摩洛,熟练	汉,熟练
户主	李继荣	51	彝	小学	汉,熟练	西摩洛,熟练
妻子	白凤书	52	西摩洛	小学	西摩洛,熟练	汉,熟练
三女	李艳芬	26	彝	小学	汉,熟练	西摩洛,熟练
长子	李祖恩	24	彝	初中	汉,熟练	西摩洛,熟练
户主	李贵荣	31	彝	小学	汉,熟练	西摩洛,熟练
妻子	白顺芝	30	西摩洛	小学	西摩洛,熟练	汉,熟练
长子	李 东	8	彝	在读	汉,熟练	西摩洛,熟练
父亲	李志兴	74	彝	小学	汉,熟练	西摩洛,熟练
母亲	白琼珍	70	彝	文盲	汉,熟练	西摩洛,熟练
户主	李俊成	34	彝	小学	汉,熟练	西摩洛,熟练
妻子	李凤琼	30	西摩洛	小学	西摩洛,熟练	汉,熟练
长子	李进东	7	彝	在读	汉,熟练	西摩洛,熟练

坝心小组有语言能力的彝族是 14 人,均为彝族和西摩洛人的族际婚姻家庭成员。不论年纪长幼,第一语言均转用汉语并兼用西摩洛语,两种语言掌握的程度均为"熟练"。

表 2-66 那会组语言使用情况

家庭	姓名	年龄	民族或支系	文化	第一语言及水平	第二语言及水平
户主	杨文相	78	西摩洛	文盲	西摩洛,熟练	汉,熟练
妻子	白琼珍	66	西摩洛	文盲	西摩洛,熟练	汉,熟练
长子	杨德祥	45	西摩洛	小学	西摩洛,熟练	汉,熟练
长媳	李桂珍	46	彝	小学	汉,熟练	西摩洛,熟练
三子	杨顺祥	34	西摩洛	小学	西摩洛,熟练	汉,熟练
四子	杨正伟	31	西摩洛	初中	西摩洛,熟练	汉,熟练
户主	李孝文	72	西摩洛	小学	西摩洛,熟练	汉,熟练
妻子	黄阿咪	63	西摩洛	文盲	西摩洛,熟练	汉,熟练
长子	李转发	33	西摩洛	小学	西摩洛,熟练	汉,熟练
长媳	李会珍	34	彝	小学	汉,熟练	西摩洛,熟练
长孙	李忠原	7	西摩洛	在读	西摩洛,熟练	汉,熟练

那会组的 2 个彝族人是李桂珍(46 岁)和李会珍(34 岁),分别是两个家庭的儿媳妇,在家庭内部主要用汉语进行交际,在家庭以外的寨子里与西摩洛人交往时,使用西摩洛语。杨海告诉我们,嫁进来的彝族媳妇,西摩洛话讲得好坏也在于个人的性格。比如性格活泼外向的李

会珍,爱说爱笑,常与寨子里的姑娘媳妇来往,没有多久就学会了西摩洛话,说笑话、讲道理用西摩洛话跟本族人没有区别。而新寨小组的何阿娜,不太跟外界交流,所以现在西摩洛语掌握得还是一般。

第七节 雅邑乡西摩洛人兼用其他支系语言的情况

由于西摩洛人同本族的碧约、卡多、布都、白宏等支系杂居在一处,因而很多西摩洛人都能兼用碧约、布都、白宏话,大部分人能听懂其他支系的语言,或者可以用其他支系的语言进行一些简单的交谈,甚至有部分人能够兼用三四种语言。这样的个案有:

坝利村勐埔小组杨德福(54岁,高中毕业)、马志礼(56岁,初中毕业),除了第一语言西摩洛、第二语言布都、第三语言汉语均为熟练外,还会说碧约、白宏语。

南温村大田小组熊富贵(49岁,高中毕业),在靠近龙坝乡之处经商,常与布都人接触,布都语掌握得熟练。同寨的熊发林(64岁,小学毕业)、熊光荣(35岁,初中毕业)二人以务农为主,时而做点小生意,经常与布都人打交道,因而布都语掌握得熟练。还有李兵(41岁,初中毕业)、李希旺(54岁,小学毕业)二人务农,家有布都的亲戚,时常来往,掌握了布都语。

杨进学,1980年从思茅师范学校毕业分配至牙骨村小学,现任雅邑乡中心小学校长。除西摩洛语和汉语外,他还会碧约、卡多、白宏、布都等语言,不会说的只有彝语。因为在工作中无论是对学校的老师或学生,还是与学生家长打交道,见到什么支系的人就说什么支系的语言。他认为会说对方的语言,就能够拉近距离,加深感情,商谈、办事就比较方便。

坝利村古鲁山小组的罗文义(28岁),父亲是碧约人,母亲是西摩洛人。父亲会说碧约、西摩洛两种语言,母亲只会说西摩洛语。父亲跟母亲交谈时说西摩洛语。罗文义跟父亲交谈说碧约语,跟母亲交谈说西摩洛语,但他的西摩洛语说得更好。这是一个典型的族际婚姻家庭,成员都是双语或三语人。

除个案外,我们调查走访过的一些西摩洛村寨,由于村民与碧约、布都、白宏人杂居在一起,很多人能听懂碧约、布都、白宏话,也能简单地与对方交谈。下面选几个村寨做介绍。

一 南温村的莫组

的莫组是一个杂居寨。22户,79人,其中彝族1人,布都族22人,西摩洛族56人(6岁以下1人)。除6岁以下不做统计外,统计人口为55人。全寨西摩洛人掌握布都语的能力统计如下表:

表 2-67

年龄段	总人口	熟练		一般		不会	
		人口	比例	人口	比例	人口	比例
6—19 岁	10	5	50%	0	0%	5	50%
20—59 岁	37	26	70.3%	0	0%	11	29.7%
60 岁以上	8	6	75%	0	0%	2	25%
合计	55	37	67.3%	0	0%	18	32.7%

从上表看到：6—19 岁这一年龄段的西摩洛人，"熟练"和"不会"布都语的各占 50%。20—59 岁的中青年，布都语水平处于"熟练"级的占 70.3%。60 岁以上老人的布都语水平最高，75% 达到"熟练"级。

布都人是西摩洛人以外人口较多的一个哈尼族支系。相同的地理环境、相同的民族心理特点，以及日常生活的密切接触和族际婚姻，促使两个支系的语言兼用。

二 坝利村勐埔组

坝利村勐埔组是布都和西摩洛杂居的村寨，有 39 个布都人都是布都、西摩洛、汉语的三语人。西摩洛语是这个寨子主要的交际工具。但在与布都人长期的接触中，西摩洛人大多熟练地掌握了布都语。我们对勐埔组的西摩洛人进行了穷尽性地调查和分析，其布都语能力统计结果数据见下表：

表 2-68

年龄段	总人口	熟练		一般		不会	
		人口	比例	人口	比例	人口	比例
6—19 岁	21	9	42.9%	7	33.3%	5	23.8%
20—59 岁	118	106	89.8%	9	7.6%	3	2.6%
60 岁以上	13	13	100%	0	0%	0	0%
合计	152	128	84.2%	16	10.5%	8	5.3%

上表显示，布都语水平处于"熟练"和"一般"级的西摩洛人高达 94.7%，仅有 5.3% 的人处于"不会"级，主要集中在青少年中。他们是：杨伟（15 岁）和杨伟东（11 岁）两兄弟，父亲是汉族，母亲是西摩洛，夫妻二人用汉语沟通，孩子们的母语也是汉语，西摩洛语还不会说，更谈不上掌握布都语。另有 3 人：杨旭红（9 岁）、白松（9 岁）、杨祖顺（7 岁），全部是小学一、二年级，上学前在家庭内习得西摩洛语，上学后在学校汉语的环境里，很快就掌握了汉语，汉语成为在学校里的主要用语，回到寨子里跟父母和小伙伴才说西摩洛语。对布都语，没有什么接触，不会说。20—59 年龄段的西摩洛人有 3 人不会说布都语，其中 46 岁的杨琼芬只会说西摩洛语，汉语和布都语都不会。原因是她很少出门，与外界接触少，日常生活只用西摩洛语。还有杨埂娜和马转玉，都不是本寨人，而是外地嫁来的媳妇，还没学会布都语。60 岁以上的老人 100% 熟练地掌握了布都语，与青少年的语言能力形成较明显的对比，这也是我们在走访调查各个村寨中发现的特点。无论母语还是支系语言，老年人的语言能力都超过青少年，而青少年

的汉语能力则高于老人。这一认识在下面的坝利村古鲁山组调查材料中,得到进一步的证实。

三 坝利村古鲁山组

坝利村原属龙坝乡,2008年5月才划入雅邑乡辖区。该村辖14个村民小组,共计2617人,都由哈尼族西摩洛、布都、白宏、碧约等支系组成。西摩洛人聚居的村寨周围都有其他支系分布的寨子。不同的居民在相互的交往和接触中,很多人都会说一两种支系语言。调查组在进寨的途中,遇上结束劳动返回家中的村民翟七发。他得知我们要去的正是他们村寨时,热心、主动地为我们担任起向导,并把我们带到他家。交谈中我们了解到,52岁的翟七发曾任古鲁山组的会计,3年前由寨中迁到了寨边,盖起了在当地属于中上水平的房子。寨子里主要是西摩洛人,只有两家碧约人,也都转用了西摩洛语。翟七发会说三四种语言,见到本族人说本族语,见到碧约人说碧约语,见到汉族人说汉语。寨子里很多人也懂碧约语和白宏语。

我们对古鲁山组的全部村民进行了调查、统计,下面是村民家庭的语言使用情况:

表 2-69

家庭	姓名	年龄	民族或支系	文化	第一语言及水平	第二语言及水平	支系语言及水平
户主	王世辉	42	西摩洛	小学	西摩洛,熟练	汉,熟练	碧约,熟练
妻子	罗会玲	35	碧约	小学	碧约,熟练	西摩洛,熟练	汉,熟练
长子	王 东	15	西摩洛	在读	西摩洛,熟练	汉,熟练	碧约,熟练
次子	王云生	13	西摩洛	在读	西摩洛,熟练	汉,熟练	碧约,熟练
户主	李文清	70	西摩洛	小学	西摩洛,熟练	汉,熟练	不会
妻子	董四娜	65	西摩洛	小学	西摩洛,熟练	汉,熟练	不会
长子	李玉贵	32	西摩洛	小学	西摩洛,熟练	汉,熟练	不会
次子	李应法	30	西摩洛	小学	西摩洛,熟练	汉,熟练	不会
次媳	姜要娘	25	白宏	小学	白宏,熟练	汉,熟练	西摩洛,熟练
三子	李法应	28	西摩洛	小学	西摩洛,熟练	汉,熟练	不会
户主	白发昌	68	西摩洛	小学	西摩洛,熟练	汉,熟练	白宏,熟练
妻子	熊转娜	65	西摩洛	小学	西摩洛,熟练	汉,熟练	白宏,熟练
长子	白加法	38	西摩洛	小学	西摩洛,熟练	汉,熟练	白宏,熟练
次子	白加宝	31	西摩洛	小学	西摩洛,熟练	汉,熟练	白宏,熟练
三子	白加兵	25	西摩洛	小学	西摩洛,熟练	汉,熟练	白宏,熟练
户主	罗加强	72	碧约	小学	碧约,熟练	汉,熟练	西摩洛,熟练
妻子	段美玲	70	碧约	小学	碧约,熟练	汉,熟练	西摩洛,熟练
次子	罗小勇	30	碧约	小学	碧约,熟练	汉,熟练	西摩洛,熟练
次媳	张阿美	28	西摩洛	小学	西摩洛,熟练	汉,熟练	不会
三子	罗小良	28	西摩洛	小学	西摩洛,熟练	汉,熟练	白宏,熟练
户主	罗贵清	54	碧约	小学	碧约,熟练	汉,熟练	西摩洛,熟练 白宏,熟练
妻子	董美丽	54	西摩洛	小学	西摩洛,熟练	汉,熟练	碧约,熟练
长子	罗要文	33	碧约	初中	碧约,熟练	汉,熟练	西摩洛,熟练 白宏,熟练

次子	罗文义	29	碧约	高中	碧约,熟练	汉,熟练	西摩洛,熟练 白宏,熟练
次媳	宗林香	24	西摩洛	小学	西摩洛,熟练	汉,熟练	不会
三子	罗春宝	24	碧约	初中	碧约,熟练	汉,熟练	西摩洛,熟练 白宏,熟练
户主	白文清	62	西摩洛	小学	西摩洛,熟练	汉,熟练	碧约,熟练 白宏,熟练
妻子	王正芝	60	西摩洛	小学	西摩洛,熟练	汉,熟练	碧约,熟练 白宏,熟练
长子	王孝华	38	西摩洛	小学	西摩洛,熟练	汉,熟练	碧约,熟练 白宏,熟练
长媳	杨法娜	37	西摩洛	小学	西摩洛,熟练	汉,熟练	碧约,熟练 白宏,熟练
长孙女	王才英	14	西摩洛	初中	西摩洛,熟练	汉,熟练	碧约,熟练 白宏,熟练
次孙女	王丫丫	13	西摩洛	小学	西摩洛,熟练	汉,熟练	碧约,熟练 白宏,熟练
户主	李应宝	42	西摩洛	小学	西摩洛,熟练	汉,熟练	碧约,熟练 白宏,熟练
妻子	罗阿会	41	西摩洛	小学	西摩洛,熟练	汉,熟练	碧约,熟练 白宏,熟练
长女	李夏美	18	西摩洛	初中	西摩洛,熟练	汉,熟练	碧约,熟练 白宏,熟练
次女	李双双	15	西摩洛	初中	西摩洛,熟练	汉,熟练	碧约,熟练 白宏,熟练
弟弟	李海勇	31	西摩洛	小学	西摩洛,熟练	汉,熟练	碧约,熟练 白宏,熟练
户主	王进华	38	西摩洛	小学	西摩洛,熟练	汉,熟练	碧约,熟练
妻子	白会英	39	碧约	小学	碧约,熟练	汉,熟练	西摩洛,熟练
长子	王平	15	西摩洛	小学	汉,熟练	西摩洛,熟练	不会
长女	王应	12	西摩洛	在读	汉,熟练	西摩洛,熟练	不会
户主	宗才宝	35	西摩洛	小学	西摩洛,熟练	汉,熟练	碧约,熟练 白宏,熟练
户主	王俊华	32	西摩洛	小学	西摩洛,熟练	汉,熟练	碧约,熟练 白宏,熟练
妻子	李万娜	29	西摩洛	小学	西摩洛,熟练	汉,熟练	碧约,熟练 白宏,熟练
长子	王福孙	7	西摩洛	在读	汉,熟练	西摩洛,熟练	不会
户主	王军甲	53	西摩洛	小学	西摩洛,熟练	汉,熟练	碧约,熟练 白宏,熟练
妻子	杨二娜	54	西摩洛	小学	西摩洛,熟练	汉,熟练	碧约,熟练 白宏,熟练

儿子	王　林	24	西摩洛	小学	西摩洛,熟练	汉,熟练	碧约,熟练 白宏,熟练
户主	杨　飞	24	西摩洛	小学	西摩洛,熟练	汉,熟练	碧约,熟练 白宏,熟练
户主	马云宝	53	西摩洛	小学	西摩洛,熟练	汉,熟练	碧约,熟练 白宏,熟练
妻子	王天娜	50	西摩洛	小学	西摩洛,熟练	汉,熟练	碧约,熟练 白宏,熟练
长子	马　光	28	西摩洛	小学	西摩洛,熟练	汉,熟练	碧约,熟练 白宏,熟练
次子	马俊臣	24	西摩洛	小学	西摩洛,熟练	汉,熟练	碧约,熟练 白宏,熟练
户主	李贵法	50	西摩洛	初中	西摩洛,熟练	汉,熟练	碧约,熟练 白宏,熟练
妻子	马玉娘	48	西摩洛	小学	西摩洛,熟练	汉,熟练	碧约,熟练 白宏,熟练
长女	李七娜	27	西摩洛	初中	西摩洛,熟练	汉,熟练	碧约,熟练 白宏,熟练
女婿	王　强	42	西摩洛	高中	西摩洛,熟练	汉,熟练	碧约,熟练 白宏,熟练
户主	杨志勇	24	西摩洛	初中	西摩洛,熟练	汉,熟练	碧约,熟练 白宏,熟练
妻子	张兰英	38	汉	小学	西摩洛,熟练	汉,熟练	不会
哥哥	杨志华	32	西摩洛	小学	西摩洛,熟练	汉,熟练	碧约,熟练 白宏,熟练
户主	杨树清	48	西摩洛	小学	西摩洛,熟练	汉,熟练	碧约,熟练 白宏,熟练
妻子	李玉芝	45	西摩洛	小学	西摩洛,熟练	汉,熟练	碧约,熟练 白宏,熟练
长女	杨　应	21	西摩洛	小学	西摩洛,熟练	汉,熟练	碧约,熟练 白宏,熟练
次女	杨五英	20	西摩洛	小学	西摩洛,熟练	汉,熟练	碧约,熟练 白宏,熟练
户主	宗志安	28	西摩洛	初中	西摩洛,熟练	汉,熟练	碧约,熟练 白宏,熟练
妻子	王凤英	25	西摩洛	小学	西摩洛,熟练	汉,熟练	碧约,熟练 白宏,熟练
妻妹	王娜三	18	西摩洛	初中	汉,熟练	西摩洛,熟练	不会
户主	王新法	42	西摩洛	初中	西摩洛,熟练	汉,熟练	碧约,熟练 白宏,熟练
户主	翟文兴	70	西摩洛	小学	西摩洛,熟练	汉,熟练	碧约,熟练 白宏,熟练

妻子	王凤英	63	西摩洛	小学	西摩洛,熟练	汉,熟练	碧约,熟练 白宏,熟练
长子	翟全宝	38	西摩洛	初中	西摩洛,熟练	汉,熟练	碧约,熟练 白宏,熟练
次子	翟孝珍	28	西摩洛	小学	西摩洛,熟练	汉,熟练	碧约,熟练 白宏,熟练
户主	翟祖宝	43	西摩洛	小学	西摩洛,熟练	汉,熟练	碧约,熟练 白宏,熟练
妻子	李美芹	45	西摩洛	小学	西摩洛,熟练	汉,熟练	碧约,熟练 白宏,熟练
长女	翟春美	18	西摩洛	初中	西摩洛,熟练	汉,熟练	碧约,熟练 白宏,熟练
次女	翟春兰	17	西摩洛	初中	西摩洛,熟练	汉,熟练	碧约,熟练 白宏,熟练
户主	翟玉顺	32	西摩洛	小学	西摩洛,熟练	汉,熟练	碧约,熟练 白宏,熟练
妻子	王 美	20	汉	小学	汉,熟练	西摩洛,不会	不会
户主	李伍拾	80	西摩洛	小学	西摩洛,熟练	汉,熟练	碧约,熟练 白宏,熟练
长子	李德强	40	西摩洛	小学	西摩洛,熟练	汉,熟练	碧约,熟练 白宏,熟练
户主	李玉法	45	西摩洛	小学	西摩洛,熟练	汉,熟练	碧约,熟练 白宏,熟练
妻子	李不社	42	白宏	小学	白宏,熟练	西摩洛,熟练	汉语,一般
长子	李万春	18	西摩洛	小学	西摩洛,熟练	汉,熟练	碧约,熟练 白宏,熟练
户主	李永强	51	西摩洛	小学	西摩洛,熟练	汉,熟练	碧约,熟练 白宏,熟练
妻子	宗五娜	48	西摩洛	小学	西摩洛,熟练	汉,熟练	碧约,熟练 白宏,熟练
长子	李要昌	24	西摩洛	小学	西摩洛,熟练	汉,熟练	碧约,熟练 白宏,熟练
长女	李要英	21	西摩洛	小学	西摩洛,熟练	汉,熟练	碧约,熟练 白宏,熟练
户主	李文忠	61	西摩洛	初中	西摩洛,熟练	汉,熟练	碧约,熟练 白宏,熟练
长子	李 明	38	西摩洛	小学	西摩洛,熟练	汉,熟练	碧约,熟练 白宏,熟练
长媳	白桂芝	36	西摩洛	初中	西摩洛,熟练	汉,熟练	不会
长孙女	李彩红	15	西摩洛	小学	西摩洛,熟练	汉,熟练	不会
次孙女	李红云	12	西摩洛	小学	汉,熟练	西摩洛,熟练	不会
户主	宗波法	45	西摩洛	小学	西摩洛,熟练	汉,熟练	碧约,熟练 白宏,熟练
妻子	段美英	43	西摩洛	小学	西摩洛,熟练	汉,熟练	不会

长女	宗新美	13	西摩洛	在读	汉,熟练	西摩洛,不会	不会
长子	宗云强	12	西摩洛	在读	汉,熟练	西摩洛,不会	不会
户主	宗法贵	52	西摩洛	高中	西摩洛,熟练	汉,熟练	碧约,熟练 白宏,熟练
妻子	张要娜	50	西摩洛	初中	西摩洛,熟练	汉,熟练	碧约,熟练 白宏,熟练
长子	宗志强	12	西摩洛	小学	西摩洛,熟练	汉,熟练	碧约,熟练 白宏,熟练
户主	宗宝生	53	西摩洛	小学	西摩洛,熟练	汉,熟练	碧约,熟练 白宏,熟练
妻子	白杨娜	54	西摩洛	文盲	西摩洛,熟练	汉,熟练	碧约,熟练 白宏,熟练
次子	宗要法	28	西摩洛	小学	西摩洛,熟练	汉,熟练	碧约,熟练 白宏,熟练
三子	宗要强	24	西摩洛	高中	西摩洛,熟练	汉,熟练	碧约,熟练 白宏,熟练
户主	宗永昌	85	西摩洛	小学	西摩洛,熟练	汉,熟练	碧约,熟练 白宏,熟练
外孙	龙海庭	29	汉	初中	汉,熟练	西摩洛,熟练	碧约,熟练 白宏,熟练
外孙媳	李阿艳	26	白宏	小学	白宏,熟练	汉,熟练	不会
重外孙女	龙超群	6	汉	在读	汉,熟练	西摩洛,不会	不会
户主	杨林华	42	西摩洛	小学	西摩洛,熟练	汉,熟练	碧约,熟练 白宏,熟练
妻子	白艳芳	29	西摩洛	小学	西摩洛,熟练	汉,熟练	不会
长女	杨小应	13	西摩洛	在读	汉,熟练	西摩洛,不会	不会
长子	杨国栋	7	西摩洛	在读	汉,熟练	西摩洛,不会	不会
户主	罗春法	41	西摩洛	小学	西摩洛,熟练	汉,熟练	碧约,熟练 白宏,熟练
妻子	李发娘	38	西摩洛	小学	西摩洛,熟练	汉,熟练	不会
长子	罗应恩	15	西摩洛	在读	汉,熟练	西摩洛,熟练	不会
长女	罗应习	8	西摩洛	在读	汉,熟练	西摩洛,熟练	不会
户主	宗 杰	30	西摩洛	初中	西摩洛,熟练	汉,熟练	碧约,熟练 白宏,熟练
妻子	杨 玲	29	西摩洛	小学	西摩洛,熟练	汉,熟练	碧约,熟练 白宏,熟练
户主	翟七发	52	西摩洛	小学	西摩洛,熟练	汉,熟练	碧约,熟练 白宏,熟练
妻子	杨口日	50	西摩洛	小学	西摩洛,熟练	汉,熟练	碧约,熟练 白宏,熟练
长子	翟 二	28	西摩洛	小学	西摩洛,熟练	汉,熟练	碧约,熟练 白宏,熟练

次子	翟 三	26	西摩洛	小学	西摩洛,熟练	汉,熟练	碧约,熟练 白宏,熟练
户主	杨树星	42	西摩洛	小学	西摩洛,熟练	汉,熟练	碧约,熟练 白宏,熟练
妻子	李美玲	42	西摩洛	小学	西摩洛,熟练	汉,熟练	碧约,熟练 白宏,熟练
长女	杨 丽	20	西摩洛	初中	西摩洛,熟练	汉,熟练	碧约,熟练 白宏,熟练
长子	杨 伟	19	西摩洛	初中	西摩洛,熟练	汉,熟练	碧约,熟练 白宏,熟练

下表是古鲁山组西摩洛人掌握碧约语能力的统计表:

表 2-70

年龄段	总人口	熟练		一般		不会	
		人口	比例	人口	比例	人口	比例
6—19 岁	23	10	43.5%	0	0%	13	56.5%
20—59 岁	75	62	82.7%	0	0%	13	17.3%
60 岁以上	11	7	63.6%	0	0%	4	36.4%
合计	109	79	72.5%	0	0%	30	27.5%

上表显示,坝利村古鲁山组有 72.5% 的西摩洛人熟练掌握了碧约语。其中,20—59 岁的,碧约语达到"熟练"级的占 82.7%,是所有年龄段中"熟练"比例最高的。60 岁以上的,碧约语水平处于"熟练"级的有 63.6%。青少年掌握碧约语的比例最低,达到"熟练"级的只有 43.5%。

下表是古鲁山组西摩洛人掌握白宏语能力的统计表:

表 2-71

年龄段	总人口	熟练		一般		不会	
		人口	比例	人口	比例	人口	比例
6—19 岁	23	9	39.1%	0	0%	14	60.9%
20—59 岁	75	63	84%	0	0%	12	16%
60 岁以上	11	9	81.8%	0	0%	2	18.2%
合计	109	81	74.3%	0	0%	28	25.7%

上表显示,坝利村古鲁山组有 74.3% 的西摩洛人熟练地掌握了白宏语。其中,20—59 岁的,白宏语达到"熟练"级的达 84%。60 岁以上的,白宏语水平处于"熟练"级的有 81.8%。青少年熟练掌握白宏语的比例最低,达到"熟练"级的只有 39.1%。

调查发现,部分学龄前儿童和中小学生,第一语言已转用汉语。他们是:王娜三(18 岁)、王平(15 岁)、罗应恩(15 岁)、宗新美(13 岁)、杨小应(13 岁)、王应(12 岁)、李红云(12 岁)、宗云强(12 岁)、罗应习(8 岁)、王福孙(7 岁)、杨国栋(7 岁)11 人。其中,宗新美、杨小应、宗云强、杨国栋 4 人不会说西摩洛语,而且所有 11 人都不会说支系语。古鲁山组现任会计宗杰（30岁）的女儿宗艳萍今年5岁，就是汉语单语人，村里与她年龄相仿的几个小孩也都是汉语单语人。这与家庭教育有很大的关系。年轻的父母在孩子刚习得语言时，就跟孩子说汉语，教孩子掌握汉语的听、说能力。在对待汉语和西摩洛语的关系上，新一代父母与老一代已经有了很大的区别。翟七发的3个孩子上学前都不会说汉语，按照他的想法是"不用教，上学后自然就会了"。但是像宗杰一般大的父母（年龄在20—30岁）普遍认为，汉语比本族语更重要，掌握好汉语对孩子上学、升学非常有用，因而对孩子的民族语要求并不高，认为能学多少算多少，即使不会说也没关系，毕竟民族语言没有汉语的用处广泛。

古鲁山组20—59岁人群中，不会支系语的是李玉贵（32岁）、李应法（30岁）、李法应（28岁）、张阿美（28岁）、宗林香（24岁）、白桂芝（36岁）、段美英（43岁）、白艳芳（29岁）、李发娘（38岁）等。这些人大部分是女性，由于生活范围相对狭窄，日常交际用西摩洛和汉语已足够，因而不会说支系语。

南温村的莫组和坝利村勐埔组、古鲁山组西摩洛人的语言使用情况具有共同的特点，即青少年趋向于转用汉语为第一语言，西摩洛语能力有一定程度的衰退，熟练掌握支系语的人数不足一半；20岁以上包括中青年和老年人还都以西摩洛语为日常生活的主要交际工具，同时兼用汉语和支系语，各语言之间形成互补、和谐的关系。

第三章 雅邑乡西摩洛人的汉语使用现状及其成因

雅邑乡西摩洛人不仅全民稳定使用本族语——西摩洛语,而且绝大多数人还能熟练地掌握汉语,是个全民"西摩洛语—汉语"双语人群。无论是在城镇地区还是在聚居村寨里,西摩洛人都能通过汉语与汉、彝等民族以及本族其他支系交流,实现语言和谐。是什么原因使得西摩洛人既能保留母语又能熟练地使用汉语呢?本章主要运用实际调查材料来具体分析、说明这些问题。

第一节 西摩洛人的汉语使用情况

为了全面了解西摩洛人的汉语使用情况,我们选择了雅邑乡六个西摩洛人村寨,共 4024 人,逐一记录了村寨中每户家庭的每位成员的姓名、年龄、民族、文化程度和汉语语言能力。主要调查对象为 6 岁以上(含 6 岁)、有正常语言功能的人,不含个别外族人。通过调查,我们发现绝大部分西摩洛人都能熟练地使用汉语,都是双语人,汉语已成为西摩洛人不可缺少的交际工具。以下是对每个村寨的汉语使用情况的具体描述。

一 座细村汉语的使用情况

座细村是雅邑乡西摩洛人高度聚居的一个村寨,全村西摩洛人口高达 99%,我们详细调查了座细村 12 个村民小组西摩洛人的汉语使用情况。下面是座细村 12 个村民小组不同年龄段西摩洛人的汉语能力统计表。

表 3-1

村民小组	人口	年龄段	熟练 人口	熟练 比例	一般 人口	一般 比例	不会 人口	不会 比例
大椿树组	25	6—19 岁	23	92%	1	4%	1	4%
	65	20—59 岁	47	72.3%	15	23.1%	3	4.6%
	12	60 岁以上	9	75%	1	8.3%	2	16.7%
大田头组	16	6—19 岁	10	62.5%	6	37.5%	0	0%
	70	20—59 岁	21	30%	31	44.3%	18	25.7%
	10	60 岁以上	1	10%	1	10%	8	80%
慢哈布组	10	6—19 岁	10	100%	0	0%	0	0%
	37	20—59 岁	29	78.4%	8	21.6%	0	0%
	9	60 岁以上	6	66.7%	1	11.1%	2	22.2%

枊木树组	15	6—19 岁	15	100%	0	0%	0	0%
	51	20—59 岁	40	78.4%	10	19.6%	1	2%
	16	60 岁以上	8	50%	5	31.3%	3	18.7%
天补组	45	6—19 岁	37	82.2%	8	17.8%	0	0%
	123	20—59 岁	75	61%	37	30%	11	9%
	25	60 岁以上	1	4%	5	20%	19	76%
座细组	28	6—19 岁	19	68%	8	29%	1	3%
	83	20—59 岁	42	51%	38	45.3%	3	3.7%
	21	60 岁以上	1	4.8%	4	19%	16	76.2%
旧家组	20	6—19 岁	15	75%	5	25%	0	0%
	39	20—59 岁	33	85%	6	15%	0	0%
	28	60 岁以上	8	28%	10	36%	10	36%
轩秀一组	9	6—19 岁	6	66.7%	3	33.3%	0	0%
	58	20—59 岁	51	87.9%	4	7%	3	5.1%
	8	60 岁以上	4	50%	0	0%	4	50%
轩秀二组	19	6—19 岁	18	94.7%	1	5.3%	0	0%
	72	20—59 岁	58	80.6%	14	19.4%	0	0%
	8	60 岁以上	2	25%	6	75%	0	0%
轩秀三组	26	6—19 岁	16	61.5%	10	38.5%	0	0%
	85	20—59 岁	58	68.2%	27	31.8%	0	0%
	19	60 岁以上	6	31.6%	13	68.4%	0	0%
轩秀四组	32	6—19 岁	19	59.4%	13	40.6%	0	0%
	82	20—59 岁	70	85.4%	9	10.9%	3	3.7%
	15	60 岁以上	7	46.7%	2	13.3%	6	40%
轩秀五组	24	6—19 岁	24	100%	0	0%	0	0%
	81	20—59 岁	68	84.0%	13	16.0%	0	0%
	12	60 岁以上	0	0%	7	58.3%	5	41.7%
共计	1298		857	66.0%	322	24.8%	119	9.2%

上表显示：座细村西摩洛人汉语水平处于"熟练"级的达857人，占总人口的66.0%。"一般"级的有322人，占总人口的24.8%。"不会"级的有119人，占总人口的9.2%。"一般"和"不会"级的占如此比例，有其客观条件和主观因素。我们到座细村调查时，轩秀五组的村民马健宽（34岁）介绍说："我们村子只有一户是汉族，其余都是西摩洛人，平时都说西摩洛语。我们和外面接触得少，没机会说汉语。那些在外面读书回来的学生也只说西摩洛语，不说汉语。就是那些读过书的，现在在寨子里也只说西摩洛语，不怎么说汉语了，所以这里很多人都不大会说汉语。"这也是座细村村民处于"一般"级和"不会"级的比例偏高的原因之一。

我们在轩秀三组时还发现，西摩洛人很愿意说汉语。见到我们调查组成员时，都热情地跟我们用汉语交流。许多人对我们说，寨子里的人都会说汉语，就是有的年龄大点儿的说得不流利一些，但是都能听得懂，也能简单地说点儿，一般的交流没什么问题。高中生白凌（18岁）用一口流利的普通话告诉我们说："我在学校说汉语。而且在上小学的时候就会说汉语了。"

座细村西摩洛人汉语水平有很大的差异。主要集中表现在6—19岁青少年和60岁以上的老年人的汉语水平不高,部分青少年和老年人的汉语能力只局限于简单的日常交际。为了便于认识这种差异,我们选取了座细村大田头组、轩秀一组、轩秀三组村民的汉语使用情况进行比较。

表 3-2　大田头组汉语使用情况

家庭	姓名	年龄	民族或支系	文化	汉语水平
户主	黄文祥	51	西摩洛	小学	一般
妻子	杨凤英	51	西摩洛	小学	不会
长子	黄荣贵	28	西摩洛	小学	一般
次子	黄民权	22	西摩洛	小学	一般
三女	黄美付	20	西摩洛	小学	熟练
户主	杨旺保	61	西摩洛	文盲	不会
妻子	王二娘	69	西摩洛	文盲	不会
长子	杨福荣	27	西摩洛	小学	一般
户主	白贵发	52	西摩洛	小学	熟练
妻子	杨玉付	53	西摩洛	小学	不会
长子	白富祥	25	西摩洛	小学	一般
长媳	李付珍	30	西摩洛	小学	一般
户主	杨加福	58	西摩洛	小学	不会
妻子	李跃娜	44	西摩洛	小学	不会
长子	杨云保	35	西摩洛	初中	熟练
次子	杨保祥	31	西摩洛	小学	熟练
三子	杨　三	18	西摩洛	在读	熟练
户主	杨自有	52	西摩洛	小学	一般
妻子	李福英	47	西摩洛	小学	不会
长子	杨荣福	28	西摩洛	小学	一般
长媳	鲁伍妹	24	汉	初中	熟练
次子	杨荣光	22	西摩洛	小学	一般
户主	杨荣安	32	西摩洛	小学	一般
母亲	张玉付	70	西摩洛	文盲	不会
户主	杨荣华	43	西摩洛	初中	一般
妻子	纪付芬	32	西摩洛	小学	不会
长女	杨玲芬	14	西摩洛	在读	熟练
长子	杨贵平	10	西摩洛	在读	熟练
户主	白荣华	50	西摩洛	小学	一般
妻子	李凤芝	48	西摩洛	小学	不会
长子	白玉昌	26	西摩洛	小学	一般
长媳	杨俊美	23	西摩洛	小学	一般
次女	白付娜	24	西摩洛	小学	一般
三女	白三娜	21	西摩洛	小学	一般
户主	白发保	43	西摩洛	小学	一般
妻子	杨米里	41	西摩洛	小学	一般

长女	白美付	20	西摩洛	小学	一般
长子	白付明	18	西摩洛	在读	一般
户主	白发贵	46	西摩洛	小学	一般
长女	白美英	19	西摩洛	小学	熟练
长子	白啊二	18	西摩洛	小学	熟练
户主	白正兴	37	西摩洛	小学	熟练
妻子	杨秀芬	32	西摩洛	小学	熟练
长子	白海平	12	西摩洛	在读	熟练
次子	白玉平	6	西摩洛	学前	熟练
父亲	白开林	75	西摩洛	文盲	不会
户主	杨玉忠	55	西摩洛	小学	一般
妻子	李发娘	54	西摩洛	文盲	不会
长女	杨玉娘	25	西摩洛	小学	不会
长女婿	罗荣华	30	西摩洛	小学	熟练
户主	杨万昌	39	西摩洛	初中	一般
妻子	纪顺娘	30	西摩洛	小学	一般
长女	杨兴娜	13	西摩洛	在读	熟练
长子	杨兴平	9	西摩洛	在读	一般
弟弟	杨白才	31	西摩洛	小学	熟练
户主	杨建文	37	西摩洛	小学	一般
母亲	白琼书	64	西摩洛	文盲	不会
弟弟	杨福顺	31	西摩洛	小学	一般
弟媳	白琼芝	26	西摩洛	小学	熟练
户主	杨有忠	60	西摩洛	小学	不会
妻子	王主娜	56	西摩洛	文盲	不会
长子	杨德兴	21	西摩洛	小学	一般
长女	杨文英	18	西摩洛	在读	熟练
户主	杨加明	48	西摩洛	初中	熟练
妻子	李云芝	48	西摩洛	小学	不会
长子	杨发应	26	西摩洛	小学	一般
次子	杨应祥	24	西摩洛	小学	一般
长女	杨应美	18	西摩洛	在读	一般
户主	杨贵清	71	西摩洛	小学	一般
长子	杨春祥	38	西摩洛	初中	熟练
长媳	李 芳	28	西摩洛	小学	熟练
次子	杨海祥	32	西摩洛	初中	熟练
长孙女	杨雨乐	4	西摩洛	学前	
户主	杨 逐	28	西摩洛	小学	熟练
户主	杨文光	54	西摩洛	小学	不会
妻子	李付珍	53	西摩洛	文盲	不会
长子	杨常生	29	西摩洛	小学	不会
长女	杨美付	18	西摩洛	小学	一般
户主	杨孝昌	57	西摩洛	小学	不会

家庭	姓名	年龄	民族	文化	汉语水平
长子	杨贵荣	30	西摩洛	小学	一般
户主	杨文兴	42	西摩洛	初中	熟练
妻子	李凤芝	42	西摩洛	小学	不会
长女	杨俊兰	18	西摩洛	小学	一般
户主	杨立忠	54	西摩洛	小学	不会
妻子	李琼珍	51	西摩洛	半文盲	不会
长子	杨发荣	27	西摩洛	小学	一般
长媳	黄二娜	19	西摩洛	小学	一般
长女	杨荣珍	22	西摩洛	小学	一般
户主	白腰发	61	西摩洛	文盲	不会
妻子	杨白玉	61	西摩洛	文盲	不会
长子	白五才	32	西摩洛	小学	熟练
户主	杨发祥	60	西摩洛	初中	熟练
妻子	白凤仙	55	西摩洛	初中	熟练
长子	杨新平	32	西摩洛	初中	熟练
长女	杨李梅	22	西摩洛	初中	熟练
户主	杨文才	45	西摩洛	初中	熟练
户主	杨俊祥	43	西摩洛	初中	熟练
长女	杨 瑶	13	西摩洛	在读	熟练

表 3-3 轩秀一组汉语使用情况

家庭	姓名	年龄	民族	文化	汉语水平
户主	宗文明	64	西摩洛	小学	熟练
妻子	王美书	55	西摩洛	文盲	不会
长子	宗主顺	33	西摩洛	初中	熟练
次子	宗天保	26	西摩洛	初中	熟练
三子	宗天德	22	西摩洛	初中	熟练
户主	宗文贵	54	西摩洛	小学	熟练
妻子	杨美芝	54	西摩洛	文盲	一般
长女	宗顺转	29	西摩洛	小学	熟练
长女婿	宗马新	26	西摩洛	小学	熟练
次女	宗顺英	26	西摩洛	小学	熟练
户主	白新明	29	西摩洛	初中	熟练
母亲	杨付英	67	西摩洛	文盲	不会
户主	杨国强	40	西摩洛	初中	熟练
大弟	杨和强	37	西摩洛	初中	熟练
二弟	杨东强	29	西摩洛	小学	熟练
四弟	杨 四	19	西摩洛	小学	熟练
儿媳	宗 萍	25	西摩洛	文盲	不会
父亲	杨德忠	67	西摩洛	小学	不会
母亲	王秀芬	60	西摩洛	小学	不会
户主	王万年	55	西摩洛	小学	熟练

妻子	杨付仙	52	西摩洛	小学	一般
长子	王光明	29	西摩洛	初中	熟练
次女	王金芝	24	西摩洛	初中	熟练
母亲	白周娜	78	西摩洛	文盲	不会
儿媳	王侦英	30	西摩洛	初中	熟练
户主	杨云祥	38	西摩洛	初中	熟练
妻子	宗啊芬	34	西摩洛	小学	熟练
长女	杨里花	15	西摩洛	在读	熟练
长子	杨 春	8	西摩洛	在读	一般
父亲	杨德付	63	西摩洛	小学	熟练
户主	白孝文	54	西摩洛	小学	熟练
妻子	宗付英	49	西摩洛	文盲	不会
次子	白家明	26	西摩洛	小学	熟练
户主	杨发昌	56	西摩洛	小学	熟练
妻子	李文英	54	西摩洛	文盲	一般
长子	杨全民	30	西摩洛	小学	熟练
户主	李付英	45	西摩洛	小学	熟练
长子	白天国	23	西摩洛	初中	熟练
长女	白树英	25	西摩洛	初中	熟练
户主	白云兵	35	西摩洛	小学	熟练
户主	马琼英	55	西摩洛	小学	一般
次子	白天法	25	西摩洛	小学	熟练
儿媳	张泽梅	23	西摩洛	小学	熟练
户主	白军文	45	西摩洛	小学	熟练
妻子	金里娜	45	西摩洛	文盲	一般
长子	白天华	25	西摩洛	小学	熟练
次子	白天文	17	西摩洛	小学	熟练
户主	宗文应	67	西摩洛	小学	熟练
长子	宗乔万	39	西摩洛	小学	熟练
三子	宗乔顺	29	西摩洛	小学	熟练
四子	宗四代	26	西摩洛	小学	熟练
户主	宗贵昌	59	西摩洛	小学	熟练
妻子	董琼芬	55	西摩洛	小学	熟练
长女	宗玉书	31	西摩洛	小学	熟练
长女婿	李德华	32	西摩洛	小学	熟练
三女	宗玉珍	22	西摩洛	小学	熟练
四女	宗玉芝	21	西摩洛	初中	熟练
长外孙女	李元遵	7	西摩洛	在读	一般
户主	白开侦	54	西摩洛	小学	熟练
妻子	白转付	55	西摩洛	初中	熟练
长子	白天福	30	西摩洛	高中	熟练
户主	李贵英	61	西摩洛	文盲	熟练
长子	白万年	40	西摩洛	小学	熟练

家庭	姓名	年龄	民族	文化	汉语水平
三子	白云保	22	西摩洛	初中	熟练
户主	杨要福	52	西摩洛	小学	熟练
户主	杨家祥	41	西摩洛	初中	熟练
妻子	白付转	43	西摩洛	小学	一般
长女	杨寸英	20	西摩洛	初中	熟练
长子	杨 平	19	西摩洛	初中	熟练
户主	宗天顺	38	西摩洛	小学	熟练
妻子	李要娜	32	西摩洛	小学	一般
长子	宗明英	13	西摩洛	在读	熟练
次女	宗应梅	9	西摩洛	在读	一般
户主	白万祥	37	西摩洛	初中	熟练
妻子	王英萍	33	西摩洛	初中	熟练
长子	白 品	9	西摩洛	在读	熟练

表 3-4 轩秀三组汉语使用情况

家庭	姓名	年龄	民族	文化	汉语水平
户主	宗仁荣	48	西摩洛	高中	熟练
妻子	杨 芬	50	西摩洛	文盲	一般
长子	宗兴贵	25	西摩洛	小学	熟练
次子	宗兴福	20	西摩洛	小学	熟练
户主	李文甲	56	西摩洛	小学	熟练
妻子	宋转云	55	西摩洛	文盲	一般
次女	李乔娜	27	西摩洛	小学	熟练
父亲	李顺有	91	西摩洛	文盲	一般
户主	李应祥	41	西摩洛	小学	一般
二弟	李应保	36	西摩洛	小学	熟练
三弟	李应华	34	西摩洛	小学	熟练
三弟媳	王阿背	23	西摩洛	小学	一般
户主	白文甲	44	西摩洛	初中	熟练
妻子	王琼芬	38	西摩洛	小学	一般
长女	白陶应	20	西摩洛	在读	熟练
次女	白跃应	18	西摩洛	在读	熟练
户主	白光义	73	西摩洛	小学	熟练
长子	白文华	44	西摩洛	初中	熟练
长媳	白琼仙	34	西摩洛	小学	一般
长孙女	白晓艳	16	西摩洛	在读	熟练
长孙	白荣发	11	西摩洛	在读	熟练
户主	白文贵	51	西摩洛	初中	熟练
妻子	杨华英	44	西摩洛	小学	熟练
次女	白琼美	22	西摩洛	在读	熟练
三女	白琼仙	19	西摩洛	在读	熟练
户主	白开文	72	西摩洛	小学	一般

妻子	黄书林	72	西摩洛	文盲	一般
长子	白文志	41	西摩洛	初中	熟练
长媳	杨琼英	41	西摩洛	小学	一般
长孙女	白春丽	14	西摩洛	在读	熟练
次孙女	白艳来	7	西摩洛	在读	一般
户主	熊树英	60	西摩洛	半文盲	一般
次子	杨志城	32	西摩洛	小学	熟练
三子	杨志强	28	西摩洛	小学	熟练
次媳	李祖英	28	西摩洛	小学	熟练
户主	李顺昌	62	西摩洛	小学	熟练
妻子	白付英	56	西摩洛	半文盲	一般
长子	李荣华	32	西摩洛	小学	熟练
长媳	宗华英	30	西摩洛	小学	一般
长孙	李云福	8	西摩洛	在读	一般
户主	王家贵	61	西摩洛	小学	熟练
妻子	黄玉付	60	西摩洛	文盲	一般
长子	王小荣	34	西摩洛	小学	熟练
次子	王小三	27	西摩洛	小学	熟练
户主	李德林	39	西摩洛	初中	熟练
妻子	王琼玲	35	西摩洛	小学	一般
长子	李 东	16	西摩洛	在读	熟练
次子	李 平	12	西摩洛	在读	熟练
户主	杨文华	32	西摩洛	小学	熟练
妻子	白万书	32	西摩洛	小学	一般
长女	杨梅琼	6	西摩洛	学前	一般
次女	杨梅丽	4	西摩洛	学前	一般
母亲	杨付珍	72	西摩洛	文盲	一般
户主	杨发祥	47	西摩洛	初中	熟练
妻子	白琼英	46	西摩洛	小学	一般
长子	杨进平	26	西摩洛	小学	熟练
次子	杨进国	23	西摩洛	小学	熟练
三子	杨进春	20	西摩洛	在读	熟练
户主	李跃昌	55	西摩洛	小学	熟练
妻子	杨琼珍	51	西摩洛	半文盲	一般
长女	李秀辉	24	西摩洛	在读	熟练
次女	李秀美	23	西摩洛	小学	一般
长子	李秀光	21	西摩洛	小学	熟练
户主	李正忠	65	西摩洛	小学	熟练
妻子	宗琼芬	66	西摩洛	文盲	一般
长子	李德学	27	西摩洛	小学	熟练
长媳	杨梅芝	26	西摩洛	小学	一般
长孙	李开涛	5	西摩洛	学前	熟练
户主	王家保	52	西摩洛	初中	熟练

妻子	白琼珍	49	西摩洛	小学	一般
长子	王剑宏	28	西摩洛	师范	熟练
次子	王剑明	24	西摩洛	在读	熟练
三子	王剑波	22	西摩洛	在读	熟练
母亲	白云珍	81	西摩洛	文盲	一般
户主	宗文祥	45	西摩洛	初中	熟练
妻子	李玉仙	39	西摩洛	初中	熟练
长子	宗凯伟	17	西摩洛	小学	熟练
户主	白连珍	65	西摩洛	文盲	一般
长子	杨文明	40	西摩洛	小学	熟练
次子	杨兴评	23	西摩洛	小学	熟练
户主	宗文连	42	西摩洛	小学	熟练
母亲	王玉书	70	西摩洛	文盲	一般
长女	宗 英	20	西摩洛	在读	熟练
户主	宗向荣	70	西摩洛	小学	熟练
长子	宗文学	34	西摩洛	小学	熟练
长媳	白天娣	34	西摩洛	小学	一般
长孙	宗杨东	13	西摩洛	在读	熟练
次孙	宗 二	9	西摩洛	在读	一般
次子	宗文华	32	西摩洛	小学	熟练
户主	宗四娜	85	西摩洛	小学	一般
长子	杨文华	47	西摩洛	初中	熟练
长媳	白琼仙	44	西摩洛	小学	熟练
长孙女	杨万英	23	西摩洛	小学	熟练
次孙女	杨万娘	19	西摩洛	在读	熟练
长孙	杨 辉	21	西摩洛	在读	熟练
户主	杨乔顺	37	西摩洛	小学	熟练
妻子	马健英	36	西摩洛	小学	一般
长女	杨新秋	17	西摩洛	在读	熟练
长子	杨重孙	13	西摩洛	在读	熟练
母亲	王贵玲	60	西摩洛	文盲	一般
户主	宗文高	47	西摩洛	初中	熟练
妻子	白玉付	43	西摩洛	半文盲	一般
长子	宗爱学	24	西摩洛	初中	熟练
次女	宗爱书	19	西摩洛	在读	熟练
户主	胥玉玲	63	西摩洛	小学	熟练
丈夫	王家福	58	西摩洛	高中	熟练
长女	王东娅	26	西摩洛	初中	熟练
长女婿	杨光正	31	西摩洛	高中	熟练
长外孙	杨承华	5	西摩洛	学前	熟练
户主	李德光	42	西摩洛	初中	熟练
妻子	杨 梅	37	西摩洛	小学	一般
长子	李 远	18	西摩洛	在读	熟练
次子	李远春	14	西摩洛	在读	熟练

户主	白文昌	50	西摩洛	初中	熟练
妻子	李祖娘	44	西摩洛	小学	熟练
长子	白 强	23	西摩洛	初中	熟练
长女	白 娅	20	西摩洛	小学	熟练
母亲	杨阿伍	80	西摩洛	文盲	一般
户主	王 宏	34	西摩洛	初中	一般
妻子	宗文娜	31	西摩洛	小学	一般
长女	王院艳	9	西摩洛	在读	一般
次女	王院婷	3	西摩洛	学前	一般
户主	杨文忠	36	西摩洛	初中	一般
妻子	马凤英	37	西摩洛	小学	一般
长女	杨 琼	18	西摩洛	在读	一般
长子	杨全保	16	西摩洛	在读	一般
户主	李德生	36	西摩洛	初中	一般
长子	李 文	13	西摩洛	在读	熟练
户主	李乔应	31	西摩洛	小学	熟练
妻子	宗玉芝	30	西摩洛	小学	一般
长女	李久仙	8	西摩洛	在读	一般
次女	李金仙	6	西摩洛	在读	一般
户主	王小文	32	西摩洛	小学	熟练
妻子	杨应芝	30	西摩洛	小学	一般
长女	王琼琴	9	西摩洛	在读	一般
次女	王婷珍	5	西摩洛	学前	一般

二 南温村汉语的使用情况

南温村位于雅邑乡北部,东部与龙坝乡交界,西面与徐卡村接壤,南邻座细村,北面与南谷村连接,离省道218线较近。辖区有17个村民小组,我们对其中12个西摩洛村寨村民的汉语使用情况逐一做了详细的记录,见下表。

表 3-5

村民小组	人口	年龄段	熟练 人口	熟练 比例	一般 人口	一般 比例	不会 人口	不会 比例
白龙潭组	13	6—19 岁	13	100%	0	0%	0	0%
	48	20—59 岁	47	97.9%	1	2.1%	0	0%
	10	60 岁以上	9	90%	1	10%	0	0%
草皮坝组	28	6—19 岁	27	96.4%	1	3.6%	0	0%
	104	20—59 岁	102	98%	2	2%	0	0%
	22	60 岁以上	14	63.6%	8	36.4%	0	0%
大田组	14	6—19 岁	14	100%	0	0%	0	0%
	26	20—59 岁	26	100%	0	0%	0	0%
	11	60 岁以上	10	90.9%	0	0%	1	9.1%

的莫组	10	6—19 岁	10	100%	0	0%	0	0%
	37	20—59 岁	37	100%	0	0%	0	0%
	8	60 岁以上	8	100%	0	0%	0	0%
红花树组	6	6—19 岁	6	100%	0	0%	0	0%
	27	20—59 岁	27	100%	0	0%	0	0%
	3	60 岁以上	2	66.7%	0	0%	1	33.3%
会面组	22	6—19 岁	22	100%	0	0%	0	0%
	82	20—59 岁	82	100%	0	0%	0	0%
	10	60 岁以上	10	100%	0	0%	0	0%
南温一组	9	6—19 岁	9	100%	0	0%	0	0%
	13	20—59 岁	13	100%	0	0%	0	0%
	7	60 岁以上	7	100%	0	0%	0	0%
西科目一组	15	6—19 岁	15	100%	0	0%	0	0%
	30	20—59 岁	30	100%	0	0%	0	0%
	6	60 岁以上	6	100%	0	0%	0	0%
西科目二组	23	6—19 岁	23	100%	0	0%	0	0%
	75	20—59 岁	75	100%	0	0%	0	0%
	15	60 岁以上	14	93.3%	0	0	1	6.7%
西科目三组	17	6—19 岁	17	100%	0	0%	0	0%
	44	20—59 岁	44	100%	0	0%	0	0%
	23	60 岁以上	18	78.3%	3	13.0%	2	8.7%
科目组	24	6—19 岁	24	100%	0	0%	0	0%
	37	20—59 岁	37	100%	0	0%	0	0%
	14	60 岁以上	14	100%	0	0%	0	0%
石灰窑组	13	6—19 岁	13	100%	0	0%	0	0%
	40	20—59 岁	40	100%	0	0%	0	0%
	12	60 岁以上	12	100%	0	0%	0	0%
总计	898		877	97.7%	16	1.8%	5	0.5%

上表 12 个村民小组的调查材料显示,汉语熟练者高达 97.7%,只有 1.8% 和 0.5% 的人属于"一般"级和"不会"级。处于"不会"级的均为 60 岁以上的老人,主要原因是生活面窄,接触的人比较少,仅靠西摩洛语就能维持日常交际。下面分别是大田组、红花树组、西科目二组、西科目三组村民的汉语使用情况:

表 3-6 大田组汉语使用情况

家庭	姓名	年龄	民族或支系	文化	汉语水平
户主	熊树云	46	西摩洛	小学	熟练
妻子	宗小娜	38	西摩洛	小学	熟练
长子	熊张海	20	西摩洛	小学	熟练
次子	熊 平	19	西摩洛	小学	熟练
户主	熊树保	42	西摩洛	小学	熟练
户主	李增六	72	西摩洛	小学	熟练
妻子	杨梅英	68	西摩洛	小学	熟练

户主	李飞祥	43	西摩洛	初中	熟练
长子	李新福	13	西摩洛	在读	熟练
父亲	李万昌	90	西摩洛	文盲	熟练
户主	熊 兵	41	西摩洛	初中	熟练
妻子	杨转珍	36	西摩洛	小学	熟练
长女	熊丽艳	16	西摩洛	在读	熟练
长子	熊春平	9	西摩洛	在读	熟练
户主	熊发林	64	西摩洛	小学	熟练
妻子	李琼珍	67	西摩洛	小学	熟练
长子	熊克成	35	西摩洛	初中	熟练
户主	熊光荣	35	西摩洛	初中	熟练
妻子	胥佳珍	30	汉	小学	熟练
父亲	熊真相	73	西摩洛	文盲	熟练
母亲	杨梅书	71	西摩洛	文盲	熟练
户主	杨凤英	62	西摩洛	文盲	熟练
户主	熊 永	40	西摩洛	小学	熟练
户主	熊富贵	49	西摩洛	高中	熟练
妻子	宗琼珍	42	西摩洛	小学	熟练
长子	熊海松	19	西摩洛	初中	熟练
户主	李开林	64	西摩洛	小学	熟练
妻子	王大娜	69	西摩洛	小学	熟练
长子	李 兵	41	西摩洛	初中	熟练
长媳	杨阿娘	33	西摩洛	小学	熟练
长孙女	李晓艳	13	西摩洛	在读	熟练
长孙	李小伟	7	西摩洛	在读	熟练
户主	李荣光	45	西摩洛	初中	熟练
妻子	王玉转	36	西摩洛	小学	熟练
长女	李国英	11	西摩洛	在读	熟练
母亲	杨凤芝	65	西摩洛	文盲	不会
户主	李开云	51	西摩洛	小学	熟练
妻子	白桂娜	48	西摩洛	小学	熟练
长子	李国春	24	西摩洛	初中	熟练
次子	李国新	19	西摩洛	小学	熟练
户主	李希红	32	西摩洛	初中	熟练
妻子	胥阿转	31	汉	小学	熟练
长子	李要成	10	西摩洛	在读	熟练
户主	李希旺	54	西摩洛	初中	熟练
妻子	杨秀英	41	西摩洛	小学	熟练
长子	李 福	18	西摩洛	在读	熟练
次子	李 贵	14	西摩洛	在读	熟练
户主	李希荣	42	西摩洛	初中	熟练
妻子	白惠芳	35	碧约	小学	熟练
长子	李普生	16	西摩洛	在读	熟练

家庭	姓名				
次子	李普龙	13	西摩洛	在读	熟练
户主	熊荣明	50	西摩洛	初中	熟练
妻子	白琼珍	54	西摩洛	小学	熟练
长子	熊春华	23	西摩洛	初中	熟练

表 3-7 红花树组汉语使用情况

家庭	姓名	年龄	民族或支系	文化	汉语水平
户主	白正清	45	西摩洛	小学	熟练
妻子	杨琼芬	44	西摩洛	小学	熟练
次子	白应辉	22	西摩洛	初中	熟练
长女	白春美	19	西摩洛	初中	熟练
户主	白光相	61	西摩洛	小学	熟练
妻子	宗转娘	60	西摩洛	小学	不会
户主	宗开文	58	西摩洛	初中	熟练
妻子	白琼花	54	西摩洛	小学	熟练
父亲	宗怀成	83	西摩洛	文盲	熟练
户主	杨富英	58	西摩洛	小学	熟练
长子	李石保	22	西摩洛	初中	熟练
户主	宗华明	48	西摩洛	小学	熟练
妻子	杨琼英	47	西摩洛	小学	熟练
次女	宗玉梅	21	西摩洛	小学	熟练
户主	王里背	53	西摩洛	小学	熟练
长子	宗国东	31	西摩洛	初中	熟练
次子	宗国军	25	西摩洛	初中	熟练
次媳	李秀芬	24	西摩洛	初中	熟练
户主	李要林	58	西摩洛	小学	熟练
妻子	王树英	58	西摩洛	小学	熟练
三子	李 三	24	西摩洛	初中	熟练
三媳	李桃珍	21	西摩洛	小学	熟练
户主	宗开明	50	西摩洛	初中	熟练
妻子	李发娘	46	西摩洛	小学	熟练
次女	宗海丽	20	西摩洛	初中	熟练
户主	宗正学	35	西摩洛	初中	熟练
妻子	白连英	34	西摩洛	初中	熟练
长女	宗海琴	12	西摩洛	在读	熟练
长子	宗新辉	6	西摩洛	在读	熟练
户主	白学忠	41	西摩洛	初中	熟练
妻子	李转英	39	西摩洛	小学	熟练
长子	白四代	17	西摩洛	在读	熟练
长女	白成于	12	西摩洛	在读	熟练
户主	白要文	34	西摩洛	初中	熟练
妻子	宗玉珍	23	西摩洛	小学	熟练

| 长女 | 白王俊 | 9 | 西摩洛 | 在读 | 熟练 |

表 3-8　西科目二组汉语使用情况

家庭	姓名	年龄	民族或支系	文化	汉语水平
户主	宗定富	46	西摩洛	初中	熟练
妻子	杨富珍	40	西摩洛	小学	熟练
长子	宗志亚	21	西摩洛	初中	熟练
长女	宗志梅	19	西摩洛	在读	熟练
户主	白富兴	65	西摩洛	小学	熟练
户主	李正忠	44	西摩洛	小学	熟练
妻子	翟敏书	42	西摩洛	小学	熟练
长子	李江平	23	西摩洛	初中	熟练
长女	李红艳	19	西摩洛	在读	熟练
户主	白荣兴	56	西摩洛	小学	熟练
妻子	杨发娜	43	西摩洛	小学	熟练
长子	白应光	18	西摩洛	小学	熟练
户主	王正文	51	西摩洛	初中	熟练
妻子	李凤芝	41	西摩洛	小学	熟练
长女	王媛	13	西摩洛	小学	熟练
户主	宗定福	51	西摩洛	初中	熟练
妻子	白凤珍	48	西摩洛	小学	熟练
长子	宗志华	27	西摩洛	小学	熟练
次子	宗志国	22	西摩洛	小学	熟练
次女	宗志仙	19	西摩洛	在读	熟练
户主	王祖万	41	西摩洛	小学	熟练
妻子	宗学英	41	西摩洛	小学	熟练
长女	王仙梅	18	西摩洛	在读	熟练
长子	王进	13	西摩洛	在读	熟练
母亲	杨祖背	66	西摩洛	文盲	熟练
户主	白正光	55	西摩洛	小学	熟练
妻子	李要娜	51	西摩洛	初中	熟练
长子	白发祥	27	西摩洛	初中	熟练
次女	白艳转	19	西摩洛	初中	熟练
户主	李荣光	51	西摩洛	小学	熟练
妻子	杨梅英	47	西摩洛	小学	熟练
长子	李云东	18	西摩洛	在读	熟练
户主	白富贵	61	西摩洛	小学	熟练
妻子	宗里珍	58	西摩洛	小学	熟练
长女	白宗娜	27	西摩洛	小学	熟练
长子	白宗华	25	西摩洛	初中	熟练
户主	宗文光	61	西摩洛	小学	熟练
妻子	李学英	60	西摩洛	文盲	熟练

四子	宗义发	29	西摩洛	初中	熟练
四媳	杨瑞芝	25	西摩洛	小学	熟练
户主	王 辉	41	西摩洛	高中	熟练
妻子	杨莉萍	36	西摩洛	小学	熟练
长女	王红娅	14	西摩洛	在读	熟练
长子	王红伟	11	西摩洛	在读	熟练
户主	杨自明	66	西摩洛	小学	熟练
妻子	白祖背	66	西摩洛	小学	熟练
长子	杨 飞	31	西摩洛	小学	熟练
户主	杨自清	69	西摩洛	小学	熟练
妻子	李富珍	67	西摩洛	文盲	熟练
长子	杨顺发	28	西摩洛	初中	熟练
次子	杨发顺	24	西摩洛	小学	熟练
户主	杨国锋	53	西摩洛	初中	熟练
妻子	李富英	58	西摩洛	小学	熟练
户主	李正兴	35	西摩洛	小学	熟练
妻子	杨仙娜	34	西摩洛	小学	熟练
长女	李艳琼	13	西摩洛	在读	熟练
长子	李应乐	11	西摩洛	在读	熟练
户主	杨家发	66	西摩洛	文盲	熟练
长子	杨贵海	21	西摩洛	小学	熟练
长女	杨光娜	16	西摩洛	在读	熟练
户主	白富祥	56	西摩洛	小学	熟练
妻子	宗文芝	58	西摩洛	小学	熟练
长子	白应生	25	西摩洛	小学	熟练
次子	白应万	21	西摩洛	初中	熟练
户主	白云忠	55	西摩洛	初中	熟练
妻子	杨玉娜	43	西摩洛	小学	熟练
长子	白江华	21	西摩洛	初中	熟练
次子	白江伟	18	西摩洛	小学	熟练
户主	杨富珍	59	西摩洛	文盲	熟练
长子	白 成	32	西摩洛	初中	熟练
次子	白存荣	28	西摩洛	小学	熟练
三子	白存祥	22	西摩洛	小学	熟练
户主	王 强	26	西摩洛	初中	熟练
母亲	李琼英	58	西摩洛	文盲	熟练
户主	王国锋	49	西摩洛	初中	熟练
妻子	杨凤芝	44	西摩洛	小学	熟练
长子	王荣福	12	西摩洛	在读	熟练
户主	王国光	58	西摩洛	小学	熟练
妻子	李晓凤	51	西摩洛	小学	熟练
长子	王龙祥	21	西摩洛	小学	熟练
母亲	宗双娜	87	西摩洛	文盲	一般

户主	白正贵	56	西摩洛	小学	熟练
妻子	李桂芬	48	西摩洛	小学	熟练
长子	白建荣	24	西摩洛	初中	熟练
次子	白建伟	21	西摩洛	小学	熟练
三子	白建成	18	西摩洛	小学	熟练
户主	李发昌	44	西摩洛	初中	熟练
妻子	李家娜	43	西摩洛	小学	熟练
长子	李东伟	19	西摩洛	在读	熟练
长女	李树英	17	西摩洛	在读	熟练
父亲	李文兴	68	西摩洛	小学	熟练
户主	李德昌	60	西摩洛	小学	熟练
妻子	宗孝英	58	西摩洛	小学	熟练
长子	李应彪	19	西摩洛	在读	熟练
户主	李正松	53	西摩洛	小学	熟练
妻子	白桂芝	58	西摩洛	小学	熟练
长子	李红洲	24	西摩洛	初中	熟练
户主	杨转地	53	西摩洛	小学	熟练
户主	李应华	30	西摩洛	初中	熟练
父亲	李德顺	57	西摩洛	小学	熟练
母亲	白存娜	52	西摩洛	小学	熟练
奶奶	王九娘	82	西摩洛	文盲	熟练
户主	熊富珍	47	西摩洛	小学	熟练
长子	李应生	25	西摩洛	初中	熟练
次子	李应辉	19	西摩洛	小学	熟练
户主	李文清	74	西摩洛	文盲	熟练
妻子	宗琼珍	69	西摩洛	文盲	熟练
长子	李发言	38	西摩洛	小学	熟练
长媳	白秀兰	32	西摩洛	小学	熟练
长孙女	李 娅	11	西摩洛	在读	熟练
户主	李琼芬	38	西摩洛	小学	熟练
长女	宗志鹏	20	西摩洛	初中	熟练
长子	宗志应	17	西摩洛	在读	熟练

表 3-9　西科目三组汉语使用情况

家庭	姓名	年龄	民族或支系	文化	汉语水平
户主	宗祖万	44	西摩洛	小学	熟练
妻子	杨美英	45	西摩洛	小学	熟练
长子	宗家平	14	西摩洛	在读	熟练
次子	宗家富	11	西摩洛	在读	熟练
户主	杨学英	48	西摩洛	小学	熟练
户主	李国斌	36	西摩洛	高中	熟练
妻子	杨存娜	32	西摩洛	初中	熟练

长子	李章宁	11	西摩洛	学前	熟练
父亲	李文学	72	西摩洛	小学	熟练
母亲	黄英娜	70	西摩洛	文盲	熟练
户主	李德智	55	西摩洛	小学	熟练
妻子	熊梅珍	50	西摩洛	小学	熟练
长子	李云保	28	西摩洛	小学	熟练
次子	李云强	18	西摩洛	小学	熟练
户主	李文兴	65	西摩洛	小学	熟练
妻子	宗里娜	60	西摩洛	文盲	熟练
长子	李德海	29	西摩洛	初中	熟练
户主	李文高	70	西摩洛	小学	熟练
妻子	杨琼珍	59	西摩洛	文盲	熟练
三子	李国权	19	西摩洛	初中	熟练
户主	李文康	82	西摩洛	文盲	熟练
长女婿	杨 顺	46	西摩洛	初中	熟练
长女	李家娜	40	西摩洛	小学	一般
长外孙女	杨双梅	19	西摩洛	在读	熟练
次外孙女	杨 丽	15	西摩洛	在读	熟练
户主	宗文林	70	西摩洛	小学	熟练
妻子	白富珍	65	西摩洛	文盲	熟练
户主	熊家保	50	西摩洛	小学	熟练
妻子	白琼珍	44	西摩洛	小学	熟练
长子	熊建光	18	西摩洛	在读	熟练
父亲	熊正文	83	西摩洛	文盲	熟练
户主	杨文忠	62	西摩洛	小学	熟练
妻子	王琼英	58	西摩洛	小学	熟练
长子	杨英海	34	西摩洛	初中	熟练
长媳	李富芝	25	西摩洛	小学	熟练
户主	杨美英	58	西摩洛	小学	熟练
三子	白应祥	22	西摩洛	小学	熟练
三媳	李秀兰	24	西摩洛	小学	熟练
户主	白开应	79	西摩洛	文盲	熟练
户主	李祖娜	74	西摩洛	文盲	不会
户主	白正兴	59	西摩洛	小学	熟练
妻子	王富英	58	西摩洛	小学	熟练
孙子	白天传	7	西摩洛	学前	熟练
户主	宗国荣	29	西摩洛	小学	熟练
妻子	李凤芬	23	西摩洛	小学	熟练
母亲	李转娘	72	西摩洛	文盲	一般
户主	宗继光	40	西摩洛	初中	熟练
妻子	高存珍	29	西摩洛	小学	熟练
长女	宗俊梅	9	西摩洛	在读	熟练
岳母	康梅云	66	西摩洛	小学	熟练

户主	高树泉	71	汉	文盲	熟练
户主	李发昌	75	西摩洛	文盲	熟练
三子	李成兵	31	西摩洛	小学	熟练
户主	李文明	74	西摩洛	文盲	熟练
妻子	熊玉珍	71	西摩洛	文盲	一般
女婿	熊有福	43	汉	初中	熟练
三女	李秀珍	40	西摩洛	小学	熟练
长外孙女	熊李燕	21	西摩洛	初中	熟练
次外孙女	熊李丽	19	西摩洛	在读	熟练
户主	李荣杰	36	西摩洛	小学	熟练
妻子	杨梅仙	33	西摩洛	小学	熟练
长女	李俊波	5	西摩洛	学前	熟练
母亲	白二娜	72	西摩洛	文盲	一般
户主	宗发兴	42	西摩洛	小学	熟练
母亲	李批招	74	西摩洛	文盲	不会
侄儿	宗进涛	16	西摩洛	在读	熟练
户主	宗文兴	61	西摩洛	小学	熟练
妻子	白金珍	55	西摩洛	小学	熟练
长子	宗发祥	25	西摩洛	初中	熟练
次子	宗发开	23	西摩洛	小学	熟练
户主	高文学	72	西摩洛	文盲	熟练
妻子	李光娜	71	西摩洛	文盲	熟练
户主	宗文高	76	西摩洛	小学	熟练
次子	宗玉杰	48	西摩洛	高中	熟练
次媳	王 珍	33	西摩洛	小学	熟练
孙女	宗园婷	11	西摩洛	在读	熟练
户主	李荣祥	41	西摩洛	初中	熟练
妻子	李东兰	38	西摩洛	小学	熟练
长子	李家平	20	西摩洛	初中	熟练
长女	李富梅	17	西摩洛	在读	熟练
户主	李将军	52	西摩洛	小学	熟练
妻子	李存珍	41	西摩洛	小学	熟练
长女	李阿琴	19	西摩洛	在读	熟练
长子	李建平	17	西摩洛	在读	熟练
户主	高双福	33	西摩洛	小学	熟练
妻子	杨学梅	27	西摩洛	小学	熟练
长子	高进发	6	西摩洛	在读	熟练

在南温村委会,我们遇到了村委会副主任熊明(31岁)和他的儿子熊壮(3岁),听到父子俩之间只说汉语,他告诉我们,小孩子一开始就学汉语了。在调查中,我们也发现,在一些纯西摩洛家庭里,青少年的第一语言已是汉语,父母和孩子之间也只讲汉语,不讲西摩洛语。下表是草皮坝组的西摩洛家庭青少年的语言使用情况:

3-10 草皮坝组语言使用情况

家庭	姓名	年龄	民族或支系	文化	第一语言及水平	第二语言及水平
户主	杨天才	54	西摩洛	小学	西摩洛,熟练	汉,熟练
妻子	熊树英	53	西摩洛	小学	西摩洛,熟练	汉,熟练
女婿	冯立文	29	汉	小学	汉,熟练	西摩洛,一般
长女	杨玉转	27	西摩洛	小学	西摩洛,熟练	汉,熟练
四女	杨玉芝	20	西摩洛	小学	西摩洛,熟练	汉,熟练
外孙女	冯春梅	4	西摩洛	学前	汉,一般	西摩洛,不会
户主	杨文恩	70	西摩洛	小学	西摩洛,熟练	汉,熟练
妻子	李梅英	63	西摩洛	文盲	西摩洛,熟练	汉,熟练
三子	杨发顺	37	西摩洛	初中	西摩洛,熟练	汉,熟练
三媳	杨树英	31	西摩洛	小学	西摩洛,熟练	汉,熟练
孙女	杨慧仙	9	西摩洛	在读	汉,熟练	西摩洛,熟练
户主	李新林	34	西摩洛	初中	西摩洛,熟练	汉,熟练
妻子	杨琼伸	37	西摩洛	小学	西摩洛,熟练	汉,熟练
长女	李艳秋	8	西摩洛	在读	汉,熟练	西摩洛,熟练
母亲	杨琼珍	62	西摩洛	文盲	西摩洛,熟练	汉,熟练
户主	杨孝忠	78	西摩洛	文盲	西摩洛,熟练	汉,熟练
妻子	熊二娜	68	西摩洛	文盲	西摩洛,熟练	汉,一般
长子	杨健康	44	西摩洛	小学	西摩洛,熟练	汉,熟练
长媳	李秀英	34	西摩洛	小学	西摩洛,熟练	汉,熟练
四子	杨健福	32	西摩洛	小学	西摩洛,熟练	汉,熟练
长孙子	杨旭孙	8	西摩洛	在读	西摩洛,熟练	汉,熟练
户主	王云书	59	西摩洛	小学	西摩洛,熟练	汉,熟练
长子	李开中	30	西摩洛	初中	西摩洛,熟练	汉,熟练
长媳	李凤梅	26	西摩洛	小学	西摩洛,熟练	汉,熟练
次子	李春松	22	西摩洛	小学	西摩洛,熟练	汉,熟练
孙女	李艳佳	6	西摩洛	学前	汉,熟练	西摩洛,熟练

原座细村村长白开侦介绍说:"南温村那边有汉族寨子,离0538省道也很近,因此他们那儿的人大部分都会讲汉语。南温村周边还有布都、碧约等其他哈尼族支系村寨。西摩洛人为了便于与其他支系的人交流,也要掌握汉语。"

三 徐卡村汉语的使用情况

徐卡村共16个村民组。其中10个组为西摩洛聚居村寨,另有5个碧约村寨和1个布都村寨。我们根据不同年龄段分别对西摩洛人的汉语能力进行统计。统计结果见下表:

表 3-11

村民小组	人口	年龄段	熟练 人口	熟练 比例	一般 人口	一般 比例	不会 人口	不会 比例
捌抱树组	9	6—19岁	8	88.9%	0	0%	1	11.1%
	32	20—59岁	28	87.5%	2	6.25%	2	6.25%
	6	60岁以上	3	50%	1	16.7%	2	33.3%

萨别组	8	6—19 岁	8	100%	0	0%	0	0%
	36	20—59 岁	35	97.2%	0	0%	1	2.8%
	2	60 岁以上	0	0%	0	0%	2	100%
区鲁山组	12	6—19 岁	12	100%	0	0%	0	0%
	32	20—59 岁	31	96.9%	0	0%	1	3.1%
	15	60 岁以上	8	53.3%	6	40%	1	6.7%
咱思鲁模组	6	6—19 岁	6	100%	0	0%	0	0%
	26	20—59 岁	22	84.6%	2	7.7%	2	7.7%
	3	60 岁以上	2	66.7%	1	33.3%	0	0%
备自组	13	6—19 岁	13	100%	0	0%	0	0%
	44	20—59 岁	44	100%	0	0%	0	0%
	10	60 岁以上	9	90%	1	10%	0	0%
路能组	17	6—19 岁	17	100%	0	0%	0	0%
	71	20—59 岁	71	100%	0	0%	0	0%
	18	60 岁以上	18	100%	0	0%	0	0%
普持组	8	6—19 岁	8	100%	0	0%	0	0%
	45	20—59 岁	45	100%	0	0%	0	0%
	9	60 岁以上	9	100%	0	0%	0	0%
特别普持组	10	6—19 岁	10	100%	0	0%	0	0%
	31	20—59 岁	31	100%	0	0%	0	0%
	7	60 岁以上	6	85.7%	0	0%	1	14.3%
新发组	5	6—19 岁	5	100%	0	0%	0	0%
	14	20—59 岁	14	100%	0	0%	0	0%
	2	60 岁以上	2	100%	0	0%	0	0%
沙浦鲁娜组	15	6—19 岁	15	100%	0	0%	0	0%
	59	20—59 岁	59	100%	0	0%	0	0%
	18	60 岁以上	15	83%	0	0%	3	17%
总计	583		554	95.0%	13	2.2%	16	2.8%

上表显示,处于"熟练"级和"一般"级的西摩洛人高达97.2%,只有2.8%的人属"不会"级。从调查中获知,"不会"级的,大部分为60岁以上的老人、学龄前儿童,以及文化程度较低、与外面接触少的中年人。其中特别普持组和捌抱树组处于"不会"级的分别高达12.5%和10.6%。下面是这两个村民小组的村民家庭的汉语使用情况统计表:

表 3-12 特别普持组汉语使用情况

家庭	姓名	年龄	民族或支系	文化	汉语水平
户主	杨文科	45	西摩洛	初中	熟练
妻子	白转玉	44	西摩洛	小学	熟练
长子	杨阿东	26	西摩洛	小学	熟练
次子	杨东云	24	西摩洛	小学	熟练
长女	杨云芬	21	西摩洛	小学	熟练
户主	杨家顺	67	西摩洛	小学	熟练
妻子	李七娜	64	西摩洛	文盲	熟练

五子	杨发祥	28	西摩洛	初中	熟练
三女	杨凤珍	27	西摩洛	小学	熟练
户主	杨云忠	35	西摩洛	初中	熟练
妻子	周　艳	30	西摩洛	小学	熟练
长子	杨春生	9	西摩洛	在读	熟练
次子	杨春良	5	西摩洛	学前	一般
户主	杨成荣	31	西摩洛	小学	熟练
妻子	李家娜	30	西摩洛	小学	熟练
长女	杨李艳	8	西摩洛	在读	熟练
长子	杨应生	4	西摩洛	学前	一般
户主	李孝发	61	西摩洛	小学	熟练
妻子	杨孝娜	60	西摩洛	文盲	熟练
次子	李付贵	32	西摩洛	小学	熟练
次媳	杨米里	29	西摩洛	小学	熟练
长孙	李小昆	6	西摩洛	在读	熟练
户主	李付祥	36	西摩洛	小学	熟练
妻子	金转云	37	西摩洛	小学	熟练
长子	李小德	6	西摩洛	在读	熟练
长女	李小珍	13	西摩洛	在读	熟练
户主	李文发	47	西摩洛	初中	熟练
妻子	杨玉珍	48	西摩洛	小学	熟练
长子	李贵福	25	西摩洛	小学	熟练
次子	李贵芳	21	西摩洛	小学	熟练
母亲	杨孝珍	72	西摩洛	文盲	熟练
户主	王美英	54	西摩洛	文盲	熟练
次子	李家孝	32	西摩洛	小学	熟练
户主	李红明	42	西摩洛	初中	熟练
妻子	熊存娜	46	西摩洛	文盲	熟练
次子	李阿生	18	西摩洛	小学	熟练
户主	杨文新	40	西摩洛	初中	熟练
妻子	杨主背	39	西摩洛	小学	熟练
长女	杨万英	17	西摩洛	在读	熟练
次女	杨要英	13	西摩洛	在读	熟练
父亲	杨家云	72	西摩洛	文盲	熟练
母亲	李小娜	68	西摩洛	文盲	不会
户主	杨云保	53	西摩洛	小学	熟练
妻子	瞿孝英	52	西摩洛	小学	熟练
次女	杨　艺	22	西摩洛	小学	熟练
长子	杨　发	21	西摩洛	小学	熟练
次子	杨　顺	19	西摩洛	小学	熟练
户主	杨家富	54	西摩洛	小学	熟练
妻子	李凤书	51	西摩洛	文盲	熟练
三子	杨　三	28	西摩洛	小学	熟练
四子	杨批落	18	西摩洛	在读	熟练

表 3-13　捌抱树组汉语使用情况

家庭	姓名	年龄	民族或支系	文化	汉语水平
户主	罗阿兴	56	西摩洛	小学	熟练
妻子	白开娜	52	西摩洛	文盲	熟练
长子	罗发德	22	西摩洛	小学	熟练
户主	杨荣华	46	西摩洛	初中	熟练
妻子	李家娜	46	西摩洛	小学	熟练
长子	杨春松	22	西摩洛	小学	熟练
次子	杨春发	19	西摩洛	小学	熟练
户主	罗阿林	49	西摩洛	小学	熟练
妻子	白石娜	33	西摩洛	文盲	一般
长女	罗艳梅	11	西摩洛	在读	熟练
户主	杨恩德	49	西摩洛	小学	熟练
妻子	李祖背	43	西摩洛	小学	熟练
长子	杨进华	22	西摩洛	小学	熟练
次子	杨进学	17	西摩洛	小学	熟练
长女	杨进芬	9	西摩洛	小学	熟练
户主	杨跃林	59	西摩洛	小学	熟练
长子	杨新发	28	西摩洛	小学	熟练
户主	白孝云	52	西摩洛	小学	熟练
妻子	姜桂芝	40	西摩洛	小学	熟练
长子	白志平	20	西摩洛	小学	熟练
长女	白志绘	18	西摩洛	小学	熟练
母亲	瞿转云	76	西摩洛	文盲	不会
户主	刘文学	52	西摩洛	小学	熟练
妻子	张发娘	54	西摩洛	文盲	不会
长子	刘顺才	27	西摩洛	小学	不会
次女	刘顺娜	18	西摩洛	小学	不会
母亲	白三娜	71	西摩洛	文盲	不会
户主	杨雄应	57	西摩洛	小学	熟练
妻子	李二娜	55	西摩洛	小学	熟练
长子	杨成	35	西摩洛	初中	熟练
长媳	熊妍	34	西摩洛	高中	熟练
三子	杨发玉	22	西摩洛	小学	熟练
长孙女	杨宁	6	西摩洛	学前	熟练
户主	李贵发	42	西摩洛	小学	熟练
户主	李贵英	66	西摩洛	文盲	熟练
次子	金文祥	27	西摩洛	小学	熟练
户主	罗玉珍	77	西摩洛	文盲	一般
次子	杨天德	49	西摩洛	小学	一般
三子	杨阿状	39	西摩洛	小学	一般
户主	杨文明	54	西摩洛	小学	熟练
妻子	瞿王背	55	西摩洛	小学	熟练

长子	杨振甲	30	西摩洛	小学	熟练
次女	杨金芬	19	西摩洛	小学	熟练
次子	杨玉甲	18	西摩洛	小学	熟练
户主	杨发生	62	西摩洛	小学	熟练
妻子	宗小娜	60	西摩洛	文盲	熟练
长子	杨立昌	28	西摩洛	小学	熟练
次子	杨立顺	26	西摩洛	小学	熟练

在访谈中，徐卡村村委会主任白美花（36岁）告诉我们说："这10个寨子是纯西摩洛人，外族人很少，但是基本上都会说汉语。"走访时，我们还看到，西摩洛人能够熟练地使用西摩洛语和汉语，而且可以自由转换。白主任和西摩洛村民时而用西摩洛语交谈，时而又转用汉语给我们介绍村里的基本情况。

四 雅邑村汉语的使用情况

雅邑村是老雅邑乡政府的所在地，共有21个村民组。其中有7个寨子全部是西摩洛人，有6个是碧约村寨，有4个是汉族村寨，另有4个是彝族村寨。

雅邑村西摩洛人除了使用西摩洛语外，还普遍兼用汉语。大多为"西摩洛语—汉语"双语人。不论在村寨内外，不同年龄、不同文化程度的人，都能根据交际的需要来选择使用相应的语言，灵活地转换"西摩洛语—汉语"语码。

下表是雅邑村各村民小组西摩洛人汉语能力统计结果：

表 3-14

村民小组	人口	年龄段	熟练 人口	熟练 比例	一般 人口	一般 比例	不会 人口	不会 比例
安尼糯上组	8	6—19岁	8	100%	0	0%	0	0%
	30	20—59岁	30	100%	0	0%	0	0%
	10	60岁以上	10	100%	0	0%	0	0%
安尼糯下组	18	6—19岁	18	100%	0	0%	0	0%
	82	20—59岁	81	98.8%	1	1.2%	0	0%
	14	60岁以上	12	85.7%	2	14.3%	0	0%
安宁上组	22	6—19岁	22	100%	0	0%	0	0%
	62	20—59岁	62	100%	0	0%	0	0%
	18	60岁以上	17	94.4%	1	5.6%	0	0%
布哈组	18	6—19岁	18	100%	0	0%	0	0%
	56	20—59岁	55	98.2%	1	1.8%	0	0%
	12	60岁以上	12	100%	0	0%	0	0%
大干田组	9	6—19岁	9	100%	0	0%	0	0%
	44	20—59岁	44	100%	0	0%	0	0%
	8	60岁以上	6	75%	2	25%	0	0%

	28	6—19 岁	28	100%	0	0%	0	0%
拉东组	121	20—59 岁	115	95.0%	6	5.0%	0	0%
	23	60 岁以上	15	65.2%	8	34.8%	0	0%
	22	6—19 岁	22	100%	0	0%	0	0%
洋毛组	80	20—59 岁	77	96.2%	3	3.8%	0	0%
	19	60 岁以上	16	84.2%	3	15.8%	0	0%
总计		704	677	96.2%	27	3.8%	0	0%

上表显示，雅邑村西摩洛人都能熟练地使用汉语或运用汉语进行简单的日常交际，没有不会汉语的。6—19 岁这一年龄段的西摩洛人都能熟练地掌握汉语。只有部分中老年人处于"一般"级。这主要是因为，其日常生活仅局限于村寨内，与外界接触较少，使用汉语的机会不多。雅邑村村委会主任李进勇（43 岁，彝族）还告诉我们说："村里绝大部分人会说汉语，只有那些不愿意出门儿、年龄比较大的人才只会说一些简单的汉语。从老一辈到小孩都会说，以前的老人也都会说汉语，现在有的老人说得很流利，小孩子还会说一些普通话呢。"通过雅邑村部分小组村民的汉语使用情况，我们也可以看出，雅邑村西摩洛人的汉语水平都比较高。

表 3-15　洋毛组汉语使用情况

家庭	姓名	年龄	民族或支系	文化	汉语水平
户主	白发荣	58	西摩洛	小学	熟练
妻子	宗美书	57	西摩洛	小学	熟练
次子	白永华	33	西摩洛	初中	熟练
次媳	张秀芬	28	西摩洛	小学	熟练
孙女	白吉英	8	西摩洛	在读	熟练
户主	白胜华	54	西摩洛	小学	熟练
妻子	宗琼芬	53	西摩洛	文盲	熟练
长子	白文忠	29	西摩洛	小学	熟练
长媳	刘连英	25	西摩洛	小学	熟练
次女	白秀琼	25	西摩洛	小学	熟练
户主	白发祥	43	西摩洛	小学	熟练
妻子	杨玉珍	44	西摩洛	小学	熟练
长子	白永春	25	西摩洛	小学	熟练
长女	白秀华	21	西摩洛	小学	熟练
次子	白 兴	17	西摩洛	初中	熟练
母亲	黄凤珍	81	西摩洛	文盲	一般
户主	杨存得	42	西摩洛	小学	熟练
妻子	李美珍	39	西摩洛	小学	熟练
长女	杨海琼	19	西摩洛	小学	熟练
长子	杨 军	16	西摩洛	小学	熟练
户主	杨存兴	46	西摩洛	小学	熟练
妻子	白美英	37	西摩洛	小学	熟练
长子	杨 春	16	西摩洛	在读	熟练
次子	杨 伟	11	西摩洛	在读	熟练

户主	杨文增	69	西摩洛	小学	熟练
三子	杨俊学	30	西摩洛	初中	熟练
户主	王开学	61	西摩洛	文盲	熟练
妻子	杨凤英	60	西摩洛	小学	熟练
长子	王加兴	39	西摩洛	小学	熟练
长媳	杨梅	39	西摩洛	小学	熟练
孙子	王杰	18	西摩洛	初中	熟练
孙女	王洁	12	西摩洛	在读	熟练
户主	王开明	58	西摩洛	小学	熟练
妻子	熊玉芬	56	西摩洛	小学	熟练
长子	王军	31	西摩洛	小学	熟练
长媳	熊会海	30	西摩洛	小学	熟练
孙子	王冬	8	西摩洛	在读	熟练
户主	王开荣	51	西摩洛	文盲	熟练
妻子	白秀英	50	西摩洛	文盲	熟练
次子	王美明	22	西摩洛	小学	熟练
户主	宗福保	46	西摩洛	小学	熟练
妻子	刘秀英	46	西摩洛	小学	熟练
长子	宗文兴	23	西摩洛	小学	熟练
长女	宗秀芬	22	西摩洛	小学	熟练
次子	宗华	19	西摩洛	小学	熟练
父亲	宗开应	79	西摩洛	文盲	熟练
户主	熊福昌	46	西摩洛	小学	熟练
妻子	刘萍	41	西摩洛	小学	熟练
长子	熊伟	15	西摩洛	小学	熟练
长女	熊芳	20	西摩洛	小学	熟练
父亲	熊发祥	74	西摩洛	文盲	熟练
户主	熊福安	40	西摩洛	小学	熟练
妻子	宗美玉	42	西摩洛	小学	熟练
长子	熊坤	18	西摩洛	初中	熟练
次子	熊永	14	西摩洛	在读	熟练
户主	杨家兴	58	西摩洛	小学	熟练
妻子	李琼书	57	西摩洛	文盲	熟练
三子	杨进华	31	西摩洛	小学	熟练
三媳	李琼菊	30	西摩洛	小学	熟练
孙女	李婷婷	7	西摩洛	学前	熟练
孙子	李师达	6	西摩洛	学前	熟练
户主	王文忠	51	西摩洛	小学	熟练
妻子	李秀珍	47	西摩洛	小学	熟练
长子	王荣生	28	西摩洛	小学	熟练
长女	王美芝	22	西摩洛	小学	熟练
三子	王永华	16	西摩洛	小学	熟练
户主	王从兴	61	西摩洛	小学	熟练

妻子	白琼书	57	西摩洛	小学	熟练
次子	王富贵	28	西摩洛	小学	熟练
三子	王　三	20	西摩洛	小学	熟练
户主	杨玉昌	71	西摩洛	文盲	熟练
妻子	宗秀玲	68	西摩洛	文盲	一般
次子	杨文贵	31	西摩洛	小学	熟练
户主	康家元	43	汉	小学	熟练
妻子	宗存英	40	西摩洛	小学	熟练
长子	康文清	14	汉	小学	熟练
长女	康存芳	18	汉	小学	熟练
母亲	杨琼珍	75	西摩洛	文盲	熟练
父亲	康元美	78	汉	文盲	熟练
户主	宗发荣	62	西摩洛	小学	熟练
妻子	杨书妹	68	西摩洛	小学	一般
长子	宗志详	35	西摩洛	小学	熟练
长媳	段进英	33	西摩洛	小学	熟练
长孙	宗荣生	9	西摩洛	小学	熟练
次子	宗志明	31	西摩洛	初中	熟练
次媳	朱桥梅	21	汉	初中	熟练
户主	王正昌	54	西摩洛	小学	熟练
妻子	杨四娜	49	西摩洛	小学	熟练
长子	王荣贵	18	西摩洛	小学	熟练
长女	王凤英	21	西摩洛	小学	熟练
户主	王　兵	46	西摩洛	小学	熟练
妻子	白七娜	46	西摩洛	小学	熟练
长女	王海英	22	西摩洛	小学	熟练
长子	王阿明	19	西摩洛	小学	熟练
父亲	王开甲	85	西摩洛	文盲	熟练
户主	刘家兴	56	西摩洛	小学	熟练
妻子	周连英	52	西摩洛	小学	一般
次子	刘永冰	22	西摩洛	小学	熟练
户主	刘开学	58	西摩洛	文盲	熟练
妻子	白云书	66	西摩洛	文盲	一般
次子	刘树荣	32	西摩洛	小学	熟练
户主	罗金芝	62	西摩洛	小学	熟练
丈夫	宗向荣	67	西摩洛	小学	熟练
长子	宗万福	31	西摩洛	小学	熟练
长媳	王桂珍	32	西摩洛	小学	熟练
孙女	宗晓芳	8	西摩洛	在读	熟练
父亲	宗文元	83	西摩洛	文盲	熟练
户主	王文兴	59	西摩洛	小学	熟练
妻子	杨琼芬	51	西摩洛	小学	一般
长子	王　海	32	西摩洛	小学	熟练

长媳	朱红艳	29	西摩洛	小学	熟练
长孙女	王芳芳	8	西摩洛	在读	熟练
三女	王文珍	22	西摩洛	小学	熟练
户主	熊发兴	56	西摩洛	小学	熟练
妻子	李琼珍	56	西摩洛	文盲	一般
长子	熊文明	31	西摩洛	小学	熟练
长媳	王丽英	29	西摩洛	小学	熟练
父亲	熊文华	75	西摩洛	文盲	熟练
孙女	熊芳	8	西摩洛	在读	熟练
户主	李秀英	55	西摩洛	文盲	熟练
三子	宗泽	27	西摩洛	初中	熟练
三媳	何红娅	26	西摩洛	初中	熟练
户主	王秀英	62	西摩洛	小学	熟练
长子	宗军	32	西摩洛	初中	熟练
长媳	白存珍	24	西摩洛	小学	熟练
次子	宗跃	26	西摩洛	初中	熟练

表 3-16 拉东组汉语使用情况

家庭	姓名	年龄	民族或支系	文化	汉语水平
户主	白文高	53	西摩洛	小学	熟练
妻子	宗开娜	49	西摩洛	文盲	熟练
三女	白玉芬	25	西摩洛	小学	熟练
四女	白玉珍	20	西摩洛	小学	熟练
户主	马玉贵	59	西摩洛	小学	熟练
妻子	罗凤萍	46	西摩洛	文盲	熟练
长子	王云祥	27	西摩洛	小学	熟练
长媳	李万娜	24	西摩洛	小学	熟练
户主	李文义	57	西摩洛	小学	熟练
户主	王正祥	41	西摩洛	初中	熟练
妻子	李富英	40	西摩洛	小学	熟练
长女	王春梅	16	西摩洛	在读	熟练
长子	王四代	14	西摩洛	在读	熟练
户主	李跃才	40	西摩洛	小学	熟练
妻子	白美琼	33	西摩洛	小学	熟练
长子	李小龙	17	西摩洛	在读	熟练
长女	李小凤	14	西摩洛	在读	熟练
户主	杨四	17	西摩洛	小学	熟练
户主	黄文甲	62	西摩洛	小学	熟练
妻子	宗云珍	62	西摩洛	文盲	熟练
次子	黄杰	34	西摩洛	小学	熟练
母亲	王张娜	85	西摩洛	文盲	熟练
户主	李顺玉	48	西摩洛	文盲	熟练

长子	王　森	32	西摩洛	初中	熟练
户主	宗应昌	43	西摩洛	初中	熟练
妻子	白琼英	43	西摩洛	初中	熟练
长子	宗志学	20	西摩洛	初中	熟练
长女	宗玉娜	17	西摩洛	初中	熟练
户主	熊石昌	35	西摩洛	小学	熟练
户主	宗文兴	63	西摩洛	小学	熟练
妻子	白付英	56	西摩洛	文盲	熟练
次子	宗荣华	33	西摩洛	小学	熟练
次媳	李万娜	28	西摩洛	小学	熟练
四子	宗万贵	26	西摩洛	小学	熟练
孙子	宗进华	8	西摩洛	在读	熟练
户主	杨德祥	50	西摩洛	小学	熟练
妻子	白付英	47	西摩洛	小学	熟练
长子	杨　辉	20	西摩洛	在读	熟练
次子	杨　荣	18	西摩洛	在读	熟练
户主	李白顺	54	西摩洛	小学	熟练
妻子	宗阿阳	50	西摩洛	文盲	熟练
长子	李石万	27	西摩洛	初中	熟练
次子	李石林	25	西摩洛	初中	熟练
户主	杨文学	53	西摩洛	小学	熟练
妻子	宗付英	57	西摩洛	文盲	熟练
三子	杨国华	27	西摩洛	初中	熟练
三媳	李冬梅	27	西摩洛	小学	熟练
户主	白文学	59	西摩洛	文盲	熟练
妻子	宗二娜	58	西摩洛	文盲	熟练
四子	白建红	27	西摩洛	小学	熟练
六子	白建华	22	西摩洛	小学	熟练
户主	王章才	42	西摩洛	小学	熟练
妻子	李付英	42	西摩洛	小学	熟练
长子	王　进	19	西摩洛	初中	熟练
次子	王应福	18	西摩洛	在读	熟练
户主	李祖恩	47	西摩洛	小学	熟练
妻子	白琼芬	40	西摩洛	小学	熟练
长子	李进勇	17	西摩洛	在读	熟练
次子	李新福	15	西摩洛	在读	熟练
母亲	黄二娜	81	西摩洛	文盲	一般
户主	白光华	68	西摩洛	小学	熟练
次子	白文荣	32	西摩洛	初中	熟练
次媳	宗秀芬	32	西摩洛	小学	熟练
次孙女	白贵珍	7	西摩洛	在读	熟练
户主	宗孝明	65	西摩洛	文盲	熟练
妻子	杨转弟	59	西摩洛	文盲	一般

长子	宗正荣	38	西摩洛	小学	熟练
户主	杨文兴	47	西摩洛	初中	熟练
妻子	宗琼芝	35	西摩洛	文盲	熟练
四弟	杨开忠	35	西摩洛	初中	熟练
长女	杨艳态	8	西摩洛	在读	熟练
户主	熊文忠	48	西摩洛	小学	熟练
妻子	宗付英	47	西摩洛	文盲	熟练
次子	熊天培	23	西摩洛	初中	熟练
长女	熊三娜	19	西摩洛	小学	熟练
户主	白万忠	42	西摩洛	小学	熟练
妻子	白主娘	44	西摩洛	小学	熟练
长女	白华敏	18	西摩洛	在读	熟练
次子	白 津	15	西摩洛	在读	熟练
户主	李发昌	67	西摩洛	文盲	熟练
妻子	宗玉珍	67	西摩洛	文盲	一般
三子	李小成	24	西摩洛	小学	熟练
长孙	李 林	18	西摩洛	初中	熟练
户主	宗正华	53	西摩洛	小学	熟练
妻子	王秀英	56	西摩洛	小学	熟练
次子	宗 海	22	西摩洛	在读	熟练
三子	宗 平	20	西摩洛	在读	熟练
户主	李万娜	71	西摩洛	文盲	一般
三子	白发元	30	西摩洛	小学	熟练
户主	王正昌	40	西摩洛	小学	熟练
妻子	宗付珍	41	西摩洛	小学	熟练
长女	王 丽	21	西摩洛	小学	熟练
长子	王 明	19	西摩洛	小学	熟练
户主	白付英	78	西摩洛	文盲	一般
户主	宗文亮	62	西摩洛	文盲	熟练
妻子	李二娜	58	西摩洛	文盲	熟练
长子	宗存志	39	西摩洛	小学	熟练
次子	宗华明	33	西摩洛	小学	熟练
四女	宗琼英	28	西摩洛	小学	熟练
户主	宗家保	54	西摩洛	初中	熟练
妻子	白乔玉	55	西摩洛	小学	熟练
长子	宗建杰	29	西摩洛	初中	熟练
长媳	杞 艳	28	西摩洛	小学	熟练
长孙	宗宏宽	6	西摩洛	学前	熟练
母亲	白大娜	83	西摩洛	文盲	一般
户主	白孝忠	50	西摩洛	初中	熟练
妻子	李风芝	52	西摩洛	文盲	熟练
长子	白建勇	24	西摩洛	小学	熟练
次子	白建祥	21	西摩洛	初中	熟练

三子	白连发	19	西摩洛	初中	熟练
户主	张文忠	42	西摩洛	小学	熟练
妻子	杨秀珍	39	西摩洛	小学	熟练
长女	张建芬	20	西摩洛	小学	熟练
次女	张建琼	10	西摩洛	小学	熟练
户主	白光祥	82	西摩洛	文盲	一般
妻子	李清娜	80	西摩洛	文盲	一般
长子	白祖清	46	西摩洛	初中	熟练
长媳	李跃娜	47	西摩洛	小学	熟练
长孙女	白建芬	23	西摩洛	初中	熟练
长孙	白建伟	20	西摩洛	小学	熟练
户主	李文科	51	西摩洛	小学	熟练
妻子	白凤英	49	西摩洛	文盲	一般
长子	李保甲	24	西摩洛	小学	熟练
次子	李保昌	21	西摩洛	在读	熟练
户主	白跃德	57	西摩洛	文盲	熟练
妻子	熊大娜	53	西摩洛	文盲	一般
长子	白文兴	30	西摩洛	小学	熟练
长媳	李凤转	25	西摩洛	小学	熟练
次子	白石忠	26	西摩洛	小学	熟练
户主	白文亮	60	西摩洛	小学	熟练
妻子	白付英	52	西摩洛	文盲	一般
户主	王文兴	53	西摩洛	文盲	熟练
妻子	熊二娜	51	西摩洛	文盲	一般
次子	王成东	24	西摩洛	小学	熟练
三子	王成海	19	西摩洛	小学	熟练
户主	李文华	44	西摩洛	小学	熟练
妻子	宗家娜	44	西摩洛	小学	熟练
长女	李晓芳	22	西摩洛	在读	熟练
次女	李晓红	18	西摩洛	初中	熟练
户主	宗开亮	71	西摩洛	文盲	熟练
妻子	王阿良	64	西摩洛	文盲	一般
长子	宗乔保	44	西摩洛	小学	熟练
次子	宗乔兴	41	西摩洛	小学	熟练
次媳	李宗娜	35	西摩洛	小学	熟练
长孙	宗双福	17	西摩洛	小学	熟练
户主	李文明	73	西摩洛	小学	熟练
长子	李正华	39	西摩洛	小学	熟练
长媳	宗连珍	42	西摩洛	小学	熟练
长孙	李跃文	20	西摩洛	小学	熟练
次孙	李文富	18	西摩洛	小学	熟练
户主	李文学	61	西摩洛	小学	熟练
妻子	杨琼书	62	西摩洛	小学	熟练

家庭	姓名	年龄	民族或支系	文化	汉语水平
次子	李春平	33	西摩洛	初中	熟练
户主	李文跃	52	西摩洛	小学	熟练
妻子	熊二娜	50	西摩洛	小学	一般
长子	李进荣	18	西摩洛	小学	熟练
户主	宗孝荣	58	西摩洛	文盲	熟练
妻子	白付珍	56	西摩洛	文盲	熟练
长子	宗正祥	34	西摩洛	小学	熟练
长媳	杨树珍	33	西摩洛	小学	熟练
次子	宗双应	25	西摩洛	小学	熟练
户主	翟大娜	61	西摩洛	小学	熟练
次子	李飞龙	33	西摩洛	小学	熟练
户主	李文照	57	西摩洛	小学	熟练
妻子	宗秀英	57	西摩洛	文盲	熟练
次子	李万儿	34	西摩洛	初中	熟练
次媳	胡江红	28	西摩洛	小学	熟练
三子	李万忠	31	西摩洛	初中	熟练
长孙	李学洞	8	西摩洛	在读	熟练
户主	马玉香	63	西摩洛	文盲	熟练
三子	宗孝祥	33	西摩洛	初中	熟练
四子	宗孝存	23	西摩洛	初中	熟练

表 3-17　布哈组汉语使用情况

家庭	姓名	年龄	民族或支系	文化	汉语水平
户主	白万宽	59	西摩洛	初中	熟练
妻子	宋孝珍	59	西摩洛	小学	熟练
长子	白进春	22	西摩洛	小学	熟练
次子	白进美	19	西摩洛	小学	熟练
户主	白万祥	45	西摩洛	小学	熟练
妻子	蔡秀英	44	西摩洛	小学	熟练
长子	白春林	21	西摩洛	小学	熟练
次女	白乔珍	20	西摩洛	在读	熟练
户主	李万清	44	西摩洛	小学	熟练
妻子	白万娜	47	西摩洛	文盲	熟练
长女	李晓英	19	西摩洛	在读	熟练
户主	李万华	46	西摩洛	初中	熟练
妻子	宗乔玉	48	西摩洛	小学	熟练
次女	李凤芬	24	西摩洛	小学	熟练
长子	李忠发	18	西摩洛	在读	熟练
户主	李万寿	41	西摩洛	高中	熟练
妻子	岳春梅	32	汉	小学	熟练
长女	李林美	14	西摩洛	在读	熟练
次女	李海燕	9	西摩洛	在读	熟练

户主	杨福背	33	西摩洛	文盲	一般
长子	李春林	10	西摩洛	在读	熟练
次子	李海波	6	西摩洛	学前	熟练
父亲	李文高	73	西摩洛	小学	熟练
母亲	宋顺娜	71	西摩洛	文盲	熟练
妹妹	李玉英	30	西摩洛	初中	熟练
户主	杨转娜	73	西摩洛	文盲	熟练
儿子	李万昌	32	西摩洛	小学	熟练
户主	李万培	40	西摩洛	小学	熟练
妻子	杨李英	36	西摩洛	文盲	熟练
长子	杨顺林	12	西摩洛	在读	熟练
户主	李文兴	63	西摩洛	小学	熟练
妻子	宋万娜	59	西摩洛	文盲	熟练
长子	李跃万	27	西摩洛	小学	熟练
长媳	白建萍	28	西摩洛	小学	熟练
五女	李珍娜	25	西摩洛	小学	熟练
户主	李万宽	52	西摩洛	小学	熟练
妻子	白玉英	51	西摩洛	小学	熟练
次女	李彩仙	22	西摩洛	小学	熟练
长子	李进泉	19	西摩洛	在读	熟练
户主	李志增	77	西摩洛	小学	熟练
妻子	白大娜	76	西摩洛	文盲	熟练
三子	李万贵	37	西摩洛	小学	熟练
三媳	宗桔英	36	西摩洛	小学	熟练
孙女	李利艳	14	西摩洛	在读	熟练
孙子	李云韦	9	西摩洛	在读	熟练
户主	宗正昌	56	西摩洛	小学	熟练
妻子	王凤珍	56	西摩洛	文盲	熟练
长子	宗发剑	29	西摩洛	初中	熟练
长媳	李利风	28	西摩洛	小学	熟练
三女	宗秀英	26	西摩洛	小学	熟练
四女	宗秀珍	21	西摩洛	小学	熟练
长孙女	宗冬美	7	西摩洛	学前	熟练
户主	白万华	43	西摩洛	小学	熟练
妻子	李会英	43	西摩洛	小学	熟练
长子	白辉明	23	西摩洛	初中	熟练
次子	白光明	19	西摩洛	在读	熟练
户主	白恒兴	81	西摩洛	文盲	熟练
妻子	熊连珍	68	西摩洛	文盲	熟练
三子	白荣福	31	西摩洛	小学	熟练
户主	宗开祥	39	西摩洛	初中	熟练
二弟	宗开苇	35	西摩洛	小学	熟练
三弟	宗开华	32	西摩洛	小学	熟练

母亲	李二娜	70	西摩洛	文盲	熟练
户主	宗开林	50	西摩洛	小学	熟练
妻子	杨美仙	39	西摩洛	小学	熟练
长女	宗国美	16	西摩洛	在读	熟练
长子	宗国飞	13	西摩洛	在读	熟练
户主	宗开文	40	西摩洛	小学	熟练
户主	宗贵林	31	西摩洛	小学	熟练
妻子	王巧梅	35	西摩洛	初中	熟练
母亲	白琼珍	69	西摩洛	文盲	熟练
户主	李乔云	44	彝	初中	熟练
妻子	黎桂云	43	西摩洛	小学	熟练
长女	李伟英	23	彝	初中	熟练
长子	李伟山	21	彝	初中	熟练
户主	宗德光	45	西摩洛	小学	熟练
妻子	白五娜	38	西摩洛	文盲	熟练
长子	宗义才	16	西摩洛	在读	熟练
长女	宗艳美	12	西摩洛	在读	熟练
户主	宗文友	75	西摩洛	文盲	熟练
妻子	李玉书	68	西摩洛	文盲	熟练
三子	宗万宽	39	西摩洛	初中	熟练
九子	宗保华	32	西摩洛	初中	熟练
十子	宗进荣	28	西摩洛	初中	熟练
户主	宗文昌	28	西摩洛	初中	熟练
妻子	熊健美	27	西摩洛	小学	熟练
户主	宗加培	44	西摩洛	初中	熟练
妻子	李　艳	43	西摩洛	初中	熟练
长女	宗美芬	21	西摩洛	小学	熟练
长子	宗文华	19	西摩洛	小学	熟练
户主	张秀书	64	汉	文盲	熟练
长子	孙益宽	45	汉	高中	熟练
长媳	李琼华	39	汉	小学	熟练
长孙女	孙艳华	15	汉	在读	熟练
次孙女	孙艳梅	8	汉	在读	熟练

五　下洛甫村汉语的使用情况

下洛甫村是雅邑乡所辖的一个行政村。阿嘎、新寨、坝心、那会四个组为西摩洛人聚居的村寨。整个新寨组是以西摩洛人为主体,汉族有5人,彝族只有1人。调查中,我们发现,只有1人不会汉语,是下洛甫村新寨组第19户的李三娜。主要原因是,西摩洛语是其日常生活的主要交际工具,加之年龄大,交际范围比较窄。

下面是下洛甫村西摩洛村民汉语能力的统计表:

表 3-18

村民小组	人口	年龄段	熟练		一般		不会	
			人口	比例	人口	比例	人口	比例
阿嘎组	7	6—19 岁	7	100%	0	0%	0	0%
	33	20—59 岁	33	100%	0	0%	0	0%
	8	60 岁以上	5	62.5%	3	37.5%	0	0%
新寨组	25	6—19 岁	24	96%	1	4%	0	0%
	85	20—59 岁	85	100%	0	0%	0	0%
	13	60 岁以上	11	84.6%	1	7.7%	1	7.7%
坝心组	10	6—19 岁	10	100%	0	0%	0	0%
	45	20—59 岁	45	100%	0	0%	0	0%
	13	60 岁以上	13	100%	0	0%	0	0%
那会组	8	6—19 岁	8	100%	0	0%	0	0%
	5	20—59 岁	5	100%	0	0%	0	0%
	28	60 岁以上	28	100%	0	0%	0	0%
总计	280		274	97.9%	5	1.8%	1	0.3%

下洛甫村四个村民组语言观念调查问卷告诉我们，西摩洛人掌握汉语的目的主要是便于与外族人交流及升学的需要。客观需要的动机成为下洛甫西摩洛人汉语能力普遍较高的重要原因之一。下洛甫村对"西摩洛人变为汉语单语人"的态度有许多是顺其自然。他们认为西摩洛人兼用汉语是一种很自然的事情。对语言的使用持开放态度，这种态度也是他们能够很好掌握汉语的一个重要原因。

我们在与不同年龄段的西摩洛人的接触中发现，下洛甫西摩洛村民基本都可以和我们用汉语交流。绝大部分人愿意把子女送到用汉语授课的学校学习，还有一部分人愿意把子女送到用汉语和英语授课的学校学习。很多人都希望自己的子女会说普通话。这种开放的语言观念，成为下洛甫西摩洛村民熟练掌握汉语的一个重要因素。

从上面的下洛甫村民家庭的汉语使用情况表我们也能看出，西摩洛村民的汉语水平在整体上都很高，有 97.9% 的西摩洛村民汉语属"熟练"级。

表 3-19 阿嘎组汉语使用情况

家庭	姓名	年龄	民族或支系	文化	汉语水平
户主	宗文昌	56	西摩洛	小学	熟练
妻子	白凤珍	54	西摩洛	初中	熟练
长子	宗继荣	30	西摩洛	高中	熟练
次子	宗继宏	27	西摩洛	初中	熟练
次媳	段丽兰	28	西摩洛	小学	熟练
户主	李向阳	35	西摩洛	小学	熟练
妻子	杨海玲	29	西摩洛	初中	熟练
长子	李斯伟	12	西摩洛	在读	熟练
次子	李斯臣	6	西摩洛	学前	熟练

母亲	白玉珍	61	西摩洛	文盲	熟练
户主	李家福	60	西摩洛	小学	熟练
妻子	白云芬	60	西摩洛	小学	熟练
长子	李万清	33	西摩洛	初中	熟练
长媳	白加娜	34	西摩洛	小学	熟练
长孙女	李娅东	11	西摩洛	在读	熟练
户主	宗 平	34	西摩洛	初中	熟练
妻子	白凤芝	28	西摩洛	小学	熟练
长女	宗莲霞	10	西摩洛	在读	熟练
母亲	白阿娜	71	西摩洛	文盲	一般
大哥	宗文义	43	西摩洛	小学	熟练
大姐	宗会珍	46	西摩洛	小学	熟练
户主	李荣光	60	西摩洛	小学	熟练
妻子	黄琼珍	54	西摩洛	文盲	熟练
次子	李跃兴	26	西摩洛	初中	熟练
户主	宗家贵	48	西摩洛	初中	熟练
妻子	李秀英	46	西摩洛	初中	熟练
长子	宗卫国	24	西摩洛	初中	熟练
长女	宗卫琼	23	西摩洛	初中	熟练
户主	梁凤英	49	西摩洛	初中	熟练
长子	李永康	24	西摩洛	初中	熟练
次子	李永杰	21	西摩洛	初中	熟练
户主	王主娘	60	西摩洛	小学	熟练
四子	宗文彪	23	西摩洛	初中	熟练
户主	杨春华	40	西摩洛	小学	熟练
妻子	王秀芳	30	西摩洛	小学	熟练
长子	杨海成	10	西摩洛	在读	熟练
父亲	杨玉发	77	西摩洛	文盲	一般
户主	宗家保	44	西摩洛	小学	熟练
妻子	杨美艳	42	西摩洛	小学	熟练
长女	宗剑波	22	西摩洛	初中	熟练
长子	宗剑伟	17	西摩洛	初中	熟练
户主	宗发春	43	西摩洛	小学	熟练
妻子	李发娜	42	西摩洛	小学	熟练
长子	宗里保	20	西摩洛	初中	熟练
长女	宗里英	17	西摩洛	初中	熟练
母亲	杨顺娜	75	西摩洛	文盲	熟练
户主	宗贵保	36	西摩洛	初中	熟练
妻子	白海艳	30	西摩洛	小学	熟练

表 3-20　新寨组汉语使用情况

家庭	姓名	年龄	民族或支系	文化	汉语水平
户主	杨勇	44	西摩洛	初中	熟练
妻子	白文娘	43	西摩洛	小学	熟练
次女	杨东春	20	西摩洛	初中	熟练
三女	杨春妹	17	西摩洛	小学	熟练
户主	杨春兴	48	西摩洛	小学	熟练
妻子	白秀英	51	西摩洛	文盲	熟练
长子	杨海洋	23	西摩洛	初中	熟练
户主	杨会芬	49	西摩洛	文盲	熟练
长子	王昆	26	西摩洛	小学	熟练
长媳	杨艳美	25	西摩洛	小学	熟练
次子	王平	24	西摩洛	小学	熟练
户主	王发明	61	西摩洛	小学	熟练
妻子	杨阿珍	57	西摩洛	文盲	熟练
长子	王顺	35	西摩洛	小学	熟练
长媳	杨秀芬	28	西摩洛	小学	熟练
户主	王发荣	66	西摩洛	小学	熟练
妻子	杨秀珍	62	西摩洛	文盲	熟练
次子	王国兴	31	西摩洛	小学	熟练
次媳	白琼艳	29	西摩洛	小学	熟练
三子	王成伍	28	西摩洛	小学	熟练
户主	李发兴	58	西摩洛	小学	熟练
妻子	白秀英	59	西摩洛	文盲	熟练
次子	李春林	31	西摩洛	小学	熟练
次媳	王转英	29	西摩洛	小学	熟练
三子	李春华	25	西摩洛	小学	熟练
长孙	李海	6	西摩洛	学前	一般
户主	杨海	37	西摩洛	小学	熟练
妻子	黄艳	39	汉	小学	熟练
长子	杨志刚	17	西摩洛	在读	熟练
次子	杨平	11	西摩洛	在读	熟练
母亲	王凤仙	59	西摩洛	文盲	熟练
三弟	杨建东	28	西摩洛	初中	熟练
三弟媳	连花	26	西摩洛	小学	熟练
户主	白德兴	61	西摩洛	小学	熟练
妻子	张玉仙	58	西摩洛	文盲	熟练
长子	白海伟	35	西摩洛	小学	熟练
长媳	李转珍	39	西摩洛	小学	熟练
长孙	白俊	13	西摩洛	在读	熟练
次孙	白俊明	8	西摩洛	在读	熟练
外孙	白杨	9	西摩洛	在读	熟练
外孙女	白宁	7	西摩洛	在读	熟练

户主	白文祥	50	西摩洛	初中	熟练
妻子	王秀芬	51	西摩洛	文盲	熟练
次女	白俊琼	24	西摩洛	初中	熟练
三女	白俊梅	20	西摩洛	初中	熟练
户主	白德顺	48	西摩洛	小学	熟练
妻子	杨家芬	51	西摩洛	文盲	熟练
长子	白荣	23	西摩洛	初中	熟练
次子	白伟	22	西摩洛	初中	熟练
次媳	何阿娜	20	彝	初中	熟练
户主	白文学	35	西摩洛	小学	熟练
妻子	张琼艳	28	西摩洛	文盲	熟练
长子	白东	9	西摩洛	在读	熟练
户主	白文忠	36	西摩洛	小学	熟练
妻子	杨付珍	36	西摩洛	文盲	熟练
母亲	李凤珍	76	西摩洛	文盲	熟练
长子	白建林	11	西摩洛	在读	熟练
长女	白冬连	6	西摩洛	学前	熟练
户主	李贵发	34	西摩洛	小学	熟练
户主	白云祥	62	西摩洛	小学	熟练
妻子	杨美英	57	西摩洛	文盲	熟练
三女	白秀琴	29	西摩洛	中专	熟练
外孙女	黄梦雨	6	西摩洛	学前	熟练
户主	王文忠	46	西摩洛	小学	熟练
妻子	白琼书	47	西摩洛	文盲	熟练
长子	王万里	24	西摩洛	小学	熟练
长女	王万珍	20	西摩洛	小学	熟练
户主	白文兴	49	西摩洛	小学	熟练
妻子	李俊梅	50	西摩洛	初中	熟练
长子	白东	30	西摩洛	初中	熟练
户主	王发友	62	西摩洛	小学	熟练
妻子	白琼芬	57	西摩洛	文盲	熟练
长子	王转德	27	西摩洛	初中	熟练
户主	李秀珍	52	西摩洛	初中	熟练
长子	杨发荣	31	西摩洛	小学	熟练
次子	杨发应	29	西摩洛	小学	熟练
户主	王飞	41	西摩洛	初中	熟练
妻子	吴琼珍	42	西摩洛	小学	熟练
长子	王国青	18	西摩洛	初中	熟练
次子	王国东	15	西摩洛	在读	熟练
父亲	王发昌	71	西摩洛	小学	熟练
母亲	黄发娘	69	西摩洛	文盲	熟练
奶奶	李三娜	92	西摩洛	文盲	不会
户主	杨红	26	西摩洛	小学	熟练

妻子	李艳芝	27	西摩洛	小学	熟练
父亲	杨忠林	56	西摩洛	小学	熟练
户主	李自兴	49	西摩洛	小学	熟练
妻子	王杏林	38	西摩洛	小学	熟练
长子	李 东	15	西摩洛	在读	熟练
次子	李 勇	11	西摩洛	在读	熟练
户主	杨福昌	68	西摩洛	小学	熟练
妻子	黄桂珍	68	西摩洛	文盲	熟练
次子	杨春林	41	西摩洛	小学	熟练
次媳	李会珍	32	西摩洛	小学	熟练
长孙	杨海东	9	西摩洛	在读	熟练
户主	李孝明	52	西摩洛	小学	熟练
妻子	王琼芬	53	西摩洛	文盲	熟练
长子	王建东	25	西摩洛	小学	熟练
长媳	李艳芬	25	彝	小学	熟练
户主	杨家保	48	西摩洛	小学	熟练
弟弟	杨家福	36	西摩洛	小学	熟练
户主	白正华	40	西摩洛	小学	熟练
户主	杨文祥	41	西摩洛	小学	熟练
妻子	白发娜	39	西摩洛	小学	熟练
长女	杨云珍	16	西摩洛	在读	熟练
长子	杨云福	12	西摩洛	在读	熟练
母亲	宗二娜	78	西摩洛	文盲	一般
户主	杨万寿	54	西摩洛	高中	熟练
妻子	白要娜	43	西摩洛	小学	熟练
长子	杨 宾	32	西摩洛	初中	熟练
长媳	张丽华	29	西摩洛	小学	熟练
次子	杨 林	29	西摩洛	初中	熟练
四子	杨 坤	22	西摩洛	初中	熟练
长孙	杨主彪	6	西摩洛	学前	熟练
户主	李贵荣	37	西摩洛	小学	熟练
妻子	白秀美	32	西摩洛	小学	熟练
长子	李晓建	12	西摩洛	在读	熟练
次子	李卫东	7	西摩洛	在读	熟练
户主	宗文珍	40	西摩洛	小学	熟练
长女	王 邑	16	西摩洛	在读	熟练
次女	王 芳	12	西摩洛	在读	熟练
母亲	白云珍	68	西摩洛	文盲	熟练
户主	王福荣	33	西摩洛	小学	熟练
妻子	杨秀芬	32	西摩洛	小学	熟练
长女	王主娜	8	西摩洛	在读	熟练
户主	李文林	36	彝	小学	熟练
妻子	白秀芝	35	西摩洛	小学	熟练

| 长子 | 李 白 | 14 | 彝 | 在读 | 熟练 |
| 次子 | 李 瑞 | 9 | 彝 | 在读 | 熟练 |

六 坝利村汉语的使用情况

坝利村勐埔、古鲁山组是西摩洛人、布都人杂居的村寨。西摩洛人除了使用西摩洛语外,大多数人都兼用汉语和布都语。我们对这两个组进行了穷尽式的调查、统计。统计数字如下表:

表 3-21

村民小组	人口	年龄段	熟练 人口	熟练 比例	一般 人口	一般 比例	不会 人口	不会 比例
勐埔组	21	6—19 岁	20	95.2%	0	0%	1	4.8%
	118	20—59 岁	108	91.5%	8	6.8%	2	1.7%
	13	60岁以上	12	92.3%	0	0%	1	7.7%
古鲁山组	23	6—19 岁	23	100%	0	0%	0	0%
	75	20—59 岁	75	100%	0	0%	0	0%
	11	60岁以上	11	100%	0	0%	0	0%
总计		261	249	95.4%	8	3.1%	4	1.5%

上表显示,95.4%的西摩洛人熟练掌握汉语,3.1%和1.5%的人的汉语能力属"一般"和"不会"级。这些人主要是未入学的儿童和很少出门的中老年妇女。勐埔组村民杨要立(32岁)告诉我们,他们村情况比较复杂。除了西摩洛人外,还有一些布都人,很多人都会说布都语和汉语。我们还看到,各民族之间、民族支系之间通过汉语来实现语言关系之间的和谐。坝利村西摩洛村民的汉语使用情况具体如下:

表 3-22 勐埔组汉语使用情况

家庭	姓名	年龄	民族或支系	文化	汉语水平
户主	杨德福	54	西摩洛	高中	熟练
妻子	马高娜	42	西摩洛	文盲	一般
三子	杨刀才	23	西摩洛	小学	熟练
四子	杨家兴	19	西摩洛	小学	熟练
户主	金礼发	42	布都	小学	熟练
妻子	姜美娜	42	布都	文盲	熟练
长女	金银娜	18	布都	在读	熟练
长子	金 强	15	布都	在读	熟练
弟弟	金 三	39	布都	小学	熟练
户主	马开发	62	西摩洛	小学	熟练
妻子	白琼珍	63	西摩洛	文盲	熟练
长子	马富兴	32	西摩洛	小学	熟练
次女	马二娜	31	西摩洛	小学	一般
三女	马三娜	30	西摩洛	小学	熟练
四女	马 艳	26	西摩洛	小学	熟练

五女	马 玉	25	西摩洛	小学	熟练
儿媳	杨贵英	27	西摩洛	小学	熟练
孙子	马夏溪	6	西摩洛	学前	不会
户主	杨德高	59	西摩洛	小学	一般
妻子	李福娜	59	西摩洛	文盲	一般
长子	杨三保	31	西摩洛	小学	熟练
次子	杨才生	24	西摩洛	小学	熟练
户主	杨光应	46	西摩洛	小学	熟练
妻子	杨琼芬	46	西摩洛	文盲	不会
二弟	杨要昌	40	西摩洛	小学	熟练
三弟	杨要发	37	西摩洛	小学	熟练
长女	杨祖娜	22	西摩洛	小学	熟练
次女	杨祖英	18	西摩洛	在读	熟练
户主	杨学兴	51	西摩洛	小学	熟练
妻子	马贵英	48	西摩洛	文盲	熟练
长子	杨白才	27	西摩洛	初中	熟练
长女	杨映琼	25	西摩洛	小学	熟练
次子	杨家应	23	西摩洛	小学	熟练
母亲	白玉珍	80	西摩洛	文盲	熟练
户主	李文科	56	布都	小学	熟练
妻子	马贵娘	55	西摩洛	文盲	不会
三子	李志昌	27	布都	初中	熟练
次女	李元富	23	布都	初中	熟练
户主	马志学	58	西摩洛	小学	熟练
妻子	杨凤英	58	西摩洛	文盲	熟练
三女	马 俊	21	西摩洛	初中	熟练
三子	马陆强	19	西摩洛	在读	熟练
户主	王哈衣	64	布都	文盲	熟练
长子	刀要才	36	布都	小学	熟练
次子	刀要得	34	布都	小学	熟练
三子	刀得六	23	布都	小学	熟练
户主	杨志学	51	西摩洛	小学	一般
长子	杨荣文	26	西摩洛	小学	熟练
户主	白荣光	50	西摩洛	初中	熟练
妻子	赵玉珍	53	碧约	初中	不会
长子	白发明	28	西摩洛	初中	熟练
长媳	王 梅	27	西摩洛	小学	一般
长女	白美娜	25	西摩洛	小学	熟练
户主	王文亮	66	西摩洛	文盲	熟练
妻子	白阿双	64	西摩洛	文盲	熟练
次子	白跃增	34	西摩洛	小学	熟练
五子	王立才	24	西摩洛	小学	熟练
户主	杨文科	50	西摩洛	小学	熟练

妻子	马琼珍	48	西摩洛	文盲	熟练
三子	杨发祥	22	西摩洛	小学	熟练
四子	杨院华	18	西摩洛	小学	熟练
户主	李米哩	78	西摩洛	文盲	不会
长子	白荣刚	38	西摩洛	小学	熟练
孙子	白院东	17	西摩洛	小学	熟练
户主	马小二	49	西摩洛	小学	熟练
妻子	白凤春	42	西摩洛	小学	熟练
长子	马应才	21	西摩洛	小学	熟练
长女	马燕梅	19	西摩洛	小学	熟练
户主	马文学	53	西摩洛	初中	熟练
妻子	李应书	52	西摩洛	文盲	熟练
长子	马越良	28	西摩洛	小学	熟练
次子	马阿明	25	西摩洛	小学	熟练
长女	马命娜	23	西摩洛	小学	熟练
户主	白学林	33	西摩洛	小学	一般
妻子	杨 美	30	西摩洛	小学	一般
长子	白 松	9	西摩洛	在读	熟练
户主	马志华	54	西摩洛	初中	熟练
长子	马要清	34	西摩洛	小学	熟练
长媳	白万珍	34	西摩洛	文盲	熟练
三女	马照背	25	西摩洛	小学	熟练
长孙	马路生	16	西摩洛	在读	熟练
长孙女	马生娜	14	西摩洛	在读	熟练
户主	马志良	55	西摩洛	小学	熟练
妻子	王富珍	55	西摩洛	文盲	熟练
长子	马二平	34	西摩洛	小学	熟练
次子	马主生	25	西摩洛	小学	熟练
三子	马白发	24	西摩洛	小学	熟练
户主	王凤英	52	西摩洛	初中	熟练
长子	马国泽	27	西摩洛	小学	熟练
长女	马国琼	25	西摩洛	小学	熟练
次女	马琼芬	22	西摩洛	小学	熟练
户主	罗正发	60	布都	文盲	熟练
母亲	王元珍	58	布都	文盲	熟练
次子	罗荣华	32	布都	小学	熟练
三子	罗德清	30	布都	初中	熟练
四子	罗合者	24	布都	小学	熟练
五子	罗白发	21	布都	小学	熟练
六子	罗德发	20	布都	小学	熟练
户主	杨得清	66	西摩洛	小学	熟练
妻子	董贵珍	64	西摩洛	文盲	熟练
三子	杨荣祥	33	西摩洛	初中	熟练

户主	杨文学	33	西摩洛	小学	熟练
妻子	彭桂珍	33	汉	小学	熟练
长子	杨伟	15	西摩洛	在读	熟练
次子	杨伟东	11	西摩洛	在读	熟练
户主	杨荣兴	30	西摩洛	初中	熟练
妻子	马福依	31	西摩洛	小学	熟练
长女	杨旭红	9	西摩洛	在读	熟练
户主	杨文兴	52	西摩洛	文盲	熟练
妻子	白扣召	50	西摩洛	小学	熟练
长子	杨应光	23	西摩洛	小学	熟练
户主	白荣清	59	西摩洛	文盲	熟练
妻子	杨玲玲	59	西摩洛	文盲	熟练
长子	白学玲	33	西摩洛	小学	熟练
次子	白康	28	西摩洛	小学	熟练
次媳	杨美	30	汉	初中	熟练
三子	白桥顺	23	西摩洛	小学	熟练
长女	白存章	21	西摩洛	小学	熟练
长孙	白松	9	西摩洛	在读	熟练
户主	杨文兴	57	西摩洛	小学	熟练
妻子	黄云珍	57	西摩洛	文盲	熟练
三女	杨琼芝	27	西摩洛	小学	熟练
四女	杨彩珍	24	西摩洛	小学	熟练
五女	杨彩娜	22	西摩洛	初中	熟练
户主	杨迎东	29	西摩洛	中专	熟练
户主	王桥德	40	西摩洛	小学	熟练
妻子	白玉娜	39	西摩洛	小学	熟练
长子	王春	18	西摩洛	初中	熟练
次子	王阿春	14	西摩洛	在读	熟练
户主	杨要立	32	西摩洛	小学	熟练
妻子	白琼珍	32	西摩洛	小学	熟练
长女	杨东梅	11	西摩洛	在读	熟练
长子	杨云海	9	西摩洛	在读	熟练
户主	杨正学	53	西摩洛	初中	熟练
妻子	马云芝	50	西摩洛	初中	熟练
长子	杨进国	22	西摩洛	小学	熟练
长媳	马转玉	20	西摩洛	小学	熟练
户主	李涛	43	布都	初中	熟练
妻子	白要娜	39	西摩洛	小学	熟练
长子	李平	22	布都	在读	熟练
次子	李昆	18	布都	初中	熟练
户主	李光明	59	西摩洛	小学	熟练
妻子	杨琼仙	58	西摩洛	文盲	熟练
长女	李晓英	31	西摩洛	初中	熟练

三子	李信用	25	西摩洛	高中	熟练
四子	李发武	21	西摩洛	初中	熟练
户主	马开增	64	西摩洛	文盲	熟练
妻子	杨正书	67	西摩洛	文盲	熟练
长子	马萨者	28	西摩洛	小学	熟练
户主	杨光明	55	西摩洛	小学	熟练
妻子	董琼珍	55	西摩洛	小学	熟练
长子	杨万才	34	西摩洛	小学	熟练
长媳	杨埂娜	27	西摩洛	小学	熟练
次女	杨万芝	26	西摩洛	小学	熟练
长孙	杨祖顺	7	西摩洛	在读	熟练
户主	白开福	43	布都	小学	熟练
妻子	姜明娜	52	布都	文盲	熟练
长女	白大娘	27	布都	小学	熟练
次女	白二娘	24	布都	小学	熟练
长子	白秋林	23	布都	小学	熟练
次子	白顺得	20	布都	初中	熟练
三女	白 丽	18	布都	在读	熟练
户主	李荣华	43	布都	高中	熟练
妻子	姜云美	45	布都	初中	熟练
长女	李 艳	16	布都	在读	熟练
长子	李 东	12	布都	在读	熟练
户主	马志礼	56	西摩洛	初中	熟练
妻子	杨七娜	57	西摩洛	文盲	熟练
长子	马 涛	31	西摩洛	初中	熟练
长媳	白困建	24	西摩洛	小学	熟练
长女	马梅芝	34	西摩洛	小学	熟练
次女	马阿芬	29	西摩洛	小学	熟练
三女	马阿云	25	西摩洛	小学	熟练
户主	罗正昌	52	布都	小学	熟练
妻子	刘凤英	51	布都	文盲	熟练
长子	罗立发	27	布都	小学	熟练
次子	罗少黑	23	布都	初中	熟练
三子	罗阳才	21	布都	初中	熟练
长女	罗瞻漫	17	布都	在读	熟练
户主	王文兴	70	西摩洛	小学	熟练
妻子	李琼芝	71	西摩洛	文盲	熟练
长子	王桥元	43	西摩洛	小学	熟练
长媳	白琼芬	43	西摩洛	小学	熟练
长孙	王国庆	21	西摩洛	小学	熟练
次孙	王国民	19	西摩洛	小学	熟练
孙女	王发娜	15	西摩洛	小学	熟练
户主	白跃兴	50	西摩洛	小学	熟练

妻子	熊凤英	51	西摩洛	小学	熟练
三女	白张富	20	西摩洛	初中	熟练
户主	杨琼珍	72	西摩洛	文盲	熟练
次子	白要礼	47	西摩洛	小学	熟练
四子	白贵兴	35	西摩洛	小学	熟练
六子	白阿陆	27	西摩洛	小学	熟练
孙女	白美美	23	西摩洛	小学	熟练

表3-23 古鲁山组汉语使用情况

家庭	姓名	年龄	民族或支系	文化	汉语水平
户主	王世辉	42	西摩洛	小学	熟练
妻子	罗会玲	35	碧约	小学	熟练
长子	王东	15	西摩洛	在读	熟练
次子	王云生	13	西摩洛	在读	熟练
户主	李文清	70	西摩洛	小学	熟练
妻子	董四娜	65	西摩洛	小学	熟练
长子	李玉贵	32	西摩洛	小学	熟练
次子	李应法	30	西摩洛	小学	熟练
次媳	姜要娘	25	白宏	小学	熟练
三子	李法应	28	西摩洛	小学	熟练
户主	白发昌	68	西摩洛	小学	熟练
妻子	熊转娜	65	西摩洛	小学	熟练
长子	白加法	38	西摩洛	小学	熟练
次子	白加宝	31	西摩洛	小学	熟练
三子	白加兵	25	西摩洛	小学	熟练
户主	罗加强	72	碧约	小学	熟练
妻子	段美玲	70	碧约	小学	熟练
次子	罗小勇	30	碧约	小学	熟练
次媳	张阿美	28	西摩洛	小学	熟练
三子	罗小良	28	西摩洛	小学	熟练
户主	罗贵清	54	碧约	小学	熟练
妻子	董美丽	54	西摩洛	小学	熟练
长子	罗要文	33	碧约	初中	熟练
次子	罗文义	29	碧约	高中	熟练
次媳	宗林香	24	西摩洛	小学	熟练
户主	白文清	62	西摩洛	小学	熟练
妻子	王正芝	60	西摩洛	小学	熟练
长子	王孝华	38	西摩洛	小学	熟练
长媳	杨法娜	37	西摩洛	小学	熟练
长孙女	王才英	14	西摩洛	初中	熟练
次孙女	王丫丫	13	西摩洛	小学	熟练
户主	李应宝	42	西摩洛	小学	熟练

妻子	罗阿会	41	西摩洛	小学	熟练
长女	李夏美	18	西摩洛	初中	熟练
次女	李双双	15	西摩洛	初中	熟练
弟弟	李海勇	31	西摩洛	小学	熟练
户主	王进华	38	西摩洛	小学	熟练
妻子	白会英	39	碧约	小学	熟练
长子	王平	15	西摩洛	小学	熟练
长女	王应	12	西摩洛	在读	熟练
户主	宗才宝	35	西摩洛	小学	熟练
户主	王俊华	32	西摩洛	小学	熟练
妻子	李万娜	29	西摩洛	小学	熟练
长子	王福孙	7	西摩洛	在读	熟练
户主	王军甲	53	西摩洛	小学	熟练
妻子	杨二娜	54	西摩洛	小学	熟练
儿子	王林	24	西摩洛	小学	熟练
户主	杨飞	24	西摩洛	小学	熟练
户主	马云宝	53	西摩洛	小学	熟练
妻子	王天娜	50	西摩洛	小学	熟练
长子	马光	28	西摩洛	小学	熟练
次子	马俊臣	24	西摩洛	小学	熟练
户主	李贵法	50	西摩洛	初中	熟练
妻子	马玉娘	48	西摩洛	小学	熟练
长女	李七娜	27	西摩洛	初中	熟练
女婿	王强	42	西摩洛	高中	熟练
户主	杨志勇	24	西摩洛	初中	熟练
妻子	张兰英	38	汉	小学	熟练
哥哥	杨志华	32	西摩洛	小学	熟练
户主	杨树清	48	西摩洛	小学	熟练
妻子	李玉芝	45	西摩洛	小学	熟练
长女	杨应	21	西摩洛	小学	熟练
次女	杨五英	20	西摩洛	小学	熟练
户主	宗志安	28	西摩洛	初中	熟练
妻子	王凤英	25	西摩洛	小学	熟练
妻妹	王娜三	18	西摩洛	初中	熟练
户主	王新法	42	西摩洛	初中	熟练
户主	翟文兴	70	西摩洛	小学	熟练
妻子	王凤英	63	西摩洛	小学	熟练
长子	翟全宝	38	西摩洛	初中	熟练
次子	翟孝珍	28	西摩洛	小学	熟练
户主	翟祖宝	43	西摩洛	小学	熟练
妻子	李美芹	45	西摩洛	小学	熟练
长女	翟春美	18	西摩洛	初中	熟练
次女	翟春兰	17	西摩洛	初中	熟练

户主	翟玉顺	32	西摩洛	小学	熟练
妻子	王 美	20	汉	小学	熟练
户主	李伍拾	80	西摩洛	小学	熟练
长子	李德强	40	西摩洛	小学	熟练
户主	李玉法	45	西摩洛	小学	熟练
妻子	李不社	42	布都	小学	一般
长子	李万春	18	西摩洛	小学	熟练
户主	李永强	51	西摩洛	小学	熟练
妻子	宗五娜	48	西摩洛	小学	熟练
长子	李要昌	24	西摩洛	小学	熟练
长女	李要英	21	西摩洛	小学	熟练
户主	李文忠	61	西摩洛	初中	熟练
长子	李 明	38	西摩洛	小学	熟练
长媳	白桂芝	36	西摩洛	初中	熟练
长孙女	李彩红	15	西摩洛	小学	熟练
次孙女	李红云	12	西摩洛	小学	熟练
户主	宗波法	45	西摩洛	小学	熟练
妻子	段美英	43	西摩洛	小学	熟练
长女	宗新美	13	西摩洛	在读	熟练
长子	宗云强	12	西摩洛	在读	熟练
户主	宗法贵	52	西摩洛	高中	熟练
妻子	张要娜	50	西摩洛	初中	熟练
长子	宗志强	12	西摩洛	小学	熟练
户主	宗宝生	53	西摩洛	小学	熟练
妻子	白杨娜	54	西摩洛	文盲	熟练
次子	宗要法	28	西摩洛	小学	熟练
三子	宗要强	24	西摩洛	高中	熟练
户主	宗永昌	85	西摩洛	小学	熟练
外孙	龙海庭	29	汉	初中	熟练
外孙媳	李阿艳	26	白宏	小学	熟练
重外孙女	龙超群	6	汉	在读	熟练
户主	杨林华	42	西摩洛	小学	熟练
妻子	白艳芳	29	西摩洛	小学	熟练
长女	杨小应	13	西摩洛	在读	熟练
长子	杨国栋	7	西摩洛	在读	熟练
户主	罗春法	41	西摩洛	小学	熟练
妻子	李发娘	38	西摩洛	小学	熟练
长子	罗应恩	15	西摩洛	在读	熟练
长女	罗应习	8	西摩洛	在读	熟练
户主	宗 杰	30	西摩洛	初中	熟练
妻子	杨 玲	29	西摩洛	小学	熟练
户主	翟七发	52	西摩洛	小学	熟练
妻子	杨口日	50	西摩洛	小学	熟练

长子	翟 二	28	西摩洛	小学	熟练
次子	翟 三	26	西摩洛	小学	熟练
户主	杨树星	42	西摩洛	小学	熟练
妻子	李美玲	42	西摩洛	小学	熟练
长女	杨 丽	20	西摩洛	初中	熟练
长子	杨 伟	19	西摩洛	初中	熟练

为便于认识雅邑乡西摩洛人汉语使用现状，这里将上述各村的情况综合排比、统计如下：

表 3-24

	村民小组	总人口	熟练 人口	熟练 比例	一般 人口	一般 比例	不会 人口	不会 比例
座细村	大椿树组	102	79	77.5%	17	16.7%	6	5.8%
	大田头组	96	32	33.3%	38	39.6%	26	27.1%
	慢哈布组	56	45	80.4%	9	16.1%	2	3.5%
	杩木树组	82	63	76.8%	15	18.3%	4	4.9%
	天补组	193	113	58.5%	50	25.9%	30	15.6%
	座细组	132	62	47.0%	50	37.9%	20	15.1%
	旧家组	87	56	64.4%	21	24.1%	10	11.5%
	轩秀一组	75	61	81.4%	7	9.3%	7	9.3%
	轩秀二组	99	78	78.8%	21	21.2%	0	0%
	轩秀三组	130	80	61.5%	50	38.5%	0	0%
	轩秀四组	129	96	74.4%	24	18.6%	9	7.0%
	轩秀五组	117	92	78.6%	20	17.1%	5	4.3%
南温村	白龙潭组	71	69	97.2%	2	2.8%	0	0%
	草皮坝组	154	143	92.9%	11	7.1%	0	0%
	大田组	51	50	98.0%	0	0%	1	2.0%
	的莫组	55	55	100%	0	0%	0	0%
	红花树组	36	35	97.2%	0	0%	1	2.8%
	会面组	114	114	100%	0	0%	0	0%
	南温组	29	29	100%	0	0%	0	0%
	西科目一组	51	51	100%	0	0%	0	0%
	西科目二组	113	112	99.1%	0	0%	1	0.9%
	西科目三组	84	79	94.0%	3	3.6%	2	2.4%
	科目组	75	75	100%	0	0%	0	0%
	石灰窑组	65	65	100%	0	0%	0	0%
徐卡村	捌抱树组	47	39	83.0%	3	6.4%	5	10.6%
	萨别组	46	43	93.5%	0	0%	3	6.5%
	区鲁山组	59	51	86.4%	6	10.2%	2	3.4%
	咱思鲁模组	35	30	85.7%	3	8.6%	2	5.7%
	备自组	67	66	98.5%	1	1.5%	0	0%
	路能组	106	106	100%	0	0%	0	0%
	普持组	62	62	100%	0	0%	0	0%
	特别普持组	48	47	97.9%	0	0%	1	2.1%
	新发组	21	21	100%	0	0%	0	0%
	沙浦鲁娜组	92	89	96.7%	0	0%	3	3.3%

雅邑村	安尼糯上组	48	48	100%	0	0%	0	0%
	安尼糯下组	114	111	97.4%	3	2.6%	0	0%
	安宁上组	102	101	99.0%	1	1.0%	0	0%
	布哈组	86	85	98.8%	1	1.2%	0	0%
	大干田组	61	59	96.7%	2	3.3%	0	0%
	拉东组	172	158	91.9%	14	8.1%	0	0%
	洋毛组	121	115	95.0%	6	5.0%	0	0%
下洛甫村	阿嘎组	48	45	93.75%	3	6.25%	0	0%
	新寨组	123	120	97.6%	2	1.6%	1	0.8%
	坝心组	68	68	100%	0	0%	0	0%
	那会组	41	41	100%	0	0%	0	0%
坝利村	勐埔组	152	140	92.1%	8	5.3%	4	2.6%
	古鲁山组	109	109	100%	0	0%	0	0%
合计		4024	3488	86.7%	391	9.7%	145	3.6%

从以上的分析中我们看到，雅邑乡西摩洛人的汉语能力从总体上看都是比较好的，能够适应汉语交际的需要，反映了西摩洛人语言使用的主流。但是我们也调查到，在部分地区少数西摩洛人也存在汉语水平不高的现象，主要表现在部分青少年汉语水平不高，这个现象与上述的主流现象形成强烈的反差，应该引起注意。

七　不同社会环境的汉语使用情况

除了考察西摩洛人的汉语使用能力外，我们还调查了汉语在他们社会交际中的作用，包括不同场合、不同对象的使用情况，以及西摩洛人如何自如地转换"西摩洛语—汉语"语码。我们选取了一些典型的场合来分析西摩洛人的语言使用情况。

雅邑乡的乡政府，工作人员来自不同的民族，而且是非西摩洛人较多。他们之间一般都用汉语办公，交流思想没有什么困难。村干部、西摩洛村民到乡政府办事时，都说汉语；乡干部下乡检查工作也大多说汉语。座细村村长宗林国（30岁）告诉我们："很多乡干部不会说西摩洛语。他们来村里时，和我们或是和老乡，都习惯于说汉语。"他还告诉我们，现在开会的时候，传达上级指示、讨论发言都是用汉语。只有偶尔遇到西摩洛老乡不明白的地方，才会用西摩洛语。

在乡卫生院，我们遇到了一位白宏支系的老乡。他告诉我们，卫生院里西摩洛医生很少。来这儿看病还是说汉语方便些。坝浦河组村民杨要文（38岁）告诉我们，去医院看病的时候，都是说汉语，不说西摩洛语。用西摩洛语说起来太复杂了，用汉语反而比较好懂。

在我们住宿的附近，大多是西摩洛人，有几家商店。老板和服务员，有西摩洛人，也有来自不同民族的。是西摩洛人，一般都用西摩洛语交谈；是汉族或其他支系的人，会说西摩洛语的用西摩洛语，不会说西摩洛语的都用汉语交谈。有两个饭店的老板，一位是汉族，一位是碧约人。他们告诉我们，他们都只能听懂一些简单的西摩洛语，跟当地西摩洛人和外地人交流时，主要是讲汉语，可能是因为他们西摩洛语水平还只停留在会听的阶段，所以他们都习惯于用汉语。李文昌老板（41岁）开了一个米线店，每天早上有不少人来吃早点，我们看到，他招待西摩洛老乡一般都说西摩洛语；而遇到不会西摩洛语的汉族及其他支系的人，还是用汉语。

总之，在雅邑乡政府所在地的小街，西摩洛语和汉语这两种语言交替使用，显示出一派语言和谐的气氛。

表 3-25　不同场合语言使用情况调查表

调查点：坝浦河组

被访者姓名：白少剑　年龄：20

（请按要求在表中空白处画"√"）

交际场合	对象	本族人 汉语	本族人 西摩洛语	非本族人 汉语	非本族人 西摩洛语
见面打招呼			√	√	
聊天			√	√	
生产劳动			√	√	
买卖			√	√	
看病			√	√	
开会	开场白	√		√	
开会	传达上级指示	√		√	
开会	讨论、发言		√	√	
公务用语			√	√	
广播用语			√	√	
学校	课堂用语	√		√	
学校	课外用语		√	√	
节日、集会			√	√	
婚嫁			√	√	
丧葬			√	√	

表 3-26　不同场合语言使用情况调查表

调查点：轩秀四组

被访者姓名：白富娜　年龄：48

（请按要求在表中空白处画"√"）

交际场合	对象	本族人 汉语	本族人 西摩洛语	非本族人 汉语	非本族人 西摩洛语
见面打招呼			√	√	
聊天			√	√	
生产劳动			√	√	
买卖			√	√	
看病			√	√	

开会	开场白	√		√	
	传达上级指示	√		√	
	讨论、发言	√		√	
公务用语			√	√	
广播用语		√		√	
学校	课堂用语	√			
	课外用语		√	√	
节日、集会			√	√	
婚嫁			√	√	
丧葬			√	√	

第二节 全民兼用汉语的成因及条件

雅邑乡西摩洛人能够普遍兼用汉语有很多原因和条件,既有外部原因,又有内部原因。二者相互制约,相互影响,建立了具有和谐气氛的双语生活。构成西摩洛人全民兼用汉语的成因和条件主要有以下几点:

一 汉语在我国各民族语言中的通用语地位是西摩洛人普遍掌握汉语的关键因素

我国是一个多民族国家,历史上各民族之间互相帮助、共同发展、共同进步。在各民族交往中,汉语成为我国各民族之间的通用语。

多语的西摩洛人的语言关系,主要是汉语与西摩洛语之间的关系,即通用语与非通用语的关系,西摩洛人除了使用自己的母语外,绝大部分人都能兼用汉语,而且汉语与西摩洛语已形成互补的语言关系。

西摩洛人的语言关系还包括西摩洛语和其他支系语言之间的关系。调查发现,有些西摩洛人不仅能听懂哈尼族的碧约、卡多、布都、白宏等支系语言,而且有的还可以用哈尼族其他支系的语言进行一些简单的交谈,有的人甚至能兼用两三种支系语言。但汉语仍然是西摩洛人与哈尼族其他支系日常交际的主要工具。李文昌告诉我们说:"乡政府从老雅邑迁过来,我们这儿的变化很大,有碧约、布都、汉等很多民族和支系,民族关系都是很和谐的。出来之后,大家就得说汉语。其他民族的语言,我们能听懂一些,但我们除了说西摩洛语以外,主要还是说汉语。"

西摩洛家庭内部,儿童跟父母自然习得母语,有一些家庭父母还会有意识地教孩子学习汉语,甚至有的父母(包括非族际婚姻家庭)认为学习汉语要比学习母语更重要,在家庭内部放弃了母语教育。因为父母的汉语水平基本上都处于"熟练"级,他们有能力把汉语传给下一代,而且他们对汉语的期望值都很高,希望孩子能够熟练地掌握汉语,更早更好地适应学校教育。

二 地理位置和民族分布是西摩洛人兼用汉语的重要条件

雅邑乡位于墨江县中南部,西与鱼塘乡接壤,南与泗南江乡和龙潭乡毗邻,东与龙坝乡交界。其中鱼塘乡是彝族聚居区,泗南江乡和龙潭乡是哈尼族其他支系聚居区。这种地理位置是雅邑乡西摩洛人兼用汉语的一个重要条件。

西摩洛人聚居的一些村寨,周围有一些其他民族及本族其他支系的村寨。如:雅邑乡雅邑村委会共有21个自然组,西摩洛人聚居的村寨有7个,哈尼族碧约村寨有6个,彝族有4个,汉族有4个。其中西摩洛人聚居的安尼糯下组临近碧约村寨,拉东组和洋毛组临近汉族村寨。再如:在布哈组中,有6个汉族,3个彝族,西摩洛人在与其他民族或本族其他支系的村民交往中,都会用汉语来进行交际。据了解,南温村有布都人和碧约人等哈尼族其他支系聚居的村寨,徐卡村也有碧约人聚居的村寨。雅邑村村委会主任李进勇介绍说:"村子里主要是西摩洛人,但是周围也有很多碧约、彝族、汉族的寨子,互相交流都说汉语,如果说西摩洛语,别的民族也听不懂。我们这里的西摩洛人从小就会说汉语。"这也成为西摩洛人兼用汉语的一个重要条件。

新中国成立以来,雅邑乡的交通得到了很大程度的改善。其中省道218线沿乡的东西两侧从北至南穿境而过。乡内外修建了很多公路,虽然村寨之间分布比较分散,但来往相对比较方便。像南温村,有省道218线横穿而过,交通便利。徐卡村村委会就在公路边,来往很方便。这为与外界交流和提高汉语水平提供了一个良好的平台。

三 学校教育是西摩洛人兼用汉语的重要推动力

学校是西摩洛人系统学习汉语的一个重要场所。1933年,创办了雅邑乡中心小学。最初为一座古庙,后改为学堂,现发展成为雅邑乡规模最大的一所乡级中心小学。

雅邑乡小学现有教职工101名,其中代课教师23名,正式教师78名(含借调3名)。全乡共有12个教学点,其中一师一校还有4个教学点。全乡校园占地25914平方米,校舍建筑面积7731平方米。8个学前班166名学前儿童,一年级9个班251名学生,二年级8个班218名学生,三年级6个班151名学生,四年级7个班184名学生,五年级3个班134名学生,六年级6个班267名学生,共计47个教学班1371名学生。校内外适龄儿童1148名,在校适龄儿童1145名,入学率达99.7%,辍学率始终控制在0.3%以下。学校的课程包括语文、数学、英语、音乐、美术、计算机和体育。每天都有两节语文课,而且学校还根据学生的爱好,开设了趣味语文课。到了三、四年级,老师每周会有作文课,并要求学生写日记,学生的听、说、读、写能力都得到了很大程度地提高。

中心小学和南谷村完小已安装了远程教育IP数据接收系统,教师可以观察空中课堂的内容,重点观摩语文、数学的示范教学,为山区教师敞开了明亮的窗口,教师们学到许多新鲜的教学方法。这使得学生能更有效地学习汉语,学生的汉语水平又上了一个新台阶。

教导处主任杨云清（35岁，哈尼族白宏人）介绍说："在上小学之前，有很多儿童会进入学前班学习。在学前班，他们就学会了汉语。即使有一些小孩还不大会说，进入一年级以后，经过一段时间就能说汉语了，和老师、同学之间也没有什么语言障碍，也不会影响他们的日常学习。而且我们的老师直接采用普通话教学。有很多学生的普通话说得也很好。"办公室主任李志祥（40岁）告诉我们："我们学校有三分之一的老师是西摩洛人，上课的时候都说汉语。因为还有其他民族的学生，不用民族语教课。学生上课回答问题的时候，也是用汉语，就是在课堂外，西摩洛学生之间有的也讲汉语。这主要是因为在校园里还有其他民族的同学。""下课后，西摩洛的老师也不会和学生说西摩洛语，主要是说汉语。我就是西摩洛人，以前在村上的小学教了11年书，课堂上、课堂下基本上都讲汉语。"

我们还看到，学校还有图书室，有很多图书，像童话、寓言故事、成语故事、小说、散文、作文、科普类等书籍。通过阅读各类书籍，学生们可以了解外面世界的发展，同时学生的汉语读、写能力也得到一定程度的提高。毕业于雅邑中心小学的白少剑（19岁）回忆说："我印象最深的就是《十万个为什么》。最爱看作文之类的书，还有一些故事书。在那个时候，我的作文写得比原来好多了。"

雅邑乡小学也是山区少数民族地区寄宿制学校。寄宿制解决了民族地区交通不便、生源分布不均的实际困难，而且，由于学生在校时间多，与哈尼族其他支系及其他民族的同学和老师交流的范围也在不断地扩大，有利于学生更好地学习汉语和使用汉语，在一定程度上强化了学生的汉语能力。比如，座细村轩秀三组的白凌（18岁，高二）现就读于思茅民族中学，小学五年级时就已住校，除了西摩洛同学外，还有碧约、布都、白宏、汉族、彝族等同学，他们在学校里都说汉语，不说西摩洛语。她告诉我们说："要是和其他人说西摩洛语，他们也听不懂，我们只能说汉语。现在在思茅读高中，还有佤、拉祜、汉、彝等民族的同学，说西摩洛语的机会就更少了，基本上都是说普通话了。碰到了西摩洛老乡，因为周围有其他人，大多也是说汉语，不说西摩洛语。"座细村轩秀五组的白萍（18岁，高二）现就读于墨江一中，也是在小学五年级时住校，和其他民族及哈尼族支系的同学住在一起。在学校里，都是说汉语，不说西摩洛语。只有放假回到寨子里，才会说西摩洛语。座细村坝埔河组的杨琼（18岁），现就读于普洱卫生学校，告诉我们，她们上小学、中学时，和同学们都说汉语。有时候和西摩洛同学讨论学习也只用汉语，不说西摩洛语。

学前班教育是学龄儿童从家庭到学校教育的一个重要环节。在这个阶段，学生接受了正规的汉语文教学。雅邑乡小学有8个学前班166名学前儿童。教导主任杨云清说："我们这儿小孩5岁左右就可以读学前班了，上课内容基本上和一年级的一样。老师也是用普通话或者是当地方言教课，而且他们在入学前，家长在家里就会教他们学一些汉语，所以学生们也都能听懂，上课基本上没有什么困难。"我们在调查中，现在读高中或高中毕业的西摩洛学生都说，十年前他们读书的时候，乡上和村里都没有学前班，有很多同学上了一年级还听不懂汉语。现在的小孩可以上学前班，再上一年级。而且现在的老师都用普通话或者当地汉语方言来教课，小孩的汉语水平要比他们读小学的时候高得多。在走访中，当我们问及南温村委会副主任熊明的儿子是否会说西摩洛语时,他说:"小孩还不会说西摩洛语。在家里,我主要教他说汉语,不教他说西摩洛语。这样以后上学了就会容易些。现在我们村里很多村民都是这样,先教孩子说汉语。"白凌告诉我们,现在一些年轻的父母用汉语来辅导孩子学习。

四 语言态度是西摩洛人兼用汉语的重要保障

语言态度是对语言的感情价值和应用价值的评价。语言态度和语言活力与对语言的需求及语言地位有关。如果认为这种语言很重要,那么就会重视它、使用它、保护它,如果认为这种语言不起什么作用或使用范围很小,那么就不会重视它、使用它、保护它。汉语在西摩洛人的日常交际中起到了很重要的作用,西摩洛人也很重视汉语的学习。

座细村坝浦河组的白少剑(19岁)告诉我们:"我小时候村里和乡里都没有学前班。我爸爸在我4、5岁的时候就教我说汉语了,还教我写汉字,学习汉语拼音。"他还告诉我们,现在很多年轻点儿的父母跟孩子都不说西摩洛语了,只说汉语。同一个村寨的杨琼(18岁)也告诉我们,现在的年轻父母要求孩子上学前就学会说汉语。总体来看,西摩洛人都比较重视儿童的汉语习得。

雅邑乡党委书记李德良说:"汉语要学好,因为汉语承载着先进民族的文化,学好汉语可以更好地掌握科学知识,促进经济发展和社会进步。"西摩洛人普遍都认为,时代发展了,社会进步了,一定要学汉语。并且将汉语的掌握与民族发展和民族命运紧密地联系在一起。退休老教师熊朝明说:"学生家长都懂得不会汉语会影响小孩的发展。"所以,现在汉语越来越受到重视,很多老人说的汉语也越来越好了。

我们还对雅邑乡哈尼族西摩洛人的语言态度进行了问卷调查。主要调查对象为座细村、雅邑村、下洛甫村等村寨的村民。年龄从15岁到64岁不等。

调查显示:93%的村民认为西摩洛人掌握汉语很有用,只有7%的认为"有些用"。40%和33%的人认为学好汉语的目的分别是便于与外族人交流和升学的需要。53%和27%的人分别认为普通话和当地汉语方言最重要,只有7%的人认为西摩洛语最重要,13%的人认为英语最重要。对"如果西摩洛人成为汉语单语人"的态度,60%的人认为语言的发展趋势要顺其自然,很多西摩洛人并不担心哪一天他们或他们的下一代不会说汉语,南温村委会副主任熊明说:"现在的小孩只教他说汉语,西摩洛语以后慢慢就学会了,长大了就会说西摩洛语。我们本民族语不需要学就会说。"

数据说明,大多数西摩洛人对使用汉语持开放态度,认为汉语是一种语言资源和财富。汉语在日常生活、学校教育、文化发展等各个方面都发挥了很重要的作用。总之,学习汉语已成为西摩洛人全民的一种共识。

五 族际婚姻是西摩洛人兼用汉语的促进因素

哈尼族西摩洛人与哈尼族其他支系及其他民族长期频繁接触,关系密切。西摩洛人可以与其他民族自由通婚。西摩洛人都认为,西摩洛的姑娘可以嫁给其他民族,其他民族的姑娘也可以嫁入西摩洛人家。这就使得族际婚姻成为一种很普遍的现象。

在族际婚姻家庭内部,由于汉语强势的语言地位和交际功能,父母双方为了迁就其中一方,便会主动放弃自己的母语,汉语便凸显为家庭内部的主要用语。汉语也就成为族际婚姻家庭中儿童语言习得的首要选择。下表是南温村部分族际婚姻家庭的语言使用情况,青少年的第一语言均为汉语。例见下表:

表 3-27 草皮坝组部分族际婚姻家庭语言使用情况

家庭	姓名	年龄	民族或支系	文化	第一语言及水平	第二语言及水平
户主	杨天才	54	西摩洛	小学	西摩洛,熟练	汉,熟练
妻子	熊树英	53	西摩洛	小学	西摩洛,熟练	汉,熟练
四女	杨玉芝	20	西摩洛	小学	西摩洛,熟练	汉,熟练
女婿	冯立文	29	汉	小学	汉,熟练	西摩洛,一般
长女	杨玉转	27	西摩洛	小学	西摩洛,熟练	汉,熟练
外孙女	冯春梅	4	西摩洛	学前	汉,一般	西摩洛,不会
户主	杨光相	39	西摩洛	高中	西摩洛,熟练	汉,熟练
妻子	马桂英	33	碧约	初中	碧约,熟练	汉,熟练
女儿	杨晓唤	4	西摩洛	学前	汉,一般	西摩洛,不会
母亲	宗琼芝	63	西摩洛	文盲	西摩洛,熟练	汉,熟练
户主	杨东	42	西摩洛	初中	西摩洛,熟练	汉,熟练
妻子	周秀英	36	汉	小学	汉,熟练	西摩洛,一般
长子	杨承伟	17	西摩洛	在读	汉,熟练	西摩洛,熟练
长女	杨晓玲	13	西摩洛	在读	汉,熟练	西摩洛,熟练
母亲	王桂芬	65	西摩洛	文盲	西摩洛,熟练	汉,熟练
户主	杨云保	57	西摩洛	小学	西摩洛,熟练	汉,熟练
妻子	柴发仙	54	汉	初中	汉,熟练	西摩洛,一般
长子	杨富荣	27	西摩洛	小学	西摩洛,熟练	汉,熟练
长媳	王丽萍	26	汉	初中	汉,熟练	西摩洛,不会
次子	杨富全	25	西摩洛	初中	汉,熟练	西摩洛,不会
次媳	杨富兰	23	西摩洛	初中	西摩洛,熟练	汉,熟练
户主	杨光学	37	西摩洛	初中	西摩洛,熟练	汉,熟练
妻子	沈连英	31	汉	初中	汉,熟练	西摩洛,一般
长女	杨晓萍	7	西摩洛	在读	汉,熟练	西摩洛,熟练

表 3-28 白龙潭组部分族际婚姻家庭语言使用情况

家庭	姓名	年龄	民族或支系	文化	第一语言及水平	第二语言及水平
户主	杨正泽	35	西摩洛	初中	西摩洛,熟练	汉,熟练
妻子	杨梅仙	34	汉	初中	汉,熟练	西摩洛,熟练
长女	杨梦娇	9	西摩洛	在读	汉,熟练	西摩洛,不会
长子	杨梦飞	5	西摩洛	学前	汉,一般	西摩洛,不会

表 3-29　西科目三组部分族际婚姻家庭语言使用情况

家庭	姓名	年龄	民族或支系	文化	第一语言及水平	第二语言及水平
户主	李文明	74	西摩洛	文盲	西摩洛,熟练	汉,熟练
妻子	熊玉珍	71	西摩洛	文盲	西摩洛,熟练	汉,一般
女婿	熊有福	43	汉	初中	汉,熟练	西摩洛,熟练
三女	李秀珍	40	西摩洛	小学	西摩洛,熟练	汉,熟练
外孙女	熊李燕	21	西摩洛	初中	汉,熟练	西摩洛,熟练
外孙女	熊李丽	19	西摩洛	在读	汉,熟练	西摩洛,熟练

表 3-30　大田组部分族际婚姻家庭语言使用情况

家庭	姓名	年龄	民族或支系	文化	第一语言及水平	第二语言及水平
户主	李希红	32	西摩洛	初中	西摩洛,熟练	汉,熟练
妻子	胥阿转	31	汉	小学	汉,熟练	西摩洛,不会
长子	李要成	10	西摩洛	在读	汉,熟练	西摩洛,一般
次子	李要平	5	西摩洛	学前	汉,一般	西摩洛,不会

表 3-31　南温一组部分族际婚姻家庭语言使用情况

家庭	姓名	年龄	民族或支系	文化	第一语言及水平	第二语言及水平
户主	杨家保	71	西摩洛	小学	西摩洛,熟练	汉,熟练
妻子	王小凤	62	西摩洛	文盲	西摩洛,熟练	汉,熟练
长子	杨有忠	40	西摩洛	初中	西摩洛,熟练	汉,熟练
长媳	朱桂英	33	白宏	小学	白宏,熟练	汉,熟练
孙女	杨　霞	13	西摩洛	在读	汉,熟练	西摩洛,熟练
孙子	杨云润	9	西摩洛	在读	汉,熟练	西摩洛,熟练
户主	杨忠文	37	西摩洛	初中	西摩洛,熟练	汉,熟练
妻子	金云芝	32	布都	小学	布都,熟练	汉,熟练
长子	杨云春	10	西摩洛	在读	汉,熟练	西摩洛,熟练
次子	杨云祥	6	西摩洛	在读	汉,熟练	西摩洛,熟练
父亲	杨发昌	76	西摩洛	文盲	西摩洛,熟练	汉,熟练
母亲	李树梅	67	西摩洛	文盲	西摩洛,熟练	汉,熟练

以上表格显示,族际婚姻家庭中的儿童第一语言均为汉语。李文昌(徐卡村人,41岁)告诉我们,他本人就是西摩洛人,19岁去江城打工,后来与江城的碧约人结婚,1992年,从江城迁回坝浦河。在家里主要讲汉语,小孩一开始就学说汉语,不会说西摩洛语。

族际婚姻使得父母双方中的一方放弃本民族母语,通过汉语来进行日常的交流,汉语便成为最重要的家庭内部用语。大部分儿童受到家庭内部用语的影响,在习得语言过程中首先学会的是汉语。

六　西摩洛语广泛吸收汉语成分有助于兼用汉语

语言兼用还受语言内部机制的影响。西摩洛语从汉语中吸收了较多的成分,有利于汉语的习得。

在社会主义新时期,新事物的普及、先进技术的传播,新事物、新概念不断进入西摩洛人的日常生活中,这就使得西摩洛语中的汉语借词不断增多,而且西摩洛语的语音系统和语法结构也受到了汉语的影响。如,语音系统中,复合元音和鼻化元音都有所增加,tʃ、tʃh、ʃ 由于受汉语 tʂ、tʂh、ʂ 的影响,使用范围不断扩大。语法结构上,借用汉语的连词构成各种复句等等。

早在 50 年前,戴庆厦教授就调查了西摩洛语,发现西摩洛语词汇中就有大量的汉语借词。如表示动物的词:ma³¹ xuã³¹ "蚂蟥"。表示人体器官的词:lo³¹ sʅ⁵⁵ kuɛ³¹ "脚踝"。表示植物的词:ʃuɛ³¹ tʃhi³¹ "水芹菜"、jã³¹ tʃhe³¹ tsʅ³¹ "洋茄子"、lo³¹ ti⁵⁵ sɛ̃³¹ "花生"、xuã³¹ ko³¹ "黄果"。表示食品的词如:ʃã³³ tʃhi³¹ "三七"、pa³³ pa³³ "粑粑"。表示宗教意义的词:ti⁵⁵ li³¹ ʃi³³ ʃẽ³³ "地理先生"、xɔ³¹ ʃã⁵⁵ "和尚"。表示用品、工具的词:luɛ³¹ tsʅ³¹ "轮子"、ma³¹ tʃhɤ³³ "马车"、tʃha³¹ fv³¹ "茶壶"。表示人物、亲属的词:a⁵⁵ tʃe³¹ "姐姐"、mɤ³¹ ʒẽ³¹ "媒人"、mv³¹ tʃiã⁵⁵ "木匠"。表示文化娱乐的词:mɤ³¹ "墨"、thv³¹ tʃã³³ "图章"、ʃuã⁵⁵ phã³¹ "算盘"。表示方位的词:kɤ³¹ la³³ "角落"。表示数量的词:tui⁵⁵ "(一)对"、lv⁵⁵ "(一)行(路)"。表示性质、状态的词:nã³⁵ "油腻"、pɛ̃⁵⁵ "笨"、khuã³¹ "宽"。表示动作、行为的词:tʃɔ⁵⁵ "照(相)"、jã⁵⁵ "让(路)"等。

这次进一步调查了西摩洛语词汇,又发现有更多的汉语借词进入了西摩洛人的词汇系统,而且遍布各个领域。如表示处所的词:kai³³ tsʅ³¹ "街"。表示人物体征的词:ʃi⁵⁵ tʃã⁵⁵ "头旋"、tʃo³¹ ɣo³³ "酒窝"。表示人物、亲属的词:ʃio³¹ xɔ³¹ tsʅ³³ "小伙子"、lo³¹ pɤ³¹ ʃi⁵⁵ "老百姓"、ʌ⁵⁵ nɛ³³ "奶奶"、a⁵⁵ kɔ³³ "哥哥"。表示动物的词:mɔ³³ li³¹ "驴"、pɔ⁵⁵ tsʅ³¹ "豹子"。表示植物的词:tʃhɤ³¹ v³¹ "草乌"、tʃi³¹ tsʅ³¹ "橘子"、tɔ⁵⁵ tshɔ³¹ "稻草"。表示食品的词:mi³¹ ʃi⁵⁵ "米线"、ʃuã³³ tʃhv⁵⁵ "醋"、tɤ³¹ fv³¹ "豆腐"。表示衣物的词:va³¹ tsʅ³³ "袜子"。表示房屋、建筑的词:tʃhuã³³ tsʅ³¹ "窗子"、ua³¹ "瓦"。表示用品、工具的词:kɛ⁵⁵ kɛ⁵⁵ "盖子"、phji³¹ phji³³ "瓶子"、sã³¹ "伞"。表示文化娱乐的词:tsʅ⁵⁵ "字"、mi⁵⁵ mi⁵⁵ "谜语"。表示宗教、意识的词:phv³¹ sa³³ "菩萨"、tʃv³¹ ji⁵⁵ "主意"。表示方位、时间的词:kɤ³¹ lɔ³³ "角儿"、tʃho³³ ji³¹ "初一"。表示数量的词:ti⁵⁵ ji³³ "第一"、kɛ̃³³ "(一)根(棍子)"、tʃ ʅ³³ "(一)支(笔)"。表示性质状态的词:i⁵⁵ tʃi⁵⁵ "近"、ʃɔ³¹ "少"、luã⁵⁵ "乱"、kui⁵⁵ "贵"。表示动作、行为的词:khɛ³³ "开(车)"、pã³¹ "捆(草)"、phv³³ "铺"、ka³¹ "赶"等。

随着新事物、新概念的不断出现,新词术语将会源源不断地进入了西摩洛语词汇系统,其数量已无法具体地做出统计。

第四章 雅邑乡西摩洛青少年语言使用状况

青少年阶段是语言社团中反映语言变化最为敏感、最为迅速的年龄段。社会进步、社会变革引起的语言变化，往往是在青少年中最先出现的，在青少年言语中表现得比较明显。因此，研究青少年的语言状况，对于认识某种语言的走向是最有价值的，可以比较快地捕捉住这种变化的轨迹。

如上所述，墨江雅邑乡西摩洛人均稳定地使用自己的母语，只有少数人，特别是青少年的语言状况发生了一些变化，表现为母语能力的下降。然而，这种变化究竟呈现出一个什么样的面貌，其特点和规律是什么，制约语言能力下降的因素又是什么？应该在语言政策上采取什么对策？这些都是本章所要关注的问题。

第一节 雅邑乡西摩洛青少年语言状况概述

雅邑乡西摩洛青少年使用语言具有全民双语性和层级差异性的特点，分述如下。

一 全民双语性

双语指的是个人或语言（方言）集团使用两种或两种以上语言（或方言），是随着民族接触、语言接触而产生的。本文对"双语"概念的界定，是指除使用自己的母语外，能够使用另一种语言进行日常交际。"双语人"是指能够转换用两种或两种以上语言进行交际的人。根据这个标准，我们判定雅邑乡西摩洛青少年基本上属于全民双语人。

根据实地调查，在雅邑乡5个自然村39个村民小组中，6—19岁的青少年共有757人；其中能够熟练使用西摩洛语的有749人，占青少年总人口的98.9%；能够熟练使用汉语的有697人，占青少年总人口的92%。这些青少年的母语和汉语相比，总体上是母语的熟练程度比汉语略高些。下表的统计数据基本上能够反映这一语言使用状况。

表 4-1 雅邑乡西摩洛青少年语言使用情况统计表

村民小组		人口	西摩洛语熟练程度	百分比	汉语熟练程度	百分比
座细村	大椿树组	25	25	100%	23	92%
	大田头组	16	16	100%	10	62.5%
	旧家组	20	20	100%	15	75%
	杩木树组	15	15	100%	15	100%
	慢哈布组	10	10	100%	10	100%
	天补组	45	42	93.3%	37	82.2%
	座细组	28	28	100%	19	67.9%
	轩秀组	110	110	100%	84	76.4%
徐卡村	区鲁山组	12	12	100%	12	100%
	萨别组	8	8	100%	8	100%
	沙浦鲁娜组	15	15	100%	15	100%
	特别普持组	6	6	100%	6	100%
	新发组	5	5	100%	5	100%
	咱思鲁模组	6	6	100%	6	100%
	备自组	13	13	100%	13	100%
	捌抱树组	9	9	100%	8	88.9%
	路能组	17	17	100%	17	100%
	普持组	8	8	100%	8	100%
南温村	白龙潭组	13	12	92.3%	13	100%
	草皮坝组	28	25	89.3%	27	96.4%
	大田组	14	13	92.8%	14	100%
	红花树组	6	6	100%	6	100%
	的莫组	10	10	100%	10	100%
	会面组	22	22	100%	22	100%
	南温科目	24	24	100%	24	100%
	石灰窑组	13	13	100%	13	100%
	西科目组	55	55	100%	55	100%
	南温一组	9	9	100%	9	100%
雅邑村	安尼糯组	26	26	100%	26	100%
	安宁组	22	22	100%	22	100%
	大干田组	9	9	100%	9	100%
	布哈组	18	18	100%	18	100%
	拉东组	28	28	100%	28	100%
	洋毛组	22	22	100%	22	100%
座细村	阿嘎组	7	7	100%	7	100%
	新寨组	25	25	100%	24	96%
	坝心组	10	10	100%	10	100%
	那会组	8	8	100%	8	100%
坝利村	勐埔组	21	21	100%	20	95.2%
	合计	758	750	98.9%	698	92%

上表显示,雅邑乡西摩洛青少年母语熟练程度有 35 个村组达到 100%,有 4 个村组在

89.3%—93.3%之间。汉语熟练程度有29个村组达到100%,有10个村组在62.5%—96.4%之间。这说明青少年母语的能力虽然出现一定程度的下降,但在总体上还是稳定地使用自己的母语。

下面我们通过个案调查的具体展现,寻找西摩洛青少年母语下降的程度和原因。

座细村天补组第7户,李江美,女,1995年出生;李洪斌,男,2000年出生,姐弟两人都是汉语熟练,西摩洛语一般。他们的父亲是西摩洛人,母亲是汉族人。从小母亲就教他们说汉语。

座细村天补组第36户,欧杨茹仙,女,2001年出生,汉语熟练,西摩洛语一般。父母都是西摩洛人,但是有意识地只与她说汉语,父母之间说西摩洛语。

南温村白龙潭组第12户,杨梦娇,女,1999年出生,汉语熟练,西摩洛语不会,其父亲是西摩洛人,母亲是汉族人,杨梦娇从学话起就说汉语。

南温草皮坝组第11户有两个女儿:杨莉,女,1996年出生;杨波,女,2000年出生。二人均汉语熟练,西摩洛语一般。姐妹两人自学说话起母亲就有意识地和她们讲汉语。

南温草皮坝组第29户,王梦婷,女,1995年出生,汉语熟练,西摩洛语不会。王梦婷从小就在城里长大,接触汉语的机会较多,家人也与她说汉语。

南温大田组第14户,李要成,男,1998年出生,汉语熟练,西摩洛语一般。母亲是汉族人。

二 层级差异性

由于社会、历史等诸多原因,雅邑乡西摩洛青少年的语言生活存在不同类型。具体表现在:高度聚居区和非高度聚居区不同,族内婚姻家庭和族际婚姻家庭不同,不同年龄段的青少年不同。这些因素造成雅邑乡西摩洛青少年在母语能力、语言习得和双语能力上,呈现出层次性和差异性。

1. 母语能力的差异

雅邑乡全乡757名6—19岁的青少年母语能力的测试结果是:熟练的有749人,占98.9%,略懂的有6人,不会的有2人,分别占0.8%和0.3%。一般来说,高度聚居区青少年的母语能力整体上要高于非高度聚居区,族内婚姻家庭孩子的母语能力普遍要高于族际婚姻家庭。

2. 母语习得顺序的差异

孩子最早习得哪一种语言,与家庭内部所使用的语言有密切的关系。族内婚姻家庭,家庭内部父母均使用西摩洛语,因而孩子的第一语言一般就是西摩洛语。实地调查也证实了这一点。随着"普六"、"普九"义务教育的全面实施,西摩洛适龄儿童入学率达到了100%,初中升学率也接近100%。这样,汉语都可以通过正规而系统的学校教育获得。实地调查还表明,西摩洛青少年的双语大多都是"西摩洛语—汉语"型。

然而,目前有的西摩洛家庭为了让孩子尽快适应学校的学习,有意识地辅导孩子学习汉语。家长们清楚地看到,汉语在孩子未来的学习、生活和工作中具有重要的作用。雅邑乡中心小学办公室主任李志祥说:"我的孩子从学说话起,我们就开始与他有意识地说汉语,小时候孩子还能听说西摩洛语,但现在已经不说了。"当被问及是否担心将来有一天西摩洛语会消失时,他说:"无所谓了。"随后该校教导主任补充道:"学习汉语是大势所趋。"另外,我们在调查中注意到,居住在城镇区的西摩洛青少年选择汉语为第一语言的有逐渐增加的趋势。下面是坝浦河西摩洛青少年第一语言情况表:

表 4-2　坝浦河西摩洛青少年第一语言情况表

年龄段	总人口	第一语言是西摩洛语		第一语言是汉语	
		人口	百分比	人口	百分比
6—19 岁	44	25	56.8%	19	43.2%

上表显示,坝浦河西摩洛青少年以汉语为第一语言的人口比例已达到43.2%,说明这一地区母语为第一语言的传统规则已发生变化。

在族际婚姻家庭中,若父母中有一方不是西摩洛人,不会说西摩洛语,会说西摩洛语的一方往往"迁就"不会说西摩洛语的一方,家庭内部使用的语言就是汉语。有些族际婚姻家庭的孩子几乎是同时学会汉语和西摩洛语的。例如:南温村白龙潭组的杨梦飞,今年5岁,父亲是西摩洛人,母亲是汉族人。调查发现他就是西摩洛语和汉语几乎同时学会的。

3. 母语习得途径的差异

过去,西摩洛孩子习得母语都是在家庭父母营造的西摩洛语自然环境中学会的。南温村小学退休教师熊朝明在接受采访时说:"父母亲是西摩洛人的小孩首先学会西摩洛语。父母亲经常用西摩语对话,自然而然就学会了。"但族际婚姻家庭的孩子有的缺少西摩洛语环境,只能在社会环境中习得。比如,南温村南温一组的杨霞(13岁),其母亲来自哈尼族的布都支系,西摩洛语不会,但汉语熟练。杨霞的第一语言是汉语,西摩洛语是在与同村的小伙伴的玩耍中学会的。还有少数西摩洛家庭,父母为了使孩子更早地学会汉语,就有意识地教孩子学汉语,使得孩子不会了自己的母语。但这些孩子长大后会在家庭外面的语言环境中向伙伴们学会西摩洛语。

以上现象说明,家庭和社区作为语言习得的两条主要途径,具有互补作用。如果其中一条途径被阻断,而另一条途径就可以起到补足的作用,这样,儿童也能够习得母语。

4. 双语能力差异

西摩洛青少年在不同年龄段,双语能力会呈现出差异。在学前,第一语言是西摩洛语的青少年,主要说的是西摩洛语,虽然也懂简单的汉语,但西摩洛语要好于汉语。我们在和轩秀组高一学生白萍聊天时听到:"在学前我就懂得一点汉语了,那时姐姐放学回来有时就教我说点汉语。她教一句,我学一句。那时还小,但对汉语很感兴趣,很好奇,学一个名词就给别的小伙伴去猜,问她们这是什么意思?"而第一语言是汉语的青少年,西摩洛语懂得很少,汉语要好于西摩洛语。至于双母语的青少年,就要看其家庭内部西摩洛语和汉语哪一种语言用得更多,用得多的那种语言的能力相对要好一些。

入学后西摩洛青少年的汉语能力普遍得到较大的提高。20世纪80年代以前,西摩洛青少年一般是在寨子里读完小学一——四年级的,之后就到乡上中心小学读五—六年级。刚入学时他们汉语听说能力很有限,在小学低年级阶段,有时仍需要老师用西摩洛语辅助教学。高一学生17岁的白萍对刚入学时的情景记忆犹新,她说自己"一年级时汉语不能完全听懂,模模糊糊的,老师还要用民族语解释"。这些孩子到了三年级以后,汉语就很熟练了。到了90年代,离乡中心小学较近的寨子的孩子就到中心小学读一——六年级,学校实行寄宿制,上两周休息四天,然后才能回家。由于小学、中学的大部分时间都在学汉语、用汉语,汉语能力得以显著提高,并逐步与当地汉族学生的汉语水平相当。对自己的母语,这些西摩洛学生只有在周末或寒暑假回到家里或寨子里才有机会接触。因此,从时间上来看,西摩洛孩子在母语习得上出现了"空档期"。正因为与西摩洛语环境的疏离,加上汉语、汉文化强势力量的进入,西摩洛孩子的汉语词汇量超过了西摩洛语词汇量,汉语能力逐渐高于母语能力。

小学毕业步入社会后,西摩洛青少年双语能力又有新的变化。除极少数到外地求学或务工外,大多数西摩洛青少年完成"九年制义务教育"后,回到本村本寨务农。重新融入西摩洛语的大环境中,得到"再次习得西摩洛语"的机会,因此其西摩洛语能力会有所进步,并逐渐赶上汉语水平。雅邑乡中心小学校长的儿子杨圣小时候西摩洛语水平一般,师范学校毕业后,到坝溜乡中心小学任教,在当地西摩洛语的大环境中,获得了重新学习的机会,水平提高很快,他有时课后能用西摩洛话跟学生谈心。

第二节 雅邑乡西摩洛青少年母语能力分析

语言能力一般包括听、说、读、写四项基本技能,但对于没有文字的语言来说,则只能从听、说两个方面来考察社会群体的语言能力。青少年的语言能力本来就是个动态的发展过程。由于年龄、地理分布、婚姻等因素的影响,雅邑乡西摩洛青少年的母语能力更是存在不同程度的差异。

词汇量是衡量一个人语言能力和认知发展程度的重要依据。因此,对不同年龄段所掌握的词汇量的统计,对于说明不同年龄段语言能力的发展状况有着重要作用。所以,我们采用基本词汇测试法,通过对青少年基本词汇掌握情况的统计和比较,分析其母语能力的高低。

一 基本词汇测试的基本情况

1. 测试内容、标准、对象说明

在测试内容上,我们选取西摩洛语中400个最基本、最常用的词作为测试内容。所收词汇语义范围较广,涉及名词中的天文地理、人体部位、动植物名称,以及数词、量词、动词、形容词等词类。之所以选择400个基本词汇,是考虑到这400个词是西摩洛语基本词汇中最核心的词,具有西摩洛语基本能力的8岁以上的青少年掌握率至少在80%以上。通过对这些词的测试,一方面能够看出是否还具有使用西摩洛语的基本能力,另一方面能够区分不同人的语言能力。

在评定标准上,采用 A、B、C、D 四级标准。A 级:听到汉语词后,能迅速说出相应的西摩洛语词;B 级:听到汉语词后不能迅速说出西摩洛语词,要想一会儿后才能说出;C 级:听到汉语词后想不出西摩洛语词汇怎么说,但经提示后,能听懂;D 级:经提示,也说不出西摩洛语是什么。

400 个基本词汇中,A、B 级词都是既能听懂又会说的词,二者的区别在于熟练程度的不同,而不是"会"与"不会"。因此,A+B 之和可以认为是母语词汇总量的最大值,是衡量母语能力高低的一个重要指标。而 D 级是完全不懂、没有掌握的词汇。因此,A+B 之和、D 级词汇数量的多少,能反映运用某种语言进行基本日常交际能力的高低。也就是说,A+B 之和越大,D 级词汇越少,表明母语词汇量越大,运用该语言就越熟练自如;反之,A+B 之和越少,D 级词汇越多,表明母语词汇量越小,运用该语言进行日常交际就越不熟练。我们可以据此来考察雅邑乡西摩洛族青少年母语能力的变化情况。

为保证测试数据的信度和效度,我们在选择比较对象时,确定了限制的条件:(1)父母均为西摩洛人,而非族际婚姻家庭的成员;(2)家庭内部的语言主要是西摩洛语;(3)在当地定居,未曾因其他原因较长时间离开过本乡本土。

在测试对象上,我们采用随机抽样的办法,共测试了 40 位 8 岁以上的西摩洛人。按年龄分为 5 段:8—10 岁,有 3 人;11—20 岁,有 13 人;21—30 岁,有 4 人;31—40 岁,有 6 人;41 岁以上,有 14 人。按居住地来分:高度聚居区包括座细村轩秀组 26 人,南温村 2 人,坝利村古鲁山组 4 人;属于一般聚居区座细村坝埔河 4 人,下洛甫村新寨组 2 人,坝利村勐埔组 2 人。这些测试对象都是土生土长的西摩洛人。

2. 基本词汇测试结果及分析

下表是对 40 份测试结果的统计(按年龄排序):

表 4-3 400 词测试统计表

姓名	王院艳	白丽	白荣发	李兰秀	马福倩	王云生	杨瑶	王东	马兰飞	白萍
年龄	8 岁	10 岁	10 岁	13 岁	13 岁	13 岁	14 岁	14 岁	15 岁	17 岁
A	210	244	290	242	305	164	293	165	248	335
B	35	48	40	46	35	41	36	38	35	24
C	93	70	44	77	41	133	42	142	80	30
D	62	38	26	35	19	62	29	55	37	11
姓名	杨琼	白凌	李万春	杨伟	白少剑	李晶	杨志康	李秀英	白秀英	宗林国
年龄	18 岁	18 岁	18 岁	18 岁	19 岁	19 岁	24 岁	28 岁	28 岁	30 岁
A	323	347	191	203	306	295	351	355	279	297
B	23	13	26	131	30	34	16	13	43	31
C	42	10	162	55	41	59	14	19	63	27
D	11	30	21	11	23	12	19	13	15	45

姓名	熊 明	杨要林	马金芝	白秀芝	王琼芬	白贵清	李贵兴	李祖娘	马志昌	李文昌
年龄	31岁	33岁	35岁	36岁	38岁	39岁	42岁	44岁	50岁	52岁
A	344	352	366	203	366	335	334	369	347	321
B	22	7	10	66	6	33	41	8	21	27
C	20	22	15	118	19	28	23	15	15	49
D	14	19	9	13	9	4	2	8	17	3
姓名	白开侦	杨付珍	马荣光	白德兴	熊朝明	李贵福	杨琼珍	白琼书	王发昌	白开文
年龄	54岁	55岁	59岁	61岁	64岁	64岁	65岁	68岁	71岁	80岁
A	344	351	345	388	342	259	266	209	373	368
B	35	34	28	6	30	51	39	82	16	19
C	13	12	19	5	20	82	85	72	7	11
D	8	3	8	1	8	8	10	37	4	2

通过以上统计,我们对西摩洛青少年的母语能力得到如下几点认识。

首先,雅邑乡西摩洛青少年母语能力低于年长者。这400词中老年人一般都能掌握,达到A级的在95%以上,而青少年则在90%以下。

其次,青少年母语能力的高低与年龄的大小成正比。

再次,同一年龄段,高度聚居区青少年的母语能力要高于一般聚居区。我们从11—20岁这个年龄段中各选取了4人,他们都来自父母说西摩洛语的家庭。通过词汇测试对比高度聚居区和一般聚居区青少年词汇量的差异,结果是:两组被试A+B之和的平均值分别是240和290。两组平均相差50个词汇,占总测试词汇量的12.5%。这说明,高度聚居区和一般聚居区青少年母语的词汇量存在相当大的差异。

最后,青少年母语听、说的能力不平衡,听、说能力在一定程度上分离。青少年中有的自认为母语没有问题,能交际,听得懂,但通过400基本词测试,我们发现青少年说西摩洛语的能力在下降。这集中反映在C级词汇上,有些青少年C级词汇有的能听懂,但不会说。因此,C级词汇掌握的多少,能反映一个人听说能力之间的差异。C级词汇数量越多,表明听、说能力差距越大;C级词汇越少,表明听、说能力越接近。

我们知道,"听"是信息输入,而"说"是信息输出。一个人能说出来的词汇,一定是能听得懂的;而他能听懂的词汇,却不一定也能用于表达。因此,正常情况下,听、说之间都会存在一定的差异。

下表是各年龄段西摩洛人群C级词汇掌握情况:

表 4-4

序号	年龄段	C级词汇平均值	比例（%）
1	8—10岁	69	17.25
2	11—20岁	70.3	17.5
3	21—30岁	30.75	7.6
4	31—40岁	20.8	5.2
5	41岁以上	12.1	3.0

上表大体上反映不同年龄段西摩洛人群对C级词汇的掌握情况。20岁以下青少年C级

词汇平均值是 69.7,是 41 岁以上年龄段的 5 倍多。41 岁以上年龄段 C 级词汇平均值是 12.1,占测试总词汇的 3.0%。由此可以认为,41 岁以上年龄段的中老年听说能力俱佳;20 岁以下的青少年、儿童的听说能力的差异是最大的,听西摩洛语的能力要大大高于说西摩洛语的能力。

青少年的语言能力正处于一个动态的发展变化过程中。随着时间的推移,他们对基本词汇的掌握情况会有所变化。在 A、B、C、D 四级词汇中,最可能发生变化的就是 B 级词。在测试中青少年对 B 级词的反映有两种不同情况:一是听到汉语词后,没有立即说出这个词在西摩洛语中是什么,而是想了一会儿后才说出。他们经常会说:"一下子想不起来了。"比如,$kh_1^{55} p\Lambda^{55}$ "跛子"一词,有的青少年想了一会儿才说出。这说明在青少年的词库中,这个词还占有一席之地,"只是一时半会没有想起来而已"。也表明这些词在青少年的词库中已经从常用词下降到非常用词了。如果使用频率增加的话,也有可能升级为 A 级词。二是,当被测试人听到汉语词后,第一反应是说出汉语借词,经提醒后才慢慢想起固有词来。比如,有的青少年听到词汇"贵"、"贱"、"拃"后,马上说出 kui^{55}、$m\Lambda^{31} kui^{55}$、$t\int a^{31}$,经提示后,才恍然大悟地说出母语词 $\gamma^{31} ph_1^{31} po^{33}$、$\gamma^{31} ph_1^{31} m\gamma^{31} po^{33}$、$th\gamma^{31} th\gamma^{35}$ 来。这些西摩洛语词,青少年在实际语言交际中几乎已不用了,而是转用汉语借词。如果这部分词的使用频率持续下降,则有可能降为 C 级词。

简言之,B 级词有可能随着使用频率的增高而得到巩固,从而升级为 A 级词。但也存在另一种可能,由于不常用而降为 C 级词。这正是青少年语言能力不断发展变化的表现之一。

二 非高度聚居区的 400 基本词测试情况

根据上述筛选标准,选出以下 5 人进行测试。测试结果用下表和柱状图表示:

表 4-5

姓名	王东	杨伟	杨志康	熊明	白德兴
年龄	14 岁	18 岁	24 岁	31 岁	61 岁
A+B	203	334	367	366	394
比例(%)	50.8	83.5	91.7	91.5	98.5

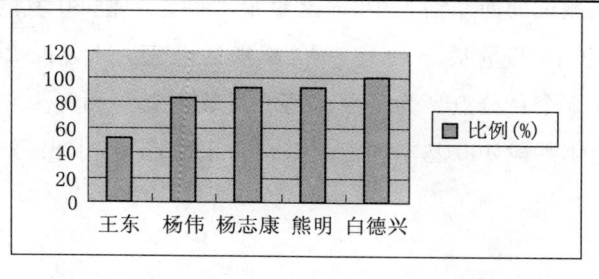

图 4-1 杂居区各年龄段掌握基本词汇的比例

从柱状图可以看出,年龄与母语词汇总量成正比。老年人的母语词汇总量最大,占测试基本词汇的 98.5%,少年儿童词汇量最小,下降最为明显,与中老年相比,相差 47.7%。而不同中、老年人的母语词汇总量比较接近。

三 高度聚居区的 400 基本词测试情况

根据上述筛选标准,选出以下 17 人进行测试。测试结果用下表和柱状图表示:

表 4-6

姓名	王院艳	白 丽	白荣发	李兰秀	马福倩	杨 瑶	马兰飞	李秀英	白秀英
年龄	8 岁	10 岁	10 岁	13 岁	13 岁	14 岁	15 岁	28 岁	28 岁
A+B	245	292	330	288	340	329	283	368	322
比例(%)	61.25	73	82.5	72	85	82.25	70.75	92	80.5
姓名	马金芝	王琼芬	白贵清	李贵兴	李祖娘	杨付珍	熊朝明	白开文	
年龄	35 岁	38 岁	39 岁	42 岁	44 岁	55 岁	64 岁	80 岁	
A+B	376	372	368	375	377	385	372	387	
比例(%)	94	93	92	93.75	94.25	96.25	93	96.75	

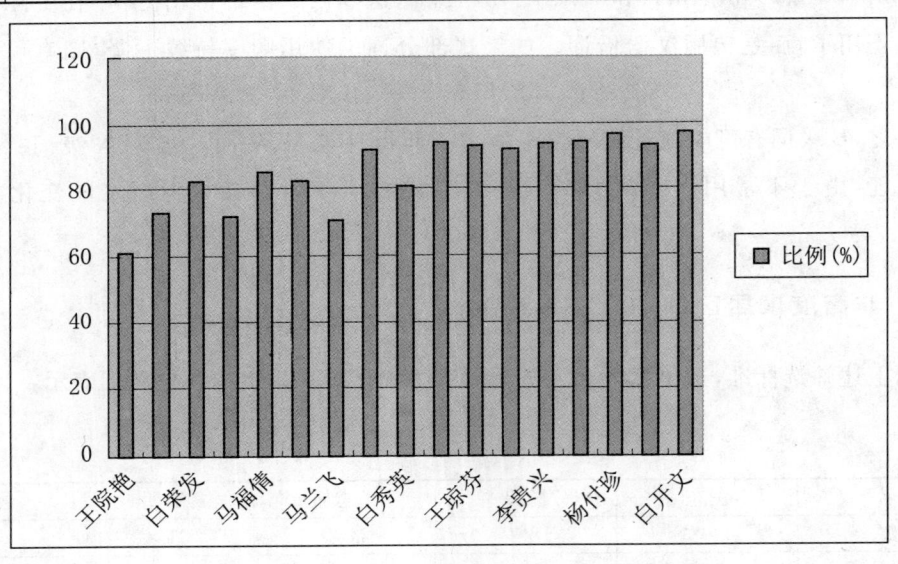

图 4-2 聚居区各年龄段掌握基本词汇的比例

在 17 名参加词汇测试的西摩洛人中,词汇量最大的是一位 80 岁的老人,会说 387 个,占测试总数的 96.75%。词汇量最小的是一位 8 岁的儿童,只会说 245 个,占测试总数的 61.25%,二者相差 35.5 个百分点。为了更清楚地反映中老年和青少年基本词汇掌握情况的差异,我们把上述 5 个年龄段 400 基本词汇测试结果汇总起来,求出每个年龄段的平均值,得到下面这个列表:

表 4-7

序号	年龄段	最高比例（%）	最低比例（%）	平均值（%）
1	8—10 岁	82.5	61.25	72.25
2	11—20 岁	85	70.75	77.5
3	21—30 岁	92	80.5	86.25
4	31—40 岁	94	92	93
5	41 岁以上	96.75	93	94.8

从上表可以清楚地看出，41 岁以上年龄段母语词汇总量比青少年阶段高出 17.3 个百分点。这说明中老年的基本词汇掌握得最好，而青少年母语词汇量有一定程度的下降，但没有非高度聚居区那么显著。由此可以认为，在高度聚居区 20 岁是西摩洛人母语词汇量差异的一条分水岭。

至此我们可以得出一个结论：无论在非高度聚居区还是在高度聚居区，西摩洛语基本词汇掌握程度与年龄大小成正比，即年龄越大，基本词汇掌握得越好；反之，年龄越小，掌握得越差。

第三节 雅邑乡西摩洛青少年母语能力下降的表现及成因

上一节我们通过词汇量测试情况分析了雅邑乡西摩洛青少年母语能力的下降趋势。本节将结合词汇使用的具体情况进一步分析母语能力下降的具体表现，主要分析基本词汇丢失、词汇概念泛化、同类概念混淆等几个问题。在此基础上，探讨雅邑乡西摩洛青少年母语能力下降的原因。

一 青少年母语能力下降的具体表现

（一）所掌握的基本词汇量下降

西摩洛语词汇丰富，不仅数量大、类别多，而且表达准确细腻。近年来，西摩洛青少年母语词汇量减少；日常生活中的许多具体事物，中老年西摩洛人都能用西摩洛语来表达，而有些青少年不会用母语词汇来表达，不得不借用汉语。比如，过去当地有而现在很少见的一些事物名称，青少年都不会说了。如鸟兽类名称：

ko^{55} po^{31} ko^{55} ti^{31}	布谷鸟	tʃa^{55} tʃhe^{33}	麻雀
tshɿ^{55} pa^{31} la^{55} pa^{31}	喜鹊	ŋji^{55} po^{31}	獐子
lo^{31} ko^{31} lo^{31} nɯ^{55}	麝香	zɿ^{55} ʃɯ^{55} lʌ^{55} ʃɯ^{55}	水獭
fv^{31} mɔ^{55}	豪猪	ji^{55} po^{55}	狼

当地的一些有识之士已经注意到了这一点。雅邑乡中心小学杨校长说："现在青少年的西摩洛话说得没有老一辈人好了。"我们发现青少年一般只会说眼前的、看得见的，看不见的都不

会说了。

为了进一步考察青少年母语水平下降的具体情况,除400基本词语言能力测试外,我们还把词汇扩大到1800,随机抽样对三位青少年进行了测试,我们将测试标准分成A、B、C三级:A级表示平时常用,能脱口而出的。B级表示平时不太用,但大部分经过提示基本能听懂。C级表示听不懂也不用。现将三位青少年都反应为B和C的词汇列在下面。

反应为B的有76个词。即:

z̩^{33} p̩^{33} ji^{55} tʃhv^{31}	泉水	phv^{33} ko^{31} lo^{33} mo^{33}	村寨
po^{31} ɤo^{35} po^{31} xɛ^{31}	酒窝	ʃo^{31} tʃi^{31}	疮
ŋjv^{31} phji^{31}	癣	ja^{33} s̩^{31} ja^{33} lv̩^{33}	瘊子
ɤ^{31} z̩^{33}	水痘	ma^{33} nɯ^{55}	火眼
tʃhã^{55} khji^{5}	瘴气	tsɿ^{55} tʃhɯ^{55}	牙根
ɔ^{31} tsɿ^{55} kji^{55} mɔ^{33}	臼齿	ɔ^{31} tsɿ^{55} tsɿ^{55} jɔ^{33}	门牙
kh̩^{55} pʌ^{55}	跛子	tv^{31} khv^{33}	驼子
ɔ^{31} mɔ^{33} ja^{31} m̩^{31}	母子	ŋjv^{31} kh̩^{55}	蹄
va^{31} ph̩^{55}	种猪	ti^{31} pje^{33} ɔ^{31} mɔ^{33}	野兽
po^{55} tsɿ^{31}	豹子	tʃi^{55} pha^{33}	鹞子
tʃhɯ^{31} mɔ^{33} jʌ^{31} kɯ^{31} jʌ^{55} kɯ^{55}	四脚蛇	pv^{31} na^{33} kha^{33} m̩^{31}	鼻涕虫
va^{31} kh̩^{55} pɔ^{31}	猪屎蜣	kɤ^{31} tsh̩^{55} ŋji^{55} po^{31}	蝗虫
ɔ^{31} ph̩^{31} tʃhi^{55} phji^{55} li^{55} mɔ^{33}	螳螂	o^{31} po^{31} po^{31} kho^{31}	空心树
z̩^{55} mji^{33} o^{31} po^{55}	杨柳	ʃi^{33} pha^{33} a^{31} z̩^{33}	二月白花
ji^{33} mɯ^{55}	金竹	ŋɔ^{31} khɔ^{31}	刺
pji^{33} tʃhɯ^{55} ɔ^{31} s̩^{33}	酸荚	ji^{33} tsv^{55}	小红米
ji^{31} po^{55}	稗子	pa^{55} tsɿ^{33} pji^{31} v^{33}	大芋头
tʃõ^{55} pa^{33}	粽子	tɤ^{31} fv̩^{33} kv̩^{31} tʃhɯ^{31}	卤腐
ŋjv̩^{33} khje^{31}	豆豉	ja^{33} xɔ^{31} tshɔ^{31} jɛ̃^{33}	草烟
no^{31} s̩^{31}	耳眼	m̩^{31} tʃʌ^{55}	火石
kɯ^{31} nɯ^{31}	箍儿	nɤ^{55} mi^{55} tsɿ^{31} tʃhɔ^{31}	牛鼻圈
tsa^{33} pa^{33} tsɿ^{31} tʃhɔ^{31}	牛绳	pã^{31} tʃhv^{31}	板锄
mi^{55} mi^{55}	谜语	xɔ^{33}	月
thɯ^{31} xɔ^{33}	一月	n̩^{31} xɔ^{33}	二月
ʌ^{31} mʌ^{55}	年	tʃh̩^{31}	一寸
tɤ^{55} tʃhi^{33}	凸	tɔ^{31} khɔ^{31}	凹
a^{31} kje^{31}	瘪	ɤ^{31} ph̩^{31} po^{33}	(价钱)贵
to^{31} ʃi^{33} ʃi^{33}	淘气	na^{55} kho^{55} tsɿ^{33}	打鼾

tʃhi³³	点（种子）	to⁵⁵	堆（草）
kji³³	忌（嘴）	v̱³¹	浸泡
mɯ⁵⁵ tʃo³¹	劳动	tʃhiɔ⁵⁵	撬
jɔ⁵⁵	抢	tɔ⁵⁵	勒
m̩³⁵ xo⁵⁵ xo⁵⁵	野火烧山	tshv³³ thɔ³³	（人死时）守（气）
tʃhiɔ³³	阉（马）	luɛ³¹	（用钻子）钻，等
xɔ³¹	（一个）月	thɯ³¹ z̩⁵⁵	一辈子
thv³¹	（走一）步	to⁵⁵ lo⁵⁵	（一）堆（石头）
lã³¹	（一）筐（菜）	ma⁵⁵	（一）面（旗子）
k̩⁵⁵	（一）斤	mʌ³³ khji³¹	（一）条（河）

反应为 C 的有 51 个词，即：

lo⁵⁵ tʃo⁵⁵	堑	ko⁵⁵ p̩⁵⁵	皱纹
mo⁵⁵ nɯ³³ nɯ³³	（脚）抽筋	v³¹ tv³¹ ma³³ tʃhi³¹	癞痢头
mo³¹ jɔ³¹	马驹	mo³¹ mɤ⁵⁵ tʃv³³	马鬃
ŋji⁵⁵ po³¹	獐子	lo³¹ ko³¹ lo³¹ nɯ⁵⁵	麝香
fv̱³³ fo³¹	飞鼠	fv̱³³ ph̩³¹	竹鼠
p̩³¹ k̩³¹	臭虫	va³¹ mɔ³³ z̩⁵⁵ ʃɯ⁵⁵ lʌ⁵⁵ ʃɯ⁵⁵	蜈蚣
kh̩³¹ ʃv³³ o³¹ po⁵⁵	漆树	tʃhɔ³¹ v³³	草乌
na⁵⁵ p̩⁵⁵ p̩⁵⁵ s̩³¹	鼻涕果	a³³ to⁵⁵ to⁵⁵ kha³³	铁核桃
jɛ̃ʃi⁵⁵	芫荽	s̩³³ ts̩⁵⁵ mji³¹ nɯ³¹	紫花
lo⁵⁵ khji³¹ nɔ³¹ p̩³³	水木耳	khɤ⁵⁵ the⁵⁵	裹腿
tʃhɯ³¹ pɯ³¹	蓑衣	m̩³¹ tʃi³¹ kje³³	聘金
xɔ³¹ ts̩³³	铜钱	phi⁵⁵ tʃhio³³	马鞭
mo³¹ mi³¹ to³³	马嚼子	to⁵⁵ ts̩³¹	驮架
mo³¹ xo³¹	墨斗	ti³¹	刨子
k̩³¹	矛	a⁵⁵ ŋiv³¹	弓
ti³³ khɯ³¹ tʌ⁵⁵ tʃhi³³	箭	ma	铓锣
phi⁵⁵ tʃhuɛ³¹	钹	ʃi⁵⁵	（一）庹
tv̱³¹	（一）捧	to⁵⁵ lo⁵⁵	（一）滩（泥）
s̩³¹	七	xje³¹	八
k̩³¹	九	tʃhɯ⁵⁵	十
tʃhɯ⁵⁵ ʑ̩³¹	十四	tʃhɯ⁵⁵ ŋɔ³¹	十五
tʃhɯ⁵⁵ khv̱³¹	十六	tʃhɯ⁵⁵ s̩³¹	十七
tʃhɯ⁵⁵ xje³¹	十八	tʃhɯ⁵⁵ k̩³¹	十九

n̩³¹ tʃɯ⁵⁵	二十	ja⁵⁵	百
ta⁵⁵	千	ɤ³¹ tʃi³¹	叫（菜）
ʃa³¹ tʃhi³¹	接气（人快死时）		

B级词汇由于青少年平时不常用，测试时需要好长时间才能说出来。说明这些词在青少年的词库中基本处于被遗忘的边缘。C级词汇根本不会，这两项加起来占1800常用词汇的7.1%。上一项测试中，16位名青少年在400基本词语言能力测试出现的D级词汇平均值占测试总词汇的7.5%。这两个测试的结果比例大致相当。

通过前面的测试，我们看到雅邑乡西摩洛青少年在母语使用上有以下几个特点。

1. 随着客观事物在当地日常生活中逐渐消失或不常见，青少年逐渐不会用这方面的西摩洛语词。他们的词汇系统中，凡属于自己日常生活中常见的事物，都能用西摩洛语表达；而对于那些自己日常生活中不常见、不常用的事物，一般都不会用西摩洛语表达。如下列一些动物名称他们都会脱口而出：ja³³"鸡"、o³¹ pi⁵⁵"鸭"、va³¹"猪"、khɯ³¹"狗"、tho³¹ xo³³"兔子"、mo⁵⁵ ŋjv³¹"牛"、tsh̩³¹ pje³³"羊"等。这些词测试时多属于A级。

但像 p̩³¹ k̩³¹"臭虫"、pɔ³¹ kə³³ lɔ³¹ khə³¹"啄木鸟"、tho³¹ kh̩³¹"穿山甲"、lo⁵⁵ kʌ⁵⁵ tʃ⁵⁵ pji⁵⁵ li⁵⁵ kho³¹"蝙蝠"等平时很难见得到的动物，很多青少年既听不懂也不会用，均属于D级。ŋa³³ jɔ³¹"鸟"、ʃo³⁵ kə³¹"蚊子"、ʃo³⁵ m̩³¹"苍蝇"、pɔ³¹"蜜蜂"、fv³³ tʃha³¹"老鼠"、ji³⁵ xo³⁵"蛇"等词，虽然不是家养的动物，但青少年平时经常能看得见，所以他们也会用西摩洛语来指称，均属于A级。再如，kh̩³¹ ʃɯ³⁵"跳蚤"、ʃɯ³⁵ phv³⁵"虱子"、ʃɯ³¹ v³⁵"虮子"这些几十年前在西摩洛地区还是常用的词，现在的青少年大都没见过，但有的听说过，所以测试时多属于C级。由于封山育林，保持水土等原因，打猎也早已成为往事，与打猎有关的词汇青少年也不会。如：k̩³¹"矛"、a⁵⁵ ŋjv³¹"弓"、ti³³ khɯ³¹ tʌ⁵⁵ tʃhi³³"箭"、ʃua³¹ kã³¹"捕兽扣圈"、tɔ³¹ khɔ³¹"陷阱"、ɤ³¹ ts̩³¹"树浆（扣雀用）"等。由于人们在日常生活中已不再使用 khɤ⁵⁵ the⁵⁵"裹腿"、tʃhɯ³¹ pɯ³¹"蓑衣"了，青少年也就不会说这些本族语词了。像 mje³³ tʃhi⁵⁵"碓"、mje³³ tʃhi⁵⁵ mje³³ la³¹"碓扶手"、pha³⁵ kho³³"染（布）"等生产生活方式，过去西摩洛地区都能见到，而现在见不到了，因此青少年不会用西摩洛语表达。再如，过去盛行的"马帮"（用马驮物的运输方式），现在已被汽车、拖拉机、摩托车所代替，因而与"马帮"有关的词语青少年也都不会使用。如：mo³¹ ɤã³³ ts̩³¹"马鞍"、phi⁵⁵ tʃhio³³"马鞭"、lõ³¹ thɯ³¹"马笼头"、mo³¹ tv⁵⁵ tɛ⁵⁵"马肚带"、mo³¹ mi³¹ to³³"马嚼子"、mo³¹ tɤ³³"马蹬子"、ma³¹ tʃhã³¹"马掌"、to⁵⁵ ts̩³¹"驮架"等，已不出现在青少年的词汇库中。在人体器官、身体部位当中，ma³³ nɤ³¹"眼睛"、no³¹ po⁵⁵"耳朵"、nʌ⁵⁵ mi⁵⁵"鼻子"、mji³¹ tv³³"嘴"、a³¹ la³¹"手"、ɔ³¹ kh̩⁵⁵"脚"、n v³¹ thɯ³¹"额头"、ma³³ nɯ³¹"眉毛"、la³¹ tsh̩³¹"手腕"、pa³¹ phv⁵⁵"肩膀"、pho³¹ tsh̩³¹"膝盖"等外现的人体部位，青少年都能熟练地用西摩洛语词汇表达。而 ko⁵⁵ p̩⁵⁵"皱纹"、ma³³ kho⁵⁵"面颊"、mɔ⁵⁵ lo³³"脚踝"、po³¹ ɤo⁵⁵ po³¹ xɛ³¹"酒窝"、v³¹ k̩⁵⁵"头皮"、tsh̩³¹ kh̩⁵⁵"胆"、v³³ mɔ³³"胃"等词大多数青少年都不会。

语言中词与词之间在意义上是相互关联的。语言能力在词汇上的体现，不仅局限在对单个词的理解和掌握上,还包括对词与词之间意义关系的理解与掌握。我们看到,如果一个词不会说,意义上与之相关的其他事物或动作用西摩洛语可能也不会说。比如,很多青少年没见过 $\int u^{35} phv^{35}$ "虱子"、$\int u^{31} v^{35}$ "虮子",自然也不知道 $ph_1^{31} tsh_1^{31}$ "篦子"是什么。再如,雅邑乡的河流,河水湍急,不能行船,因而很多青少年都不会说 $lo^{31} je^{55}$ "船"一词。

2. 令人惊讶的是,青少年特别是少年儿童表达"四"以上的数字都转用汉语。

数词是语言中用于计量的基本词汇,大多数语言都有一套本族语的数词系统。雅邑乡西摩洛语也有一套完备的数字系统,从"一"到"十、百、千"都能用本族语词表达,"万"以上的数字才借用汉语。然而,我们在调查中发现,很多青少年只能用母语从"一"数到"三","四"以上的数字都转用了汉语。下面是我们对16位8—19岁青少年西摩洛语数词的测试结果。[①]

表 4-8

汉语	西摩洛语	1	2	3	4	5	6	7	8	9	10	11	12	13	14	15	16
一	thu^{31}	D	D	D	A	A	C	A	D	D	A	A	D	C	A	A	A
二	n_1^{31}	D	D	D	A	A	C	A	D	C	A	A	D	A	A	A	A
三	$\int i^{31}$	D	D	D	A	B	C	A	D	D	A	A	D	A	A	A	A
四	$_{31}^{31}$	D	D	D	D	D	C	A	D	C	C	A	D	D	A	D	A
五	ηo^{31}	D	D	D	D	C	D	D	D	C	C	A	D	C	A	A	A
六	khv^{31}	D	D	D	D	D	D	D	C	D	D	A	D	D	D	A	C
七	s_1^{31}	D	D	D	D	D	D	D	D	D	D	A	D	D	A	C	D
八	xje^{31}	D	D	D	D	D	D	D	D	D	D	A	D	D	A	D	D
九	k_1^{31}	D	D	D	D	D	D	D	D	D	D	A	D	D	A	D	D
十	$t\int hu^{55}$	D	D	D	D	D	D	D	D	D	D	A	D	D	A	D	D
百	ja^{55}	D	D	D	B	D	D	D	D	D	C	A	A	D	A	D	C
千	ta^{55}	D	D	D	D	D	D	D	A	D	A	A	D	A	A	C	D

统计结果显示,所有被调查者中,只有1人能用西摩洛语从"一"数到"十",仅占全部被调查者的6.25%。有4人只能用西摩洛语从"一"数到"四",各占25%,各有4人会说西摩洛语中的"百""千",各占25%。另外,在对3位青少年1800常用词的抽样测试中,"14—20"他们也不能用母语数出来。

3. 使用亲属称谓时,有的青少年开始转用汉语。西摩洛语的亲属称谓词在长期的历史发展过程中已经接受了一些汉语借词,如:$a^{55} ko^{33}$ "哥哥"、$a^{55} t\int e^{31}$ "姐姐"、$ta^{55} te^{31}$ "伯父"、$ta^{55} mo^{31}$ "伯母"。近几十年一些青少年更是用汉语新借词代替了固有词,如:$a^{55} je^{31}$ "爷爷"、$pa^{31} pa^{33}$ "爸爸"代替 $\Lambda^{31} p\Lambda^{55}$ "爷爷"、$\Lambda^{31} p\Lambda^{31}$ "爸爸"。

4. 由于卫生防疫条件的改善,过去一些常见疾病名称青少年也不会说了,而老年人还会。如:$\int o^{31} t\int i^{31}$ "疮"、$\eta jiv^{31} phji^{31}$ "癣"、$ja^{33} s_1^{31} ja^{33} lv^{31}$ "瘊子"、pho^{31} "疟疾"、$\int o^{31} t\int hv^{31}$ "大黑疮"、$\gamma^{31} z_1^{33}$ "水痘"、$v^{31} tv^{31} ma^{33} t\int hi^{31}$ "瘌痢头"等。

---

① 表中 1—16 编号人姓名参见第二节 400 词测试统计表(表 4-3)中的前 16 位。

5. 由于现在青少年很少参加田间劳动，一些和农业生产有关的词汇不会说了。如：ji³¹ po⁵⁵ "稗子"、tsʅ⁵⁵ lo⁵⁵ "排水沟"、te³³ kv̱³¹ zʅ⁵⁵ kʌ⁵⁵ "田水沟"。

（二）词汇泛化，表达方式单一

词汇泛化是雅邑乡西摩洛青少年在使用母语时不同于中老年的特点之一，也是青少年母语能力下降的表现。所谓词汇泛化，是指青少年用一个词统称与其语义特征相关的一类词。西摩洛语中有一些意义相同或相近的词，原本用不同的词表达，但现在的青少年有的只知道类称词，不会小类词。如他们会说"星星" a³¹ kɯ⁵⁵，不会说"流星" a³¹ kɯ⁵⁵ o³¹ khʅ³¹。又如：下表中的 A 类词，青少年一般都会说，而 B 类词有许多人都不会说了。

表 4-9

A	B
tʃɔ³¹ sʅ⁵⁵ 风	ŋji⁵⁵ tʃho⁵⁵ lo⁵⁵ tʃɔ³¹ 旋风
mji³¹ tv³³ 嘴	mje³¹ jɔ³¹ 歪嘴
ɤ³¹ tsʅ⁵⁵ 牙齿	ɔ³¹ tsʅ⁵⁵ tsʅ⁵⁵ jɔ³¹ 门牙、tsʅ⁵⁵ tʃhɯ⁵⁵ 牙根、ɤ³¹ tsʅ⁵⁵ sʅ³¹ khʅ³¹ 牙龈
pɔ³¹ 蜂	va³¹ khʅ⁵⁵ pɔ³¹ 猪屎蜂、tʃhɯ³¹ kɔ³³ pɯ³¹ sʅ³¹ 葫芦蜂、m¹⁵⁵ tʃha³¹ pɔ³¹ 黄土蜂
o³¹ po⁵⁵ 树	o³¹ po³¹ po³¹ kho⁵⁵ 空心树、sʅ⁵⁵ ʃa³³ o³¹ po⁵⁵ 毛木树、zʅ⁵⁵ mji³³ o³¹ po⁵⁵ 杨柳、zʅ³¹ po⁵⁵ 椿树、khʅ³¹ ʃv³³ o³¹ po⁵⁵ 漆树、tʃhɯ³¹ khje³¹ o³¹ po⁵⁵ 棕树、tʃhɯ³¹ khje³¹ 棕枇
kʅ⁵⁵ ŋɯ⁵⁵ 秤	kʅ⁵⁵ ŋɯ⁵⁵ jɔ³¹ tʃɔ³¹ 哑巴秤、tʃʅ⁵⁵ mʌ³³ 秤花、ʃɯ⁵⁵ kv̱³¹ 秤钩、kʅ⁵⁵ sʅ³¹ 秤砣
a³³ to⁵⁵ to⁵⁵ sʅ³¹ 核桃	a³¹ to⁵⁵ to⁵⁵ kha³³ 铁核桃
ʃiã³¹ 象	ja³¹ mɔ³³ 大象
fv̱³³ tʃa³¹ 老鼠	fv̱³³ phʅ³¹ 竹鼠、fv̱³³ ʃo³¹ 飞鼠

我们还看到，有些情况下，青少年会说一个个具体事物的名称，而不会说抽象的概念。他们在实际的话语交际中常用前者来代替后者。比如，青少年会说自己所在村子的名称，却不会说类概念 phv³³ kо³³ lо³³ mɔ³³ "村寨"。又如，有的青少年会说 mo⁵⁵ ŋjv³¹ "牛"、mo³¹ "马"、tshʅ³¹ pje³³ "羊"，却不会说其总称词汇 tʃi³¹ a³¹ pʌ³¹ mɔ³³ "牲畜"。

（三）同类概念混淆，指认不清

雅邑乡西摩洛青少年在使用母语时，还存在一种以甲词替代乙词的误代现象。被误用的词多同类，虽语义不同，但基本属性有相似点。词汇误代的现象在青少年中普遍存在，这是由于青少年对母语基本词汇概念出现模糊引起的。这从一个方面反映出西摩洛青少年母语能力的下降。我们把同类概念混淆的现象列表如下（西摩洛青少年把 A 说成 B）：

表 4-10

A	B
lo⁵⁵ kʌ⁵⁵ tʃʌ⁵⁵ pji⁵⁵ li⁵⁵ kho³¹ 蝙蝠	tʃʌ⁵⁵ pji⁵⁵ li⁵⁵ kho³¹ 蝴蝶
nɤ³³ mɔ³³ nɤ³¹ sʅ³¹ 心脏	ɔ³¹ tʃhɯ³¹ 肝
tho³¹ kʅ⁵⁵ 杵	tho³¹ thi⁵⁵ 臼

tsʅ³¹ jɔ³¹ 鹦鹉	zʅ⁵⁵ ŋa³³ 秧鸡
kho³¹ kv³¹ 喉咙	ɯ⁵⁵ tsʅ³³ 脖子
ʃa³¹ 神仙	nʅ³¹ 鬼
pv⁵⁵ te³¹ 生命	ɔ³¹ zʅ⁵⁵ 寿命
zʅ⁵⁵ mɔ³³ 大梁、柱子	tʃuã³¹ tsʅ³¹ 椽子

（四）有些概念固有词和汉语借词并用

在固有词和汉语借词的选择使用上，青少年更倾向于使用汉语借词，而中老年更习惯于使用固有词或汉语的老借词。例如：

表 4-11

序号	汉义	固有词或老借词	借词
1	金子	sʅ⁵⁵	tʃi³³ tsʅ³¹
2	村寨	phv³³ ko⁵⁵ lo⁵⁵ mɔ³³	tsɛ⁵⁵ tsʅ³¹
3	酒窝	po³¹ ɣo⁵⁵ po³¹ xɛ³¹	tʃo³¹ ɣo³³
4	脚踝	mo⁵⁵ lo³³	lo³¹ sʅ³³ kue³¹
5	胆	tshʅ³¹ khʅ⁵⁵	khv³¹ tã³¹
6	胃	v³³ mɔ³¹	ui⁵⁵
7	二儿子	ja⁵⁵ ŋji⁵⁵ thɯ³¹ kɔ³¹	a³¹ ɣɤ⁵⁵
8	大象	ja³¹ mɔ³³	ʃiã⁵⁵
9	蚂蟥	zʅ³¹ tʃɔ³¹	ma³¹ xuã³¹
10	蚕	pʅ³¹ khɯ⁵⁵ pʅ³¹ tʃɔ³¹	tshã⁵⁵
11	粮食	kha⁵⁵ sʅ³¹	liã³¹ sʅ³¹
12	芝麻	njv³¹ ʃe⁵⁵	tsʅ⁵⁵ ma³³
13	袜子	pho³¹ tʃhɔ³¹	va³¹ tsʅ³³
14	墙	ji⁵⁵ phji⁵⁵	tʃhiã³¹
15	木板	thi⁵⁵ pa³¹	pã³¹ tsʅ³¹
16	窗子	ji⁵⁵ kho³³ tɔ⁵⁵ po³¹	tʃhuã³³ tsʅ³¹
17	肥皂	tʃhɔ³¹ pjɔ³³（老借词）	fɛ³¹ tsɔ⁵⁵
18	火柴	jã³¹ xo³¹（老借词）	xo³¹ tshai³¹
19	锅盖	kho⁵⁵ pʅ³³	ʃɔ⁵⁵ va³¹ kɛ⁵⁵ tsʅ³¹（半借）
20	盘子	lɔ⁵⁵ khv³¹	phã³¹ phã³³
21	瓶子	ko⁵⁵ ŋɯ⁵⁵	phjĩ³³ phji³³
22	扇子	po³³ kv⁵⁵	sã⁵⁵ tsʅ³¹
23	挖耳勺	nɔ³¹ jɔ³¹ ti⁵⁵ kho³¹	ua³¹ ɣ³¹
24	（一）滴（油）	ʃa⁵⁵	ti³¹
25	（一）斤	kʅ⁵⁵	tʃhi⁵⁵
26	（一）元	ɣo³¹	khue³¹
27	（一）角	xɔ³¹	tʃiao³¹
28	少	ɔ³¹ tsʅ⁵⁵ tsʅ⁵⁵	ʃɔ³¹
29	偏	mʌ³¹ xɔ⁵⁵	phjĩ³³
30	直	tsɛ⁵⁵ tsɛ⁵⁵（老借词）	tʃʅ³¹

| 31 | 跌倒 | lɔ⁵⁵ phv̩³³ | kuã⁵⁵ |
| 32 | 赶集 | kɛ⁵⁵ tsๅ³¹ kã³¹ | kã³¹ ke⁵⁵ |

二 西摩洛青少年母语能力下降的成因

雅邑乡西摩洛青少年母语能力下降是一种客观事实,是多种因素综合作用的结果。

首先,由于经济文化的发展,西摩洛人对国家通用语——汉语的要求越来越迫切,在汉语习得上倾注了大部分精力,而对母语的习得存在着一定程度的忽视。总的看来,西摩洛人对学习汉语抱有开放、顺应、自愿的态度,认为只有掌握汉语才能与外界交流,才能得到发展。因此,学习汉语是一种自觉的行为、全民的行为。相比之下,对母语要求的期望值不高,认为能交际就可以了,所以母语习得处于一种自然状态。西摩洛人对汉语和汉文化的追求有其历史传统,长期以来重视对子女的汉语教育。特别是新中国建立后,由于现代化建设和当地经济发展的需要,西摩洛人学习汉语的热情空前高涨,认为汉语掌握得好坏与升学、工作等更高追求密切相关,因此更加重视汉语的学习。

由于九年义务教育制度的实施,雅邑乡的青少年大部分时间都是在学校里度过的。在学校里,西摩洛青少年接触的是不同民族的学生,交际、玩耍都用汉语,只有寒暑假或大周末才回到家。这样,他们与父母接触少了,习得母语的家庭环境不具备了,母语能力自然也就下降了。他们回到家里跟父母也只限于简单交际,父母整天忙于生计,青少年整天忙于学习,相互间无法进行深入交流,这就使得青少年难以更多地掌握西摩洛语。

其次,由于西摩洛语使用的人口少,担负的交际功能有限,无法充分表达不断出现的新事物,这一客观事实也使得青少年不得不借助于汉语来进行日常的社会交际。

我们应该正确地认识和对待西摩洛青少年母语能力下降问题。上文提到,青少年母语能力的下降主要表现在基本词汇丢失、词汇概念泛化、同类概念混淆等方面,他们在交际中不得不大量地借用汉语。应如何看待这种现象呢?我们认为,在现阶段,少数民族语言借用汉语,存在客观必然性,有其积极的一面。西摩洛语从汉语中借用一些成分来丰富和补充自己,是适应客观现实的需要,是与时俱进的表现。从这个角度来看,借用汉语具有积极作用。

当然,这一问题同时也存在消极的一面。如果任其发展,本民族语言的基本词汇和语法结构都将被汉语词汇和结构所替代,则有可能出现语言濒危和语言转用。当前西摩洛青少年母语词汇量的减少还处在一个量变的过程中,但随着量的积累、增多,有可能出现质的转变。其结果就是,西摩洛青少年放弃母语,转用汉语。这对于民族语言文化的保护和传承、语言关系的和谐发展是不利的,也是我们所不愿意看到的。

第五章 西摩洛语和汉语的接触关系

西摩洛人由于长期与汉族友好相处,广泛接受了汉族经济、文化的影响,所以西摩洛语很早就与汉语接触,受到汉语的影响。特别是新中国建立以后,西摩洛人普遍接受了系统的汉语文教育,其语言的使用由部分人的"西摩洛语、汉语双语制",逐渐走向全民的双语制。全民双语制的形成,使得西摩洛语更多、更深地受到了汉语的影响。汉语对西摩洛语的影响,不仅丰富发展了西摩洛语的表达功能和使用功能,而且在一定程度上影响了西摩洛语的语言演变。所以,要科学地认识西摩洛语的语言特点和演变规律,就不能不看汉语与西摩洛语的接触关系。下面,我们分别从语音、词汇、语法等方面具体分析西摩洛语受汉语影响的表现。

第一节 汉语对西摩洛语固有语音特点的影响

西摩洛语语音系统受汉语影响主要表现在韵母上,在声母和声调上虽然也有影响,但影响并不太大。分述如下:

一 西摩洛语的韵母主要由单元音韵母组成;但受汉语影响,增加了大量的复合元音韵母和鼻化元音韵母

这一变化,是质的变化,改变了西摩洛语原有的单元音韵母面貌,使其与彝语支语言和哈尼语其他支系语言出现了新的差异。

1. 西摩洛语固有词的元音有 i、e、a、ʌ、ɔ、o、ɤ、ɯ、ɿ、v、ʅ、v̩ 12 个,吸收了汉语借词后,新增了 1 个单元音 ɛ 和 4 个鼻化元音 ĩ、ɛ̃、ã、õ。西摩洛语在读汉语借词(主要是现代新借词)时,把当地汉话带鼻音尾的韵母都读为鼻化元音。例如:ti³³ ã³³ mɛ̃³¹ "天安门"、pɛ³¹ tʃi³¹ "北京"、fa³¹ tʃã³¹ "发展"、lõ³¹ thu³³ "马笼头"。

2. 西摩洛语原来没有复合元音韵母,吸收汉语借词后新增了 ui、ɜuɛ、ua、ai、ia、iɔ、io、uã、uɛ̃、iɛ̃、iã、iõ 12 个复合元音韵母。包括鼻化和非鼻化两类。当地汉语中的二合元音和三合元音,借入西摩洛语后都读为单元音或二合元音,带鼻音尾的韵母都读为鼻化复合元音。例如:

tui³³	队	khuɛ³¹	(一)块
xua⁵⁵	画	xo³¹ tshai³¹	火柴
tʃia³¹	假	tʃio³³ kua³³	茭瓜
ʃio³¹ sɛ̃³³	学生	ʃuã³³	酸

| khuɛ̃³¹ | 捆 | tiɛ⁵⁵ | 电话 |
| liã³¹sʅ³¹ | 粮食 | ʃiõ⁵⁵ | 穷 |

3. 西摩洛语新韵母的增加有个逐步演变的过程。早期借入的借词，一般用本语音系中固有的韵母来念发音接近的读音，如用本语固有的单元音韵母来代替借词中的复合元音韵母，用去掉鼻音尾的口元音韵母代替借词中的鼻韵母等，以此来适应本语音系的特点。如老借词中的 in 和 iɛn 念 i 念 ɛ。例如：

| i⁵⁵tʃi⁵⁵ | 近 | lɛ⁵⁵sɛ³³fv³¹ | 连鬓胡 |
| xua³¹tʃhi³¹ | 划拳 | tʃi⁵⁵ | 煎（蛋） |

但在现代新借词中，既有与老借词一致的读法，也有直接使用与当地汉话完全一致的复合元音韵母的，带鼻辅音尾的韵母也不再念为口元音韵母，而是念为鼻化元音韵母。新借词的语音面貌显然更接近汉语音系的特点。如新借词中的 in 念 ĩ、ai 念 ai。例如：

| tʃĩ⁵⁵ | 金 | tã³³jẽ³¹ | 党员 |
| tai³¹piɔ³³ | 代表 | kai³³ | 街 |

西摩洛音系中增加了大量的新韵母，是顺应表达和交际的需要。韵母系统突破单元音、口元音系统，增加复合元音系统、鼻化元音系统，是一个重大的突破。这种突破说明西摩洛语对外来音有一定的包容度。

二 西摩洛语的声母系统受汉语影响，增强了音位的别义能力

西摩洛语的声母比汉语丰富，当地汉语里有的声母西摩洛语几乎都有（有的虽然不完全相同，但发音基本相近）。受到汉语影响后，西摩洛音位系统，虽然未增加新的声母，但在部分声母的别义功能上却有了新的充实。

1. 西摩洛语有舌尖音 ts、tsh、s、z 和舌叶音 tʃ、tʃh、ʃ、ʒ 的对立，但二者只在与舌尖元音搭配时才出现区别性特征。在与其他元音搭配时没有对立性，一般都读为舌叶音。吸收了汉语借词后，汉语的舌尖音西摩洛人也读为舌尖音，由此提高了舌尖音的出现频率，并与固有的舌叶音构成对立，因此增强了舌尖音和舌叶音的音位功能。例如：

舌尖音　　　　　　　　舌叶音

| fɛ³¹tsɔ⁵⁵ | 肥皂（汉借） | tʃɔ⁵⁵ | 照（汉借） | tʃɔ³¹ | 双（固有） |
| tsa³¹tsʅ⁵⁵ | 杂志（汉借） | tʃa⁵⁵ | 扎（头发）（汉借） | tʃa³¹ | 慢（固有） |

2. 西摩洛语本语固有的声母 f 受汉语的影响，搭配范围比以前扩大了。f 声母在本语里只与 v、v̩ 结合。但在汉语借词中，有与其他元音结合的音节。如 liã³¹fɛ̃³¹ "凉粉"、fa⁵⁵ "发（东西）"等。

三 西摩洛语的声调受汉语影响较小

本语固有的三个声调分别为 55、33 和 31。受汉语影响，现在有增加声调的趋势，如有人

开始使用 51 调和 35 调。

四　西摩洛语的音节结构受汉语影响较小，但也出现了新变化

西摩洛语本语最常见的音节结构类型是"辅音+元音"。受汉语影响后，增添了"辅音+元音+元音（含鼻化元音）"这一新的结构类型，而且，伴随着汉语借词的增多，其出现频率也正在逐步提高。

五　青少年的语音系统里复合元音的数量增加

与中老年发音相比，青少年由于汉语水平特别是普通话水平的大幅度提高，他们的语音系统里，把原来读为单元音韵母的汉语借词读为复合元音，从而增加了复合元音的数量。

如把 tsɔ^{33} tɛ^{33} "早点"读为 tsau^{33} tɛ^{33}、thɛ^{31} ʃã^{33} "泰山"读为 thai^{31} ʃã^{33}。受复合元音化的影响，固有词的 ɔ 有的也类化为 au。例如：p↓^{31} xɔ^{33} "月亮"，青少年读成 p↓^{31} xau^{33}。

第二节　汉语对西摩洛语固有词汇系统的影响

西摩洛语的结构系统中，受汉语影响最为突出的是词汇系统。其影响特点主要有：

一　西摩洛语词汇受汉语影响已有较长历史

西摩洛语词汇中存在早期借词和较晚借词两种类别。早在新中国建立初期，西摩洛语中就已经出现了大量的汉语借词，内容涉及各种义类。戴庆厦教授1957年记录的西摩洛语词汇中就有大量的汉语借词，包括一些最基本的词汇也借用了汉语。如："老百姓、舅舅、哥哥、姐姐、亲家公、媒人、和尚、瓦房、楔子、堂屋、压条、骡子、洋芋、西瓜、洋茄子、花生、衣领、兜肚、烘笼、木刻、垫单、茶壶、洋铁、马车、轮子、乖、凶、馋、欺、唱、算命"等。当时记录的词汇显示，西摩洛语与哈尼族其他支系语言相比，借词数量偏多。有许多词其他支系语言使用固有词，而西摩洛语则使用借词。例如：①

钱：tʃhɛ̃^{31}（西），phv^{31}（红），phju^{55}（绿），phju^{55}（卡）

马套口：thɔ^{55} khɤ^{31}（西），me^{33} tshɔ^{33}（红），me^{31} tshɔ^{31}（绿），mu^{31} tsho^{31}（碧）

份：fɛ̃^{33}（西），py^{31}（红），bɔ^{55}（绿），p↓^{55}（卡），p↓^{55}（碧）

肾：jɔ^{55} ts↓^{31}（西），ɣy^{33} si^{33}（红），ɣo^{31} si^{31}（麻）

教：tʃiɔ^{55}（西），me^{33}（红），me^{31}（绿），me^{31}（布）、me^{31}（白）、me^{31}（麻）

---

① 例子中的语言点缩略语分别为：西摩洛（西），红河甲寅（红），绿春大寨（绿），元阳麻栗寨（麻），江城卡多（卡），墨江碧约（碧）、墨江布都（布），墨江白宏（白）。

赶（牛）：ka³¹（西），le³³（红），le³¹（绿），le³¹（布），le³¹（麻）

忙：mã³¹（西），the³³（红）、the³¹（绿）、the³¹（白）、the³¹（麻）

脚踝：lo³¹ sʅ³³ kuɛ³¹（西），khɯ⁵⁵ mja̠³³（绿），ɕi³³ a³¹ phv̠³³ lv̠³³（碧），khɤ⁵⁵ tsɤ̃³¹（麻）

（一）代：tɛ⁵⁵（西），tshʅ³¹（红），tsɯ³¹（绿），sʅ⁵⁵（卡），ȵ⁵⁵（碧），tʃhɤ³¹（白），tsɤ̃³¹（麻）

角落：kɤ³¹ lɔ³³（西），la⁵⁵ khy³¹（红），la³¹ khy⁵⁵（绿），a³¹ li³³（卡），la³¹ khy³⁵（白）

油菜：tshɛ⁵⁵ tsʅ³¹ kv̠³¹ tʃha³¹（西），ɣɔ⁵⁵ tshi³¹（红），ɣo³¹ tshi⁵⁵（绿），kv³¹ tshv⁵⁵（卡）

小伙子：ʃiɔ³¹ xɔ³¹ tsʅ³³（西），tshɔ³¹ ta³⁵（红），tsho⁵⁵ da̠³¹（绿），tʃhu³⁵ ta³¹（白），tshʅ⁵⁵ ta̠³¹（麻）

顶（墙）：ti³¹（西），thu³¹ the³⁵（红），thu³³ tɯ⁵⁵（卡），thv̠³³（碧），thv̠³³ the³¹（布）

宽：khuã³³（西），ji̠³¹（红），je⁵⁵（绿），ka⁵⁵（卡），ji⁵⁵（麻）

西摩洛语中的汉语借词，有些词出现的时间较早，西摩洛人包括一些五十岁以上的人也不知道它们是从汉语来的。比如白开侦村长（54岁）对我们说，tʃhɛ³¹"钱"是汉语借来的，西摩洛人自己的话是说 thɔ³¹ tʃhe³¹"铜钱"。他把较早时期的汉语借词"铜钱"也当成是本族语的固有词了。

有的概念在不同时期借入了不同的汉语借词，形成了语音形式不同的借词层次。如早期带鼻音尾的汉语借词，借入西摩洛语时顺应本语音系的特点，不带鼻音尾，读成口元音。较晚的汉语借词则基本上都读为鼻化元音，和汉语的音系特点更为接近了。例如："赶"一词，早期借入时读为口元音，至今中老年人仍然还读为口元音 ka³¹。后来又借入了一个 kã³¹"赶"，读为鼻化元音。同一个词的两种读法长期在西摩洛语中并用。

又如，早期西摩洛语舌尖音和舌叶音的对立只出现在舌尖元音上，舌叶音能够搭配的元音范围更广，出现的频率比舌尖音高。所以汉语借词中的舌尖后音，在早期借词里有的读为舌尖音。例如："寨子"的"寨"，汉语是舌尖后音声母，借入西摩洛语后读为 tsɛ⁵⁵ tsʅ³¹。但现在由于懂普通话的西摩洛人越来越多，这个"寨"字，许多青少年都改读为舌叶音 tʃɛ⁵⁵。两种读音在不同年龄段中，界限分明。

下表的词是表达同一概念的不同时期的借词：

表 5-1

汉义	较早借词	较晚借词
火柴	jã³¹ xo³¹（洋火）	xo³¹ tshe³¹
尺子	pji³¹ tshʅ³¹（皮尺）	tshʅ³¹ tsʅ³¹
赶集	kã³¹ kɛ⁵⁵（赶街）	kɛ⁵⁵ tsʅ³¹ kã³¹
肥皂	tʃhɔ³¹ pjɔ³³（皂膘）	fɛ³¹ tsɔ⁵⁵
驱逐	ka³¹（赶）	kã³¹
头旋	ʃi⁵⁵ tʃã⁵⁵（旋转）	ʃuɛ⁵⁵ tʃã⁵⁵
故事	kv³¹ kjɛ̃³³（故经）	kv³¹ tʃɛ³³

较晚借词中也有一些存在时间层次的差别。比如，"考分"一词，最初群众以为是一种工分，所以称之为 khɔ³¹ ʃ⁵⁵ kõ³³ fɛ³³"考试工分"。后来随着工分制的逐渐消失，加上对"考分"内

涵的认识提高了,所以后来改称为 khɔ³¹fɛ̃³³ "考分"。

近 50 年来,随着西摩洛人现代化建设的发展,以及文化教育程度的不断提高,大批新词术语不断地进入了西摩洛语的词汇系统。新词术语涉及各个词类,既有实词,又有虚词。例如：

ko³¹ tʃia³³ 国家	zɛ̃³¹ 人民	thõ³¹ tsɿ⁵⁵ 同志
ʃɯ⁵⁵ xui⁵⁵ tʃv³¹ ji⁵⁵ 社会主义	ʃ³³ tʃi⁵⁵ 书记	khuɛ⁵⁵ tʃi⁵⁵ 会计
mo³¹ fã⁵⁵ 模范	tʃi³³ jɛ̃⁵⁵ 经验	ʃɿ³¹ tʃi³³ 时间
ui⁵⁵ sɛ̃³³ so³¹ 卫生所	tʃi³³ li³¹ 经理	kõ³³ lv⁵⁵ 公路
tʃhi⁵⁵ tʃhɤ³³ 汽车	tiɛ⁵⁵ tɛ̃³³ 电灯	tiɛ⁵⁵ thoŋ³¹ 电筒
tiɛ⁵⁵ sɿ⁵⁵ 电视	fei³³ tʃi³³ 飞机	pv⁵⁵ tui⁵⁵ 部队
ʃɤ³¹ tʃi³³ 手机	tiɛ⁵⁵ tʃhɿ³¹ 电池	tʃhõ³³ tiɛ⁵⁵ tʃhi⁵⁵ 充电器
ʃui³¹ ni³¹ 水泥	pi³³ kuã³¹ 宾馆	pi³¹ kã³³ 饼干
xo³¹ thui³¹ tʃhã³¹ 火腿肠	tʃhiu³¹ xɛ³¹ 球鞋	ŋjv³¹ tsɛ⁵⁵ khv⁵⁵ 牛仔裤
ʃio³¹ ʃio⁵⁵ 学校	jɛ̃³¹ tʃi⁵⁵ 眼镜	ti⁵⁵ ji³³ 第一
ji³¹ vɛ̃³¹ 语文	ʃv⁵⁵ ʃio³¹ 数学	ji³³ ji³¹ 英语
v⁵⁵ li³¹ 物理	xuã⁵⁵ ʃio³¹ 化学	thi³¹ jɔ³¹ 体育
ʃui³¹ pji³¹ 钢笔	phji³¹ tʃiu³¹ 篮球	khɔ³¹ ʃɿ⁵⁵ 考试
pji³¹ ŋje³¹ 毕业	pɤ⁵⁵ 背（书）	fã⁵⁵ ʃio³¹ 放学
zɛ̃⁵⁵ 认（字）	suã⁵⁵ 算	phɛ³¹ 排（队）
ʃã⁵⁵ liã⁵⁵ 商量	fã⁵⁵ fa³¹ 犯法	fa³¹ tʃã³¹ 发展
tʃɿ̃⁵⁵ pv⁵⁵ 进步	ʃɯ⁵⁵ tʃi⁵⁵ 设计	ta³¹ kõ³³ 打工

二 汉语借词有不少已进入词汇系统的核心领域,并与固有词融合在一起

我们穷尽式地统计了 1825 个最贴近西摩洛人日常生活的常用词,其中汉语借词为 340 个,占统计总数的 18.6%。这个数字不包括现代社会中常用的、大量的政治、文化、体育、教育、经济贸易领域用词,如果把这些领域使用的汉语借词也统计进来,借词数量将占到西摩洛人总词汇量的 40% 以上。汉语借词已进入西摩洛语词汇系统核心领域,并与固有词融合在一起。其主要表现有：

（一）汉语借词不仅数量大,涉及的义类广泛,而且有很多已经代替本语固有核心词,成为使用频率很高的常用词

例如：

tʃĩ³³ tsɿ³¹ 金子	thõ³¹ 铜	jɔ³³ tsɿ³¹ 肾
khv³¹ tã³¹ 胆	ui⁵⁵ 胃	lo³¹ sɿ³³ kuɛ³¹ 脚踝
ʃĩ⁵⁵ tʃã⁵⁵ 头旋	v³¹ khɔ³³ 脑壳	ŋjv³¹ phji³¹ 癣

pĩ³³ 兵	ʌ⁵⁵ nɛ³³ 奶奶	a⁵⁵ kɔ³³ 阿哥
a⁵⁵ tʃe³¹ 阿姐	ta⁵⁵ te³¹ 伯父、姨夫	ta⁵⁵ mɔ³³ 伯母、姨母
tsɿ³¹ ɤ³¹ tsɿ³¹ 侄子	je³¹ phɔ³¹ 岳父	je³¹ mɔ³³ 岳母
mɔ³³ li³³ 毛驴	sɿ⁵⁵ xua³³ 柿子	tɔ⁵⁵ tshɔ³¹ 稻草
tsɔ³³ tɛ̃³³ 早饭	ʃiɔ³¹ jɛ⁵⁵ 夜宵	tʃhuã³¹ tsɿ³¹ 橡子
ʃɿ³¹ tʃio³¹ 石脚	tsa⁵⁵ tsɿ³³ 桌子	xo³¹ xo³¹ 盒子
kɛ⁵⁵ kɛ⁵⁵ 盖子	thõ³¹ 水桶	xo³¹ tʃhiɛ̃³¹ 火钳
tsɛ̃³³ pã³¹ 砧板	pa³¹ le³¹ 镰刀	kuã⁵⁵ tʃhuã³¹ 打谷船
mi⁵⁵ mi⁵⁵ 谜语	ko³³ 歌	kɤ³¹ lɔ³³ 角儿
pa³¹（一）把	khuɛ̃³¹（一）捆	pɔ³³（一）包
tʃa³¹（一）拃	kɔ³³ 高	i⁵⁵ tʃi⁵⁵ 近
khuã³³ 宽	a³¹ pje³¹ 瘪	phji³³ 偏
uɛ³³ 歪	tʃɿ³¹ 直	phji⁵⁵ 迟
xua³¹ 光滑	tshui⁵⁵ 脆	luã⁵⁵ 乱
xɔ⁵⁵ 对	tʃɛ̃³³ 真	tʃia³¹ 假
kui⁵⁵ 贵	liã³¹ 凉快	nã³¹ 难
tã⁵⁵ 淡	ŋjã⁵⁵ 油腻	ʃ³¹ 闲
mã³¹ 忙	xua³³ 花（的）	xɔ⁵⁵ 合适
ʃiõ⁵⁵ 凶恶	pɛ̃⁵⁵ 笨	pã³³ 搬（家）
pʌ⁵⁵ mɯ⁵⁵ 帮助	pɔ³³ 包（药）	tshɛ³³ 猜（谜）
zo⁵⁵ 缠（线）	tʃhã⁵⁵ 唱	lɔ⁵⁵ 沉
ti³¹ 抵（住）	tshɛ̃³¹ zɛ̃⁵⁵ 撑住	tshuã³³ 穿（针）
pi⁵⁵ 打（手势）	tã³³ kɔ⁵⁵ 耽误	tã³¹ 挡（风）
tɛ⁵⁵ 垫	tiɔ⁵⁵ 钓（鱼）	kɛ⁵⁵ 盖（土）
kɛ̃⁵⁵ 硌（脚）	kua⁵⁵ 刮（毛）	kuã³³ 关（羊）
ko⁵⁵ 过（了两年）	xɛ̃⁵⁵ 恨	xõ³³ 烘
kji³³ 忌（嘴）	khuã³¹ 讲（故事）	tʃiɔ³³ 浇（水）
tʃiɔ⁵⁵ 教	phã³¹ 掘	khɔ⁵⁵ 靠（在墙上）
khɤ⁵⁵ 刻	pã³¹ 捆（草）	lɤ⁵⁵ 勒
lui⁵⁵ 累	liã³¹ 量	khuã³¹ pɤ³¹ 聊天
luã⁵⁵ 乱（了）	pha³³ 爬	phɔ⁵⁵ 泡（茶）
phji³³ 披（衣）	phv³³ 铺	khɔ³³ 敲
tʃhiɔ⁵⁵ 撬	ka³¹ 赶	jã⁵⁵ 让（路）
xua⁵⁵ 溶化	kɛ³¹ jo³¹ 解药	zɿ³¹ khji⁵⁵ 生气

sɿ⁵⁵ 试	ʃo³³ 输	ʃuã³³ 闩（门）
ja⁵⁵ pje³¹ 压碎	thɔ⁵⁵ 套（衣服）	tʃua⁵⁵ 踢
thĩ³¹ 填（坑）	thĩ³¹ 停止	thui⁵⁵（后）退
thɔ⁵⁵ 脱（臼）	ʃiã³¹ 想	xõ³³ 熏
ja⁵⁵ 压	tʃhiɔ³³ 阉（马）	xuɛ̃³³（头）晕
tʃhɛ̃³³（肚子）胀	tʃuã⁵⁵ 转（身）	

（二）数词完全转用汉语数词

西摩洛语本语固有数词现在已经处在濒临消亡的阶段，青少年一般只会数到 3，中老年人一般只能数到 4。在日常生活中，西摩洛人基本上已经完全转用汉语数词。无论是计算数量、记录号码，还是日常生活中常用的称量表达，西摩洛人都使用汉语数词。基数词、序数词以及与数词有关的时间名词等都借自汉语。例如：

ji³¹ 一	ɤ⁵⁵ 二	sã³³ 三
sɿ⁵⁵ 四	v³¹ 五	lv³¹ 六
tʃhi³¹ 七	pa³¹ 八	tʃio³¹ 九
tʃho³³ ji³¹ 初一	tʃho³³ ɤ⁵⁵ 初二	li³¹ pɛ⁵⁵ ji³¹ 星期一
li³¹ pɛ⁵⁵ ɤ⁵⁵ 星期二	ti⁵⁵ ji³³ 第一	ti⁵⁵ ɤ³³ 第二
ji³¹ sui⁵⁵ 一岁	ji³¹ jɛ³¹ fɛ̃⁵⁵ 一月份	ʃɿ³¹ ɤ⁵⁵ jɛ³¹ 十二月

我们在西摩洛地区，听到西摩洛人在交谈和打电话涉及数字时，主要使用汉语借词。例如我们的发音人白开侦村长打电话时会冒出一些汉语词句，特别是使用数字时更是全句都使用了汉语，如下面这句话是我们在一起工作时，他与西摩洛朋友打手机时说的一句话：

ji³¹ ko⁵⁵ jɛ³¹ tʃhv³¹ v³¹ ʃɿ³¹ khuɛ³¹ tʃhɛ̃³¹ .　　　　　一个月出五十块钱。
　一　个　月　出　五十　块　钱

这句话完全使用的是汉语借词。

即便是表示双数的人称代词等常用的基本词，西摩洛人除了用本语固有数词表达外，还并用汉语的数量词表达。例如：

用本语数词"二"：

ŋʌ⁵⁵ nɿ³¹ kɔ³¹ 我俩	no⁵⁵ nɿ³¹ kɔ³¹ 你俩	ɯ⁵⁵ nɿ³¹ kɔ³¹ 他俩
我　两　个	你　两　个	他　两　个

用汉语借词"两"：

ŋʌ⁵⁵ v³³ liã³¹ kɔ⁵⁵ 我俩	no⁵⁵ liã³¹ kɔ⁵⁵ 你俩	ɯ⁵⁵ liã³¹ kɔ⁵⁵ 他俩
我　两　个	你　两　个	他　两　个

在数量短语（包括名量和动量）中，汉语的数词也强烈地冲击了本语固有数词。在"3"以内的数目中还有一部分人在一部分词语上使用本语固有数词，但从"4"开始，几乎所有人都转

用了汉语数词。我们在测试青少年的数词时发现,许多青少年都把借用的汉语数词当成了本语固有词。例如:

用本语数词"一、二、三":

khv⁵⁵ nɤ³³ ji³¹ kɔ⁵⁵ 一个碗　　ʃv³¹ kɔ³¹ nl̩³¹ pɛ̃³¹ 两本书　　ŋji³³ po⁵⁵ ʃi³¹ khl̩³³ 三把刀
碗　　一个　　　　　　　书　　两本　　　　　　刀　　三把

thɯ³¹ khji³¹ khl̩³¹ 咬一口　　nl̩³¹ thv³¹ jo³¹ 走两步　　ʃi³¹ la³¹ tɯ³¹ 打三下
一　口　咬　　　　　　　两　步　走　　　　　　三　下　打

用汉语借词"一、二、三":

khv⁵⁵ nɤ³³ ji³¹ kɔ⁵⁵ 一个碗　　ʃv³¹ kɔ³¹ liã³¹ pɛ̃³¹ 两本书　　ŋji³³ po⁵⁵ sã³³ pa³¹ 三把刀
碗　　一个　　　　　　　书　　两本　　　　　　　刀　　三把

ji³¹ khɤ³¹ khl̩³¹ 咬一口　　liã³¹ pv⁵⁵ jo³¹ 走两步　　sã³³ ʃia⁵⁵ tɯ³¹ 打三下
一　口　咬　　　　　　两　步　走　　　　　　三　下　打

西摩洛人借入汉语数词的同时,也借入了一些汉语量词,形成了都是汉语借词的数量结构,使语感更顺当。这是因为数词和量词是作为一个单位进入句法结构的,所以很自然地会把量词同时借进来,这是词语借用整体化规律的反映(在其他结构中也有类似反映,如动宾结构的"放学"等)。这些量词借入后,与本语量词共存并用。由于本语数词的使用范围在"三"以内(包括"三"),所以,西摩洛人的称量搭配方式以数词的具体数目为界,存在两种类型:

1. 当数词为"一、二、三"时,西摩洛人一般以"本语数词+本语量词"或"汉语数词+汉语量词"这两种搭配方式来称量;也有一些词可以使用"本语数词+汉语量词"这种搭配方式,但一般不能使用"汉语数词+本语量词"。

"本语数词+本语量词"的例子:

lo⁵⁵ khji³¹ thɯ³¹ lo⁵⁵　　一条河　　　　tʃa⁵⁵ kɔ³¹ thɯ³¹ khɯ⁵⁵　　一根草
河　　一　条　　　　　　　　　　　　草　　一　根

"汉语数词+汉语量词"的例子:

pĩ³¹ kã³³ ji⁵⁵ khuɛ³¹　　一块饼干　　　ʃv³¹ kɔ³¹ ji⁵⁵ tʃã³¹　　一张纸
饼干　一　块　　　　　　　　　　　纸　　一　张

"本语数词+汉语量词"的例子:

ml̩³¹ tʃhi³¹ thɯ³¹ kv³¹　　一团云　　　phv⁵⁵ thɯ³¹ tɔ³³　　一块银子
云　　一　股　　　　　　　　　　　银子　一　坨

"汉语数词+本语量词"的搭配方式,在数词为"一、二、三"时不能用。例如(凡不合语法的例子,用星号标示,下同):

* khv³³ nɤ⁵⁵ ji⁵⁵ khv³¹　一个碗　　　　* ŋji³³ po⁵⁵ sã³³ khl̩³³　三把刀
碗　　一　个　　　　　　　　　　　刀　　三　把

2. 当数词的数字大于"三"时,数量词主要使用"汉语数词+汉语量词"的搭配方式,少数词可以使用"汉语数词+本语量词"这种搭配方式。但不会出现"本语数词+本语量词"或"本语数词+汉语量词"的搭配方式。

"汉语数词+汉语量词"的例子：

ja³³ pha⁵⁵ v³¹ pa³¹　　五把扫帚　　　　pji³¹ tʃhi³¹ tʃʅ³³　　七支笔
扫帚　　五把　　　　　　　　　　　　笔　　七　支

"汉语数词+本语量词"的例子：

a³¹ pha³¹ lv³¹ pha³¹　　六片树叶　　　　ŋɔ³¹ po⁵⁵ pa³¹ tʃhʅ³¹　　八节竹子
树叶　　六片　　　　　　　　　　　　竹子　　八节

一部分原本用本语量词称量的西摩洛语名词，在称量数目大于"三"时，会转用汉语量词。不转用则不合语法，成了病句。如动物名词的本语固有量词为 mo⁵⁵ "匹、头、只、条、尾"，在数目大于"三"时会转用汉语借词"个"。例如：

mo⁵⁵ ŋjv³¹ ʃi³¹ mo⁵⁵ / mo⁵⁵ ŋjv³¹ sã³¹ kɔ⁵⁵　三头牛　　mo⁵⁵ ŋjv³¹ sʅ⁵⁵ kɔ⁵⁵　四头牛
牛　　三头　　　牛　　三头　　　　　　　　　　　　牛　　四头

＊ mo⁵⁵ ŋjv³¹ sʅ⁵⁵ mo⁵⁵　　四头牛　　　　？mo⁵⁵ ŋjv³¹ ʐʅ³¹ mo⁵⁵　　四头牛
牛　　四头　　　　　　　　　　　　　牛　　四头

完全用本语固有词的 mo⁵⁵ ŋjv³¹ ʐʅ³¹ mo⁵⁵ "四头牛"，虽然符合语法，但由于在生活中已经不用本语数词 ʐʅ³¹ "四"了，西摩洛人听起来感觉到别扭，所以用整体借入的汉语数量词 sʅ⁵⁵ kɔ⁵⁵ "四个"取而代之。

（三）汉语借词进入西摩洛语词汇体系融入度高，适应了西摩洛语词汇体系的规则和特点

具体体现在：

1. 汉语借词参与新词的构词，具有能产性。也就是汉语借词能够与本语固有的词根、词缀结合，构成新的西摩洛语词语。例如：

v³¹　　　khɔ³³　　　　　脑壳　　　　ŋjv³¹ ʃ³¹　　kã³³ pa³³　　牛干巴
头（本）壳（汉）　　　　　　　　　牛肉（本）干巴（汉）

tɤ³¹ fv̱³³　　kv³¹ tʃhɯ⁵⁵　　卤腐　　　　tɤ³¹ fv̱³³ fv̱³³ pv³¹　　　臭豆腐
豆腐（汉）酸菜（本）　　　　　　　　豆腐（汉）腐烂（本）

tɤ³¹ fv̱³³ fv̱³¹ khʅ³¹　　　　豆渣　　　　ja³³ xɔ³¹ tshɔ³¹ jɛ̃³³　　　草烟
豆腐（汉）屎（本）　　　　　　　　　烟（本）草烟（汉）

ji⁵⁵ kv³¹ ta⁵⁵ mɛ̃³¹　　　　 大门　　　　ʃɔ⁵⁵ va³¹ kɛ⁵⁵ tsʅ³¹　　　锅盖
门（本）大门（汉）　　　　　　　　　铁锅（本）盖子（汉）

mo³¹ po³¹ kɛ⁵⁵ tsʅ³³　　　　甑盖　　　　tʃha⁵⁵ te³³ ma³¹ tɛ⁵⁵　　　麻袋
甑（本）盖子（汉）　　　　　　　　　口袋（本）麻袋（汉）

xo³¹ jɔ³³　　mje³¹ pɔ³³　　　火药枪　　　xo³¹ jɔ³¹ na⁵⁵ tshʅ³¹　　　火药
火药（汉）枪（本）　　　　　　　　　火药（汉）药（本）

2. 借入的汉语形容词进入句子后，与本语固有词一样也可以重叠。例如：

kɔ³³	高	kɔ³³ kɔ³³（mʌ⁵⁵ kɯ³³）	高高（的）
khuã³³	宽	khuã³³ khuã³³（mʌ⁵⁵ kɯ³³）	宽宽（的）
uɛ³³	歪	uɛ³³ uɛ³³（mʌ⁵⁵ kɯ³³）	歪歪（的）
tʃɿ³¹	直	tʃɿ³¹ tʃɿ³¹（mʌ⁵⁵ kɯ³³）	直直（的）
tʃɛ̃⁵⁵	正	tʃɛ̃⁵⁵ tʃɛ̃⁵⁵（mʌ⁵⁵ kɯ³³）	正正（的）
phji⁵⁵	迟	phji⁵⁵ phji⁵⁵（mʌ⁵⁵ kɯ³³）	迟迟（的）
xua³¹	滑	xua³¹ xua³¹（mʌ⁵⁵ kɯ³³）	滑滑（的）
tshui⁵⁵	脆	tshui⁵⁵ tshui⁵⁵（mʌ⁵⁵ kɯ³³）	脆脆（的）
luã⁵⁵	乱	luã⁵⁵ luã⁵⁵（mʌ⁵⁵ kɯ³³）	乱乱（的）
xɔ⁵⁵	合适	xɔ⁵⁵ xɔ⁵⁵（mʌ⁵⁵ kɯ³³）	合适（的）
tʃɛ̃³³	真	tʃɛ̃³³ tʃɛ̃³³（mʌ⁵⁵ kɯ³³）	真真（的）
kui⁵⁵	贵	kui⁵⁵ kui⁵⁵（mʌ⁵⁵ kɯ³³）	贵贵（的）
liã³¹	凉	liã³¹ liã³¹（mʌ⁵⁵ kɯ³³）	凉凉（的）
nã³¹	难	nã³¹ nã³¹（mʌ⁵⁵ kɯ³³）	难难（的）
tã⁵⁵	淡	tã⁵⁵ tã⁵⁵（mʌ⁵⁵ kɯ³³）	淡淡（的）
ŋjã⁵⁵	腻	ŋjã⁵⁵ ŋjã⁵⁵（mʌ⁵⁵ kɯ³³）	油腻（的）
ʃɛ̃³¹	闲	ʃɛ̃³¹ ʃɛ̃³¹（mʌ⁵⁵ kɯ³³）	闲闲（的）
xua³³	花	xua³³ xua³³（mʌ⁵⁵ kɯ³³）	花花（的）
ʃiõ⁵⁵	凶	ʃiõ⁵⁵ ʃiõ⁵⁵（mʌ⁵⁵ kɯ³³）	凶凶（的）
pɛ̃⁵⁵	笨	pɛ̃⁵⁵ pɛ̃⁵⁵（mʌ⁵⁵ kɯ³³）	笨笨（的）

早期借词 tʃi⁵⁵ "近"和 pje³¹ "瘪"借入后，就顺应形容词的双音节化规则，加了前缀，构成本语词头加汉语词根的形容词 i⁵⁵ tʃi⁵⁵ "近"、a³¹ pje³¹ "瘪"。这样的形容词也能重叠为 i⁵⁵ tʃi⁵⁵ tʃi⁵⁵ ti³³ "近近地"、a³¹ pje³¹ pje³¹ ti³³ "瘪瘪的"。这与较晚的汉语借词不同，较晚借入的形容词一般不能加本语前缀。

3. 西摩洛语本语名词能够重叠后一音节当动词用，构成宾动结构。这也就是一般所说的"名动同形"。如名词 a³¹ khv̩³³ "斗笠"，能够重叠后一音节构成宾动短语 a³¹ khv̩³³ khv̩³³ "戴斗笠"。汉语借词进入西摩洛语之后，也顺应这个规则，名词也可以重叠后一音节做动词。例如："打工"这个词，西摩洛人有两个说法，一个是完全借用汉语的 ta³¹ kõ³³ "打工"；另一个是将汉语借词 kõ³³ "工"与本语词 mɯ⁵⁵ 先结合为名词性的 kõ³¹ mɯ⁵⁵ "做工"，然后再重叠其后一音节构成宾动关系的 kõ³¹ mɯ⁵⁵ mɯ⁵⁵ "做工"。

4. 在吸收方式上，存在不同的融入阶段。开始吸收汉语借词时，由于对汉语的本义和两种语言的语法对应认识不够，就很容易将一个应该分解的结构不加分解地搬进西摩洛语。这个阶段可称之为"囫囵吞枣阶段"。例如：把动宾语序的 khɛ³³ xui⁵⁵ "开会"原封不动地吸收进去。但随着对"开会"一词认识的加深,后来有许多人渐渐把它改变为宾动语序,说成 xui⁵⁵ khɛ³³"会开"。这种说法出现在认识加深后的时期,可称之为"理解拆分阶段"。在现在不同人的语言使用中,由于认识程度的不同,两种语序共存并用。又如:"赶集"一词,有说 kɛ⁵⁵ tsɿ³¹ kã³¹(街子赶)的,有说 kã³¹ kɛ⁵⁵(赶街)的,两种语序并用。

三 汉语借词的大量进入,使得西摩洛语表达概念的能力进一步精细化、准确化和经济化

(一)精细化

汉语借词的进入使得西摩洛人对客观事物的分类更为精细了。具体表现在:

1. 本语只有上位词没有下位词的,汉语借词填补了这个空白,使得同一语义场内的概念表达更为精细。例如:

山羊、绵羊:西摩洛语本语固有词里只有一个总称 tshɿ³¹ pje³³"羊",同时指"山羊"。后来从汉语借入 mjɛ̃³¹ jã³¹"绵羊"一词,使得"羊"的分类明确精细了。

2. 总称用本语词,具体的下位词用汉语。或从总称到下位词都用汉语借词。例如:

茶:本语词是 ŋjv⁵⁵ phji⁵⁵,但汉语借词 tʃhuɛ⁵⁵ tʃha³¹"春茶"、jɔ³¹ sui³¹ tʃha³¹"夏茶(雨水茶)"、pa³³ pa³³ tʃha³¹"块茶"、tho³¹ tho³¹ tʃha³¹"沱茶"、pĩ³¹ tʃha³¹"饼茶"等词语大大充实了有关"茶"的语义场。

烟:本语有一个总称 ja⁵⁵ xɔ³¹"烟",但随着当地烟业的发展,陆续吸收了许多与"烟"有关的汉语借词。如:tʃhɔ³¹ jɛ̃³³"草烟"、thui⁵⁵ jɛ̃³³"毛烟"、tʃv³³ ʃa³³ jɛ̃³³"朱砂烟"、tʃɿ³¹ jɛ̃³³"纸烟"等,使得有关"烟"的语义场得以丰富。①

铜:原来只有借自汉语的总称 thõ³¹"铜",后来又借入了 xua³¹ thõ³¹"黄铜"、xɔ³¹ thõ³¹"红铜"等,进一步充实了"铜"的下位词。

咖啡:总称的 kha³³ fei³³"咖啡"借自汉语,后来又借助汉语词汇增加了下位词。其方式,或完全借入汉语新借词,如 kha³³ fei³³ kɔ³¹"咖啡果",或由汉语借词和本语固有词构成,如 kha³³ fei³³ o³¹ ʃɿ³¹"咖啡果"、"咖啡花"、kha³³ fei³³ a³¹ pha³¹"咖啡叶"。有的概念,两种方式并用,如"咖啡果"。

蝉:总称是本语词 pɿ³¹ tʃe³¹,后来又把汉语表示月份的数量词借入,与本语的 pɿ³¹ tʃe³¹ 结合,构成多个下位词。如 ɣ⁵⁵ je⁵⁵ pɿ³¹ tʃe³¹"二月蝉"、sɿ⁵⁵ je⁵⁵ pɿ³¹ tʃe³¹"四月蝉(知了)"、v³¹ je⁵⁵ pɿ³¹ tʃe³¹"五月蝉"、pa³¹ je⁵⁵ pɿ³¹ tʃe³¹"八月蝉(大黑蝉)"等。

3. 本语用一个词表达两个概念,后来借入汉语借词分工表达其中一个概念,使词义表达更为明确。例如:

二胡、锯子:本语固有词里原来只用一个 ʃɯ⁵⁵ ko⁵⁵ 表示。西摩洛人在认知上认为"二胡"和"锯子"有相通之处,拉二胡就像拉锯子一样。后来借入了汉语借词 ɣ³¹ fv³¹"二胡",细化了分

---

① 西摩洛语的 ja⁵⁵ xɔ³¹"烟",其中的 ja⁵⁵ 是否来自汉语的"烟",现在还无法确认。

类。

哑巴、傻子：本语固有词里的 tʃa³¹ka⁵⁵，既指"哑巴"，又指"傻子"，后来又借入了汉语的 ja³¹pa³³"哑巴"，用词的形式区分了这两个不同的概念。

同样的例子还有："鬼、神仙"固有词都用 n̩¹³¹，后来又借入了汉语的 ʃɛ̃³¹ʃiɛ³³"神仙"。"叮、咬"固有词里都用 kh̩¹³¹表示，后来又借入了汉语的 jɔ³¹"咬"。"铁锅、炒菜锅"固有词都是 ʃɔ⁵⁵va³¹，后来借入了汉语的 thiɛ³¹ko³³"铁锅"等。

西摩洛人还同时借入表达相近概念的多个汉语近义词，来表达西摩洛语的相应意义，细化了西摩洛语的表达方式。例如：

摞：lɔ⁵⁵（摞）；tui³³（堆）

贴：tʃã³³（粘）；thiɛ⁵⁵（贴）

直：tsɛ̃⁵⁵tsɛ̃⁵⁵（正）；tʃ̩¹³¹（直）

（二）准确化

有的汉语复合词所表达的概念，在西摩洛语里没有相应的词，只有大致上意义对应的短语。这样的短语往往表义比较模糊，概念也表达得不够准确到位，而且音节数量过多。例如："农民"一词，西摩洛语用短语 ʃa⁵⁵mɯ⁵⁵tʃɔ³¹kɯ³³tʃho⁵⁵表达，直译意为"种地吃的人"。现在一般人都直接使用概念清晰准确的汉语借词 nõ³¹mji³¹"农民"。"医生、商人"等词语也是如此：

医生：na³³tsh̩¹³¹ɣo³¹tʃɔ³¹kɯ³³tʃho⁵⁵（本语）；ji³³ʃɛ̃³³（汉借）
　　　药　　卖　　的　人　　　　医生

商人：ɣ³¹tʃho⁵⁵ɣo³¹kɯ³³tʃho⁵⁵（本语）；
　　　东西　　卖　的　人

sɛ̃³³ji⁵⁵mɯ⁵⁵kɯ³³tʃho⁵⁵（汉借+本语）；ʃã³³zɛ̃³¹（汉借）
生意　做　的　人　　　　　　　　商人

（三）经济化

随着社会的发展，各种新概念、新生事物不断产生。为这些概念、事物另造新词显然不符合语言的经济原则，直接使用汉语借词是最易于交际、最简便快捷的方式。例如：

tɛ̃⁵⁵tʃ̩¹⁵⁵　政治　　kõ⁵⁵tʃhã³¹tã³¹　共产党　　mo³¹tho³¹tʃɣ³³　摩托车

ʃɣ³¹ʃi³³　手机　　lv³¹ʃiã⁵⁵　录像　　ʃui⁵⁵khuã³¹　税款

此外，一些很常用的概念、事物，在西摩洛语里通过复合词或短语的形式来表达，在汉语里则以单音节词或双音节复合词的形式表达。这样的汉语词比本语词音节更加简短，意义也更加明确，就比较容易借入西摩洛语。例如：

假　　mʌ³¹xɔ⁵⁵（本语+汉借）；tʃia³¹（汉借）
　　　不　真　　　　　　　　　假

二儿子　ja⁵⁵ŋji⁵⁵thɯ³¹kɔ³¹（本语）；a³¹ɤ⁵⁵（汉借）
　　　　儿　小　一　个　　　　阿二

四　汉语借词与本语词的共存并用，是汉语和西摩洛语既和谐又竞争的双语关系的反映

（一）西摩洛语里有大量词语是本语固有词和汉语借词共存并用

不同年龄层次、不同经历、不同教育程度的西摩洛人，可以从中选择使用。但总的看来，青少年使用汉语借词的频率远高于本语固有词。从发展趋势上看，在经过和谐的竞争之后，汉语借词大多有取代本语固有词的趋势。例如：

表 5-2

本语词	借词	汉义	本语词	借词	汉义
mo⁵⁵lo³³	lo³¹sɿ³³kuɛ³¹	脚踝	tshɿ³¹khɿ⁵⁵	khv³¹tã³¹	胆
tʃa³¹ka⁵⁵	ja³¹pa³³	哑巴	ja⁵⁵ŋji⁵⁵thɯ³¹kɔ³¹	a³¹ɤ⁵⁵	二儿子
zɿ⁵⁵tʃɔ³¹	ma³¹xuã³¹	蚂蟥	pɿ³¹khɯ⁵⁵pɿ³¹tʃɔ³¹	tshã³¹	蚕
kha⁵⁵sɿ³¹	liã³¹sɿ³¹	粮食	pho³¹tʃhɔ³¹	va³¹tsɿ³³	袜子
ji⁵⁵phji⁵⁵	tʃhiã³¹	墙	thi⁵⁵pa³¹	pã³¹tsɿ³¹	木板
lɔ⁵⁵khv̱³¹	phã³¹phã³³	盘子	ji⁵⁵kho³³tɔ⁵⁵po³¹	tʃhuã³³tsɿ³¹	窗子
ko³³ŋɯ⁵⁵	phjĩ³¹phjĩ³³	瓶子	pv³¹le³³	kuã⁵⁵kuã⁵⁵	罐子
po³³kv⁵⁵	sã⁵⁵tsɿ³¹	扇子	nɔ³¹jɔ³¹ti⁵⁵kho³¹	ua³¹ɤ³¹	挖耳勺
thɯ³¹mʌ⁵⁵	ji³¹sui⁵⁵	一岁	phi⁵⁵li⁵⁵pho³³lo³³	ti³¹tsɿ³³	笛子
kɿ⁵⁵	tʃhi³³	斤	lɔ³¹	liã³¹	两
ɤo³¹	khuɛ³¹	元	xɔ³¹	tʃiɔ³¹	角
ta⁵⁵mo⁵⁵	kɔ³³	高	a³¹khje³¹	a³¹pje³¹	瘸
ɔ³¹tsɿ⁵⁵tsɿ⁵⁵	ʃɔ³¹	少	pɯ³¹	luã⁵⁵	乱
pa⁵⁵jɔ³¹	uɛ³³	歪	a³¹ʒv̱³³	tshui⁵⁵	脆
ɤ³¹phɿ³¹po³³	kui⁵⁵	贵	khɿ⁵⁵phʌ⁵⁵la³¹phʌ⁵⁵	tʃhɿ³¹khuɛ³³	勤快
ŋjv̱³³tʃhɯ⁵⁵	kɔ³³ʃĩ⁵⁵	高兴	ʃa³³tsɿ³¹nɤ⁵⁵ti³¹	kuɛ³³	乖
tʃv⁵⁵ʃa⁵⁵	ʃĩ⁵⁵fv³¹	幸福	fv̱³³	tʃhã⁵⁵	唱
tho⁵⁵	tshuã³³	穿针	lɔ⁵⁵phv̱³³	kuã⁵⁵	跌倒
kje³³	kua⁵⁵	刮	o⁵⁵xã³¹	xɔ⁵⁵xui³¹	后悔
ʃi⁵⁵	xõ⁵⁵	烤	phɯ³³	pã³¹	捆
phɯ⁵⁵tʃha³¹	tʃe⁵⁵	连接	pi⁵⁵tv̱³³	liã³¹	量
kv̱³³tʃhɯ⁵⁵	thiɔ³³	挑选	thɯ³¹zɿ⁵⁵	ji³¹pei⁵⁵tsɿ³¹	一辈子

（二）汉语借词融入西摩洛语的词汇系统，呈现出多层次的特点

这是汉语影响西摩洛语的一种既和谐又竞争的表现。如过去西摩洛人的交通工具主要靠马，用马驮货是主要的运输方式，因而在西摩洛语里出现了一组与马具有关的词语，这些词语的构成既有固有词，又有汉语借词，还有由固有词和汉语借词合成的复合词。但这些词汇不是一次借入的，存在不同的层次，反映了西摩洛人对马具认识的不断深化。例如：

本语词：

| mo³¹ mi³¹ to³³ | 马嚼子 | mo³¹ kɯ⁵⁵ tɤ⁵⁵ | 马铃铛 |
| 马　嚼子 | | 马铃铛 | |

汉语借词：

| ma³¹ tʃã³¹ | 马掌 | to⁵⁵ tsʅ³¹ | 驮架 |
| 马掌 | | 驮架 | |

本语词+汉语借词：

mo³¹ phi⁵⁵ tʃhio³³	马鞦	mo³¹ lõ³¹ thɯ³³	马笼头
马　皮鞦		马　笼头	
mo³¹ ɣã³³ tsʅ³¹	马鞍	mo³¹ tɤ̃³³	马镫子
马　鞍子		马　镫	
mo³¹ tv⁵⁵ tɛ⁵⁵	马肚带	mo³¹ ma³¹ tʃã³¹	马掌
马　肚带		马　马掌	

从上面一组与马具有关的词中，我们看到西摩洛人能够用本语的 mo³¹ "马"来构成与马具有关的复合词，这些本语词加汉语借词的合成词体现了他们对这些事物概念的认识和理解。如果没有达到这个认识程度，他们就不可能出现这样的词素合成情况。为什么"马掌"一词，有全借式和借词加本语附注成分式两种形式呢？因为他们当时分离不出"掌"的意义，只能把"马掌"一词整个地借用进来。但他们又觉得全用汉语还不够，就在汉语的 ma³¹ tʃã³¹ "马掌"前面加上本语的 mo³¹ "马"，形成语义重叠，这就更符合他们的语感。

（三）为双音节化，使用汉语借词做前缀用来附注本语词根，表现出和谐互补的语言影响

例如：

| je³¹ | lə³¹ | 老虎 |
| 野（汉） | 虎（本） | |

五　部分固有词消失，相应汉语借词进入

一些固有词随着所指称的事物在西摩洛人所在地区的消失而消失，而相应的汉语借词进入西摩洛语词汇系统，填补了固有词消亡所带来的空白。

例如，一些鸟类在十余年前迁徙到了其他地区，这些原本很常用的表达鸟类名称的本语固有词，如 tʃa⁵⁵ tʃhe³³ "麻雀"、ko⁵⁵ po³¹ ko⁵⁵ ti³¹ "布谷鸟"、xɔ³¹ ma³¹ "乌鸦"、tshʅ³¹ pʌ³¹ lʌ⁵⁵ pʌ³¹ "喜鹊"等，于是逐渐不再使用，导致现在的青少年基本不会说这些本语词，有很多青少年甚至连听都听不懂了。他们又从汉语里学会了这些词，需要的时候就使用汉语借词。

又如：随着生活水平、卫生条件的提高，pʅ³¹ kʅ³³ "臭虫"、khʅ³¹ ʃɯ⁵⁵ "跳蚤"等某些虫类基本绝迹，青少年也因此基本上不会说这些词语了。还有一些动物如 zʅ⁵⁵ ʃɯ⁵⁵ "水獭"、tho³¹ khʅ³¹

"穿山甲"、fv̱^{33}ph₁^{31}"竹鼠"等,现在在雅邑十分罕见,青少年大多也就不会说了,甚至听不懂了。只有少数经提示后,还能感觉到有过这个词的存在。这些词所代表的概念和事物,青少年是从汉语学来的,已与本语联系不上了。

再如:随着生产技术的改进和提高,某些农业、手工业用品不再使用,因此一些相关的词语如 tsh₁^{31} pha^{31}"火绒"、m₁^{31} tʃʌ^{55}"火石"等也逐渐消失。随着度量衡的标准化,本语固有度量衡量词如 ʃi^{55}"庹"、k₁^{55}"斤"、lɔ^{31}"两"等也逐渐不用了。这些词在其他支系语言里还普遍存在,并有严格的语音对应关系。但西摩洛青少年大多都不会用了,其中的"斤、两"等词,已经完全转用汉语借词。

六　汉语的搭配特点影响西摩洛语的词语搭配

汉语的词语搭配与西摩洛语有相同点也有差异。有差异的部分,西摩洛人会受到汉语的影响,出现向汉语靠拢的趋同现象。以汉语动词"打"为例,它的义项很多,可搭配的宾语名词范围也很广,有的搭配与"打"的本义"击打"义相离较远。如"打水、打电话、打毛衣、打赌、打牌"等。这是汉语的特点,西摩洛语并没有这种结合法。但是,由于受汉语影响,西摩洛语也出现了这种与汉语相同的组合关系。如:汉语的"打扑克","打"没有"击打"义,西摩洛语也借用了这种结合方式,或说成 ta^{31} phv^{31} khɯ^{31}"打+扑克",词汇全借用汉语,还使用了汉语的 VO 型语序;或说成 phv^{31} khɯ^{31} tɯ^{31}"扑克+打",用了本语的 tɯ^{31}"打",还顺从了本语的 OV 型语序。又如:

| mɔ^{31} ʃi^{55} ji^{33} tɯ^{31} | 打毛衣 | fɛ̃^{33} ʃv^{55} tɯ^{31} | 打分 |
| 毛衣(汉)打(本) | | 分数(汉)打(本) | |

西摩洛语还把汉语的动宾短语当名词借入,再加上本语的动词"打",构成"打(汉语)+名词+打(本语)"结构的。例如:

| ta^{31} tʃã^{55} tɯ^{31} | 打仗 | ta^{31} pa^{31} kh₁^{33} | 打靶 |
| 打仗(汉)打(本) | | 打靶(汉)打(本) | |

七　西摩洛青少年的词汇受汉语影响具有不同于中老年人的特点

青少年的词汇体系由于受到汉语词汇的影响,借入的汉语词语很多。他们的词汇体系发生了一些变化,有自己的年龄特点。主要是:

(一)本语词听的能力比说的能力强,表现在词汇上,就是能听懂的词汇量大,能主动说出的词汇量小。很多常用词处于能听不能说的状态,需要提示后才能想起。也就是被动词汇(只能听懂的词汇)多,主动词汇(能听能说的词汇)少。所以很多青少年高估了自己的本语水平,他们自认为西摩洛话没有问题,但实际上他们掌握的大多是被动词汇,而不是主动词汇。

例如有一天晚上,我们在雅邑乡中心完小的操场上见到了几个正在打篮球的古鲁山寨的中小学生,问他们会不会西摩洛语,他们都齐声说"会"。我们就带了 4 个学生到住处测试 400 词。测试过程非常吃力,连一些常用的基本词他们都要想很久才能说出来。被测试的学生中有一个叫王东（14岁,初一学生）的告诉我们,他的祖祖辈辈都是西摩洛人,他自己上学也不是住校,而是住在同为西摩洛人的舅舅家,所以经常说西摩洛话。但测试结果却显示,401个本语常用词里,他能说出来的（A级、B级）词汇只有204个,能听得懂但不能主动说出来的词（C级）为142个,完全听不懂的词（D级）为55个。这个数据表明王东所掌握的母语词汇量偏低。后来我们到这些学生所在的村寨去做入户调查,才知道这个寨虽然是西摩洛人的聚居寨,但中青年父母一般都只重视孩子的汉语教育,很多孩子的第一语言是汉语,而且小孩在一起时有时也说汉语。当问到他们什么时候说汉语,什么时候说西摩洛语时,有个学生回答我们说:"什么方便就说什么语言"。至于他们的西摩洛语,则是随着年龄的增长,在社会环境中逐渐提高水平的。由于他们听西摩洛语的能力都还可以,与父母、村民的交际没有障碍,所以他们都自认为西摩洛语很好。

（二）表达上对汉语借词的依赖性高。由于"听"和"说"分离,很多事物、概念都依靠汉语来表达,青少年的句子里夹杂着大量的汉语名词、虚词,成了西摩洛人习以为常的语言状态。

（三）青少年的口语里,汉语借词是否能够扎根,与词语所代表的客体同青少年的实际生活的关系是否密切有关。青少年在日常生活中能经常接触到的、能清楚看得到的自然现象、花草鸟兽、人体器官、日常用品、形态动作等,一般会用本语词;但不常接触的、肉眼看不到的事物以及一些比较抽象的概念用汉语借词。而且,由于现在青少年受教育时间长,做农活少,很多年轻人都不会说甚至听不懂一些与农耕生活有关的本语词了,例如:"稗子、吹火筒、薅秧"等。

第三节 汉语对西摩洛语固有语法特点的影响

西摩洛语屈折变化少,形态不发达,与汉语同属于分析型语言,语法上存在诸多共性,因而,西摩洛语语法容易受到强势语言汉语的影响。目前能看到的主要有以下一些现象:

一 支配短语出现了 VO 语序

西摩洛语是 SOV 型语言,支配短语的固有语序是宾语在前,动词在后。例如:

na^{33} tsh₁^{31} tʃhɔ^{33}	熬药	tsa^{33} kɔ^{31} ko^{55}	拔草
药　　熬		草　拔	
ʃʌ^{55} kho^{33}	种庄稼	phji^{55} li^{55} pho^{33} lo^{33} tsʅ^{33}	吹笛子
地　种		笛子　　　吹	
ji^{55} pã^{33}	搬家	khɯ^{33} tho^{55}	穿线
搬　家		线　穿	

OV 型语序是西摩洛语最重要的类型学特征之一,一般程度的语言接触与影响很难触及到或改变这个核心特征。但西摩洛语与汉语的接触关系密切,接触历史悠久,所以汉语的 VO

型语序,会局部地进入西摩洛语的语序,从而触动西摩洛语支配结构的基本特点。如下面一些VO语序的词语,在西摩洛人的口语中是客观存在的:

fã⁵⁵ tʃia⁵⁵	放假	fã⁵⁵ ʃĩ³³	放心
放假		放心	
fã⁵⁵ ʃio³¹	放学	khɛ³³ ʃio³¹	开学
放学		开学	
tã³³ pjĩ³³	当兵	tã³³ kuã³³	当官
当兵		当官	

借入的 VO 型短语与本语的 OV 型短语共存并用。使用 VO 型语序的词语,一般都是完全借用汉语的,而与之并用的 OV 型词语,宾语多是汉语借词,动词多是固有词。例如:

ta³¹ tv³¹;tv³¹ tʃʌ⁵⁵	打赌	ta³¹ kõ³³;kõ³³ mɯ⁵⁵ mɯ⁵⁵	打工
打赌　赌打		打工　工做	
khɛ³³ xui⁵⁵;xui⁵⁵ khɛ³³	开会	khɛ³³ tɛ̃³³;tɛ̃⁵ khɛ³³	开灯
开会　会开		开灯　灯开	

二　数量名短语有"名＋数＋量"、"数＋量＋名"两种语序并存共用

西摩洛语数量短语的本语固有语序为"名＋数＋量",但受汉语影响也同时使用了一些"数＋量＋名"语序。特别是在青少年口语里,"数＋量＋名"语序的使用频率相当高。由于西摩洛人基本转用汉语数词,同时还借用了大量的汉语量词,所以现在西摩洛语的数量短语形式出现了多种形式,既有用本语数量词表达的,又有用汉语借词表达的,还有用固有词和借词一起表达的。其语序既有本族语的"名＋数＋量",也有汉语的"数＋量＋名"。例如:

ti⁵⁵ kho³¹ thɯ³¹ kho³¹	一根棍子	ti⁵⁵ kho³¹ thɯ³¹ kɛ̃³³	一根棍子
棍子　一　根（本语,反响型）		棍子　一　根（汉借）	
ti⁵⁵ kho³¹ ji⁵⁵ kɛ̃³³	一根棍子	ji⁵⁵ kɛn³³ ti⁵⁵ kho³¹	一根棍子
棍子　一　根		一　根　棍子	

三　借用汉语助词

借用了 jĩ³³ kɛ³³"应该"、jĩ⁵⁵ ji⁵⁵"愿意"、khɣ³¹ ji³¹"可以"、nɛ³¹"能"、kã³¹"敢"、khɛ³³ ʃɿ³¹"开始"等汉语助动词。西摩洛语的助动词不太丰富,受到汉语的影响,接纳了一些本语里没有但表义上需要的助动词。例如:

(tʃi⁵⁵ ʒã³¹) jo³¹ ko³¹ pa³³ ti³³ sɿ³¹ tʃhv⁵⁵ lʌ⁵⁵ nʌ³¹,　　既然知道自己错了,
　既然　自己　错　知道　（语助）
jĩ³³ kɛ³³ kɛ³¹ tɛ̃⁵⁵ tʃʌ⁵⁵ kji³³ ŋji³³.　　便应该认错。
应该　改正　要　（语助）

no⁵⁵ ji̊³³ kɛ³³ sɿ⁵⁵ ɯ⁵⁵ pjʌ⁵⁵ ji⁵⁵ tʃʌ⁵⁵ kɯ³³ ji⁵⁵.   你应该去那边。
你 应该 是 那边 去 将要（语助）

a⁵⁵ tʃe³¹ ʃv³³ pʌ⁵⁵ jo³¹ kɯ³³ ŋʌ⁵⁵ ji̊⁵⁵ ji⁵⁵ ji̊⁵⁵.   跟姐姐走，我愿意。
阿姐 跟 一起走的 我 愿意（语助）

ŋʌ⁵⁵ no⁵⁵ ʃv³³ pʌ⁵⁵ ji⁵⁵ ŋɯ⁵⁵ khɤ³¹ ji³¹ nã³³!   我跟你去也可以啊！
我 你 跟 一起去 也 可以 啊

ji⁵⁵ tʃhv³¹ pa³¹ kɯ³³, ŋʌ⁵⁵ nɛ³¹ ji⁵⁵.   挑水，我能。
水 挑 的 我 能（语助）

ɯ⁵⁵ ʃv³³ pʌ⁵⁵ ji⁵⁵ kɯ³³, no⁵⁵ kã³¹ kɯ³³ le³¹ je⁵⁵?   跟他去，你敢吗？
他 跟 一起去的 你 敢 的（语助）

ɔ³¹ fv⁵⁵ khe³³ ʃɿ³¹ fv⁵⁵ ã⁵⁵.   开始下雨了。
雨 开始 下（语助）

四 借用汉语副词

借用 tɔ⁵⁵ ti³¹ "到底"、tã³³ ʒã³¹ "当然"、ji³¹ ti⁵⁵ "一定"、khɛ̃³¹ ti⁵⁵ "肯定"、tsɛ⁵⁵ "再"、tʃiu⁵⁵ "就"、ʃɿ³¹ tsɛ⁵⁵ "实在"、tʃhi³¹ pv⁵⁵ "全部"、tshe³¹ "才"、ʃiã³³ fv⁵⁵ "相互"、pɛ³¹ lɛ³¹ "本来"、tsui⁵⁵ "最"、ʃiã³³ "相当"、tʃɛ⁵⁵ "正（在）"、ma³¹ ʃã⁵⁵ "马上"、tʃi³³ tʃhã³¹ "经常"、ji⁵⁵ tʃɿ³¹ "一直"、tʃɿ³¹ tɔ⁵⁵ "直到" 等汉语副词。西摩洛语固有词中副词也不很丰富，但为了表达的需要，也吸收了一些汉语副词。例如：

no⁵⁵ tɔ⁵⁵ ti³¹ tʃo³¹ mʌ³¹ tʃo³¹?   你到底吃不吃？
你 到底 吃 不 吃

no³³ tʃhv³³ tʃhi³¹ pv⁵⁵ mʌ⁵⁵ ji⁵⁵ phʌ³¹ kɯ³³,   你们都去了，
你们 全部 去了 的

ŋʌ⁵⁵ tã³³ ʒã³¹ ŋɯ⁵⁵ ji⁵⁵ lo³¹!   我当然也去啰！
我 当然 也 去 啰

no⁵⁵ ji³¹ ti⁵⁵ khɔ³¹ mɯ³¹ jo³³ tʃhv⁵⁵ ji⁵⁵.   你一定能考好的。
你 一定 考 好 能（语助）

ɔ³¹ po⁵⁵ xɯ⁵⁵ thɯ³¹ po⁵⁵ khɛ̃³¹ ti⁵⁵ te³¹ ta³³ lʌ⁵⁵ khɿ³¹ ji⁵⁵.   这棵树肯定能活。
树 这 一 棵 肯定 活 起来 能（语助）

ŋʌ⁵⁵ tʃʌ⁵⁵ sɿ³¹ li³³ ɔ³¹ sɿ³¹ tsɛ⁵⁵ ji³¹ kɔ⁵⁵ pɿ³¹ lʌ³³.   再给我一个桃子。
我（宾助）桃子 再 一 个 给（语助）

ɯ⁵⁵ lʌ⁵⁵ khɯ⁵⁵ ʌ⁵⁵ ʃv³³, ŋʌ⁵⁵ tʃiu⁵⁵ jo³¹ pho³¹ ã³³.   他一来我就走了。
他 来到 （连词）我 就 走掉（语助）

ŋʌ⁵⁵ xɯ⁵⁵ ʃɿ³¹ tse⁵⁵ ɣ⁵⁵ ŋ³³ ʃi³¹ xuã³³ lã³³.　　我实在很喜欢这个。
我　这　实在　　很　喜欢　（语助）

ɔ³¹ tʃho³³ xɯ⁵⁵ tʃhĩ³¹ pv⁵⁵ mʌ⁵⁵ ŋʌ³³ kɯ³³ ji⁵⁵.　　这些东西全部是我的。
东西　　这　全部　　的　我　的　（语助）

no⁵⁵ tshɛ³¹ lʌ⁵⁵ kji³³ je⁵⁵.　　你才来吗？
你　才　来（语助）

no³³ tʃhv³³ ʃiã³³ fv³¹ mʌ⁵⁵ ʌ⁵⁵ tʃv³³ tʃi³¹ te³³ kji³³ je⁵⁵?　　你们在相互说些什么？
你们　　　相互　　　的　什么　　说　（语助）

xɯ⁵⁵ ji³¹ tʃĩ⁵⁵ sɿ⁵⁵ tʃhi³¹ ŋʌ⁵⁵ pɛ̃³¹ lɛ³¹.　　我本来就不知道这件事。
这　一　件　事情　我　本来

tʃiu⁵⁵ mʌ³¹ sɿ³¹ tʃhv⁵⁵ lʌ⁵⁵.
就　不　　知道　（语助）

no⁵⁵ tsui⁵⁵ mɯ⁵⁵ ŋjv³⁵ lʌ⁵⁵ kɯ³³ ʌ⁵⁵ tʃv³³ tʃi³¹ ji⁵⁵?　　你最喜欢什么？
你　最　喜欢　（语助）的　什么　　（语助）

ɯ⁵⁵ ʌ³¹ kʌ³³ ji³¹ kɔ⁵⁵ fã³³ mi⁵⁵ thʌ³³ ʃiã³³ tã³³ li⁵⁵ xɛ⁵⁵ kji³³ jĩ⁵⁵.　　他什么方面都相当厉害。
他　哪　一　个　方面　　都　　相当　厉害　（语助）

ɯ⁵⁵ tʃɛ̃⁵⁵ tĩ⁵⁵ sɿ⁵⁵ nɯ⁵⁵ ti³¹ kɯ³³.　　他正在看电视。
他　正　电视　看　的

ŋʌ⁵⁵ ma³¹ ʃã⁵⁵ lʌ⁵⁵ ã³³.　　我马上就来。
我　马上　来（语助）

ŋʌ⁵⁵ tʃĩ³³ tʃhã³¹ mʌ³¹ ɯ⁵⁵ tɔ⁵⁵ nɯ⁵⁵ kɔ³³ ji⁵⁵ kji³³ ji⁵⁵.　　我经常去他家玩。
我　经常　（助）他　家　玩儿　去　（语助）

ŋʌ⁵⁵ ji⁵⁵ tʃɿ³¹ mʌ⁵⁵ ɣ⁵⁵ ŋ³³ kɔ³³ ʃĩ⁵⁵.　　我一直都很开心。
我　一直　都　很　高兴

tʃɿ³¹ tɔ⁵⁵ ŋʌ³³ ji⁵⁵ kɯ³³ ɣ⁵⁵ mjʌ⁵⁵ xɔ⁵⁵ ni³³ kɯ³³,　　直到我去的时候,他才来。
直到　我　去　的　时候　　（语助）

ɯ⁵⁵ tshɛ³¹ lʌ⁵⁵ kji³³ jĩ⁵⁵.
他　才　来（语助）

五　借用汉语连词

西摩洛语的复句结构的表达形式多缺少连词,使得本语在表达细微的复句关系时不能满足表意的需要。所以,也从汉语中借用了 jɔ⁵⁵ mɯ³³"要么"、tʃhv³¹ fei³³"除非"、sui³³ ʒã³¹"虽然"、ʒo³¹ ko³¹"如果"、tʃiu⁵⁵ ʃuã³³"就算"、tʃɿ³¹ jɔ⁵⁵"只要"、v³¹ luɛ⁵⁵"无论"、tʃi⁵⁵ ʒã³¹"既然"、ui⁵⁵ lɤ³³"为了"、"pv⁵⁵ ʒv³¹""不如"、ji⁵⁵ pji³³"一边……一边"、xɛ⁵⁵ sɿ⁵⁵"还是"、mi³¹ tɤ³¹"免得"等连词。例如：

jɔ⁵⁵ mɯ³³ no⁵⁵ , jɔ⁵⁵ mɯ³³ ɯ⁵⁵ .
要么　你　要么　他
要么你，**要么**他。

tʃhv³¹ fei³³ no⁵⁵ tʃo³¹ , mʌ³¹ ŋɯ⁵⁵ ŋʌ⁵⁵ ɯ⁵⁵ mʌ³¹ tʃo³¹ .
除非　你　吃　不然　我　也　不　吃
除非你吃，**不然**我也不吃。

sui³³ ʒã³¹ ɯ⁵⁵ kɯ³³ tʃhɛ³¹ tʃi³¹ tʃha³³ ji⁵⁵ ti³³ ŋɯ⁵⁵ , mɯ⁵⁵ ŋɯ⁵⁵ ɯ⁵⁵ tõ³¹ sɿ⁵⁵ tʃo³³ khɿ³³ ji⁵⁵ .
虽然　他的　成绩　差（语助）的是　但是　他　懂事　很　（语助）
虽然他成绩差，**但**他很懂事。

ʒo³¹ ko³¹ o³¹ fv⁵⁵ fv⁵⁵ lɯ³³ ji⁵⁵ thi³³ ʌ³¹ , ŋʌ⁵⁵ mʌ³¹ ji⁵⁵ ʌ³³ .
如果　雨　下　（语助）的话　我　不　去（语助）
如果下雨的话，我就不去了。

tʃiu⁵⁵ ʃuã⁵⁵ no⁵⁵ mʌ³¹ lʌ⁵⁵ ji⁵⁵ ti³³ ŋɯ⁵⁵ , ŋʌ⁵⁵ no⁵⁵ tʃhv⁵⁵ tʌ⁵⁵ ji³¹ lɯ³³ tʃo⁵⁵ ti³³ ta³¹ suã⁵⁵ thɯ³¹ kɯ³³ .
就算　你　不　来（助）的是　我　你（宾助）寻找　来（语助）的　打算（语助）
就算你不来，我也正打算去找你。

tʃɿ³¹ jɔ⁵⁵ no⁵⁵ ʃa⁵⁵ tsɿ³¹ nʌ⁵⁵ ti³¹ ji⁵⁵ thi³³ ʌ³¹ , ŋʌ⁵⁵ no⁵⁵ tʃʌ⁵⁵ v⁵⁵ lʌ³¹ ŋɯ⁵⁵ .
只要　你　话　听　（语助）的话　我　你（宾助）买给　是
只要你听话，我就给你买。

v³¹ luɛ⁵⁵ ʌ⁵⁵ tʃv³³ tʃi³¹ fa³¹ sɛ̃³³ ji⁵⁵ ti³³ ŋɯ⁵⁵ , ŋʌ⁵⁵ mʌ³¹ jo³¹ khɿ³¹ ji⁵⁵ .
无论　什么　发生（语助）的是　我　不　走　会（语助）
无论发生什么，我都不会走。

no⁵⁵ tʃi⁵⁵ ʒã³¹ lʌ⁵⁵ phɔ³¹ ʌ³¹ kɯ³³ , thɯ³¹ tʃɯ⁵⁵ ŋɯ³¹ tʃo⁵⁵ xɔ⁵⁵ ti⁵⁵ ji⁵⁵ .
你　既然　来　了　一会儿　坐　然后回去
你**既然**来了，就先坐会儿再走吧！

ui⁵⁵ lɤ³³ no⁵⁵ tʃhv³³ ti³³ xɔ⁵⁵（ni³³ kɯ³³）ŋʌ⁵⁵ tʃhɛ³¹ mʌ³¹ jo³¹ kɯ³³ ji⁵⁵ .
为了　你们　的缘故（语助）　我　才　不　走　的（语助）
为了你们我才不走的。

pv⁵⁵ ʒv³¹ ŋʌ⁵⁵ v³³ tʃhv³³ thɯ³¹ kʌ⁵⁵ ji⁵⁵ tʃo⁵⁵ .
不如　我们　一起　去（语助）
不如我们一起去。

ji⁵⁵ pjĩ³³ nʌ³¹ thõ³¹ ʃio³¹ , ji⁵⁵ pjĩ³³ nʌ³¹ mo³¹ tʃho³¹ , ŋʌ⁵⁵ ɤ³¹ ʃv⁵⁵ tʃʌ⁵⁵ pã³³ tʃo⁵⁵ ?
一边（话助）同学　一边（话助）朋友　我　谁　（宾助）帮　呢
一边是同学，**一边**是朋友，我该帮谁呢？

ŋʌ⁵⁵ tɔ⁵⁵ ti³¹ ji⁵⁵ tʃʌ³¹ kji³³ ʃv³³ , xɛ³¹ sɿ⁵⁵ mʌ³¹ ji⁵⁵ tʃv⁵⁵ kji³³ ʃv³³?
我 到底 去 应该   还是 不 去 应该
我到底该去，**还是**不该去呢？

mɯ⁵⁵ ji⁵⁵ thi³³ ʌ³¹ nʌ³¹ ʌ³¹ zɿ⁵⁵ mɯ⁵⁵ mɯ³¹ khɿ³³ ei³³ , mĩ³¹ tɤ³¹ tʃe³¹ nʌ⁵⁵ mɯ⁵⁵ ʃʌ⁵⁵ kɯ³³.
做（语助）的话（话助）一点做 好 要（语助） 免得 骂 挨   （语助）
要做就做好一点儿，**免得挨骂**。

六 借用汉语时体范畴的表达方式

如借用汉语时态助词"过"，表经历体：

ŋʌ⁵⁵ ʃv³¹ kɔ³¹ xɯ⁵⁵ thɯ³¹ pɛ̃³¹ nɯ⁵⁵ ti³¹ ko⁵⁵ ʌ³³.   我看过这本书。
我 书 这 一 本 看 过 了

tshɿ³¹ tɛ⁵⁵ xɯ⁵⁵ thɯ³¹ phã³¹ ŋʌ⁵⁵ nʌ⁵⁵ ti³¹ ko⁵⁵ ʌ³³.   这盘磁带我听过。
磁带 这 一 盘 我 听 过 了

khuɛ̃³³ mĩ³¹ nʌ³¹ ŋʌ⁵⁵ zɿ³³ ko⁵⁵ ã³³.   昆明我去过。
昆明 （话助）我 去 过（语助）

no⁵⁵ pei³³ tsɿ³¹ xɯ³³ thɯ³¹ kɔ⁵⁵ jõ⁵⁵ ko⁵⁵ ʌ³¹?   你用过这个杯子吗？
你 杯子 这 一 个 用 过 吗

七 借用汉语介词

如借用汉语介词"比"：

kho⁵⁵ sɿ⁵⁵ xɯ⁵⁵ thɯ³¹ sɿ⁵⁵ pji³¹ kho⁵⁵ sɿ⁵⁵ ɯ⁵⁵ thɯ³¹ sɿ⁵⁵ jʌ⁵⁵ kɔ³³ ji⁵⁵.
山 这 一 座 比 山 那 一 座 更 高（语助）
这座山**比**那座山高。

汉语借词"比"还可以与本语的差比词"上面"并用。例如：

ɯ⁵⁵ tɔ⁵⁵ pji³¹ ŋo³³ tɔ⁵⁵ kɯ³³ a³¹ tha³¹ jʌ⁵⁵ fv⁵⁵ ji³¹ ji⁵⁵.
他 家 比 我 家 的 上面 更 富裕（语助）
他家**比**我家富。

sɿ³¹ li³³ ɔ³¹ sɿ¹ xɯ⁵⁵ thɯ³¹ sɿ³¹ pji³¹ ɯ⁵⁵ thɯ³¹ sɿ³¹ kɯ³³ a³¹ tha³¹ jʌ⁵⁵ xɯ³¹ ji⁵⁵.
桃子   这 一 个 比 那 一 个 的 上面 更 大（语助）
这个桃子**比**那个大。

八 汉语的句子模式影响了西摩洛本语的句子结构

如借入了汉语的"连……都"句式后，按本语的语序，"连"应该在名词之后、动词之前，但受汉语的影响，西摩洛语的"连"字句完全按汉语的语序排列，"连"在名词之前。例如：

ɯ⁵⁵li̠³¹ jʌ⁵⁵ kɯ³³ o³¹ ŋji³¹ thʌ³³ mʌ³¹ mɯ⁵⁵ khɿ³¹ ji⁵⁵.   她连家务活都不会干。
她 连 家 的 活儿 都 不 做 会（语助）

ɯ⁵⁵li̠³¹ ji⁵⁵ tʂʅ³³ pi³¹ thʌ³³ mʌ³¹ tʂa³³ tʃhv⁵⁵ ji⁵⁵.   他连一支笔都没有。
他 连 一 支 笔 都 没 有 起（语助）

ɯ⁵⁵li̠³¹ nɯ⁵⁵ thʌ³³ mʌ³¹ nɯ⁵⁵ ti³¹ ji⁵⁵.   他连看都不看。
他 连 看 都 不 看 （语助）

第四节　西摩洛人说普通话和当地汉话的语音特点

一　西摩洛人说普通话的语音系统

伴随着西摩洛人教育、文化水平的逐年提高，西摩洛人的普通话水平也逐步提高。但与标准的普通话相比，西摩洛人的普通话由于受到当地汉话以及母语音系的影响，具有一系列的不同特点。下面我们分别从声母、韵母、声调三个方面对此进行描写。

（一）声母(18个)：

普通话：	p	ph	m	f
西摩洛读音：	p	ph	m	f
	t	th	n	l
	t	th	n	l
	k	kh	x	
	k	kh	x	
	tɕ	tɕh	ɕ	
	tʃ(i)	tʃh(i)	ʃ(i)	
	ts	tsh	s	
	ts	tsh	s	
	tʂ	tʂh	ʂ	ʐ
	tʃ	tʃh	ʃ	ʒ

普通话的声母与西摩洛人的发音对应如下：

普	–	西	阴平	阳平	上声	去声
p	–	p	po³³ 玻	pa¹³ 拔	pɤŋ³¹ 本	piŋ⁵¹ 病
ph	–	ph	pha³³ 趴	phaŋ¹³ 旁	phiau³¹ 瞟	phau⁵¹ 炮
m	–	m	ma³³ 妈	ma¹³ 麻	maŋ³¹ 满	mei⁵¹ 妹
f	–	f	fa³³ 发	fv¹³ 福	fɤŋ³¹ 粉	fei⁵¹ 费
t	–	t	tau³³ 刀	ti¹³ 敌	taŋ³¹ 党	tai⁵¹ 带
th	–	th	tha³³ 他	thuaŋ¹³ 团	thiŋ³¹ 挺	thɤu⁵¹ 透
n	–	n	niɛ³³ 捏	na¹³ 拿	nau³¹ 脑	nei⁵¹ 内
l	–	l	liŋ³³ 拎	lai¹³ 来	lau³¹ 老	li⁵¹ 利
k	–	k	kɤ³³ 哥	kɤ¹³ 隔	kuaŋ³¹ 管	kua⁵¹ 挂
kh	–	kh	khɤ³³ 科	khuaŋ¹³ 狂	khv³¹ 苦	khan⁵¹ 看
x	–	x	xɤ³³ 喝	xuo¹³ 活	xan³¹ 喊	xəu⁵¹ 后
tɕ	–	tʃ(i)	tʃia³³ 家	tʃiɛ¹³ 洁	tʃy³¹ 举	tʃiɛŋ⁵¹ 建
tɕh	–	tʃh(i)	tʃhi³³ 欺	tʃhiɛŋ¹³ 前	tʃhiau³¹ 巧	tʃhiŋ⁵¹ 庆
ɕ	–	ʃ(i)	ʃi³³ 西	ʃiɛ¹³ 斜	ʃy³¹ 许	ʃia⁵¹ 下
ts	–	ts	tsɿ³³ 资	tsa¹³ 杂	tsv³¹ 祖	tsɿ⁵¹ 字
tsh	–	tsh	tshai³³ 猜	tshuŋ¹³ 从	tshɿ³¹ 此	tshɿ⁵¹ 次
s	–	s	sɿ³³ 思	sv¹³ 俗	sa³¹ 洒	sɤ⁵¹ 色
tʂ	–	tʃ	tʃɿ³³ 知	tʃv¹³ 竹	tʃɤŋ³¹ 枕	tʃai⁵¹ 寨
tʂh	–	tʃh	tʃhai³³ 拆	tʃhɤŋ¹³ 城	tʃhuaŋ³¹ 闯	tʃhɤ⁵¹ 彻
ʂ	–	ʃ	ʃai³³ 筛	ʃɿ¹³ 实	ʃɤŋ³¹ 审	ʃɤ⁵¹ 社
ʐ	–	ʒ	ʒɤŋ³³ 扔	ʒuŋ¹³ 荣	ʒuan³¹ 软	ʒɿ⁵¹ 日

声母说明：

1. 普通话的 p、ph、m、f、t、th、n、l、k、kh、x、ts、tsh、s，西摩洛人读时都用本语里相同的声母与之对应。

2. 普通话的 tɕ、tɕh、ɕ，西摩洛人读时都以本语的 tʃ、tʃh、ʃ 与之对应，音值接近 tɕ、tɕh、ɕ，但在韵母上都加上元音 i。

3. 普通话的 tʂ、tʂh、ʂ、ʐ，西摩洛人读时大都用本语里的 tʃ、tʃh、ʃ、ʒ 与之对应，差别不大。但普通话有舌尖前音、舌尖后音声母的对立，而西摩洛语固有词的舌尖音、舌叶音对立只出现在舌尖元音上，与非舌尖元音搭配时一般都读舌叶音。所以西摩洛人讲普通话时，有一部分人按照本语的习惯把普通话的舌尖前音也读为舌叶音。例如：tʃau³³ "遭"、tʃha³³ "擦"、ʃɤŋ³³ "森"。

4. 总的看来，西摩洛话的声母与普通话比较接近，西摩洛人掌握普通话声母困难不大。

(二) 韵母(28个):

1. 单元音韵母有 i、v、ɤ、y、a、o 6个。普通话的二合元音韵母 uo,西摩洛人都读成单元音 o,因此也并入此类。普通话与西摩洛人的发音对应如下:

i	—	i	i³³ 衣	pi³¹ 笔	ʃi³¹ 喜
u	—	v	v³³ 乌	kv³¹ 古	tsv¹³ 足
ɤ	—	ɤ	ɤ¹³ 鹅	tɤ¹³ 德	lɤ⁵¹ 乐
y	—	y	y³¹ 雨	ly⁵¹ 滤	tʃhy³¹ 取
a	—	a	ta⁵¹ 大	na⁵¹ 那	ʃa³³ 杀
o	—	o	mo⁵¹ 磨	mo³³ 摸	po³³ 波
uo	—	o	ko⁵⁵ 锅	no⁵¹ 糯	tso³¹ 做

2. 复合元音韵母有 ai、ei、au、ɤu、ia、iɛ、ua、yɛ、uai、uei、iau、iu 12个。普通话与西摩洛人的发音对应如下:

ai	—	ai	tsai³³ 栽	pai³¹ 摆	nai³¹ 奶
ei	—	ei	fei³³ 飞	mei³¹ 美	lei⁵¹ 累
au	—	au	pau³¹ 宝	mau³³ 猫	tsau³¹ 早
əu	—	ɤu	fɤu³¹ 否	thɤu¹³ 头	ʃɤu³³ 收
ia	—	ia	tʃia³³ 家	ʃia³³ 虾	liaŋ³¹ 俩
iɛ	—	iɛ	tʃiɛ¹³ 节	tʃhiɛ³³ 切	piɛ¹³ 别
ua	—	ua	kua³³ 瓜	xua⁵¹ 话	ʃua³³ 刷
yɛ	—	yɛ	yɛ³³ 约	lyɛ⁵¹ 略	ʃyɛ¹³ 学
uai	—	uai	khuai⁵¹ 快	kuai⁵¹ 怪	ʃuai⁵¹ 帅
uei	—	uei	uei³³ 威	khuei³³ 亏	tʃhuei³³ 追
iau	—	iau	iau³³ 要	tʃiau⁵¹ 叫	thiau⁵¹ 跳
iəu	—	iu	iu¹³ 油	niu¹³ 牛	tʃiu⁵¹ 就

3. 带鼻音尾的韵母有 aŋ、iŋ、ɤŋ、yŋ、iɛŋ、uaŋ、uŋ、yɛŋ、iaŋ、ioŋ 10个。普通话的 n、ŋ 韵尾西摩洛人都读为 ŋ,前后鼻音韵母为一套。普通话与西摩洛人的发音对应如下:

an	—	aŋ	aŋ³³ 安	taŋ³¹ 胆	xaŋ⁵¹ 汉
aŋ	—	aŋ	faŋ⁵¹ 放	khaŋ³³ 康	ʃaŋ⁵¹ 上
in	—	iŋ	tʃiŋ⁵¹ 尽	tʃhiŋ³³ 侵	miŋ¹³ 民
iŋ	—	iŋ	thiŋ³³ 听	liŋ¹³ 林	tʃiŋ³³ 京
ən	—	ɤŋ	ʃɤŋ⁵¹ 慎	tʃhɤŋ³³ 称	ʒɤŋ¹³ 人
eŋ	—	ɤŋ	khɤŋ³³ 坑	tɤŋ⁵¹ 邓	tʃhɤŋ¹³ 成
yn	—	yŋ	yŋ¹³ 云	yŋ³³ 晕	ʃyŋ¹³ 寻
iɛn	—	iɛŋ	tʃiɛŋ³³ 尖	tʃhiɛŋ⁵¹ 欠	tiɛŋ³¹ 点

uan	–	uaŋ	kuaŋ⁵¹ 罐	ʃuaŋ³³ 栓	nuaŋ³¹ 暖
uaŋ	–	uaŋ	kuaŋ³³ 光	khuaŋ³³ 筐	ʃuaŋ³¹ 双
uən	–	uŋ	uŋ³³ 温	luŋ¹³ 轮	khuŋ⁵¹ 困
uŋ	–	uŋ	tʃuŋ⁵¹ 重	kuŋ⁵¹ 共	suŋ³³ 松
yɛn	–	yɛŋ	yɛŋ¹³ 原	yɛŋ³¹ 远	ʃyɛŋ³¹ 选
iaŋ	–	iaŋ	liaŋ⁵¹ 亮	tʃiaŋ³³ 将	ʃiaŋ³¹ 想
iuŋ	–	ioŋ	tʃhioŋ¹³ 穷	ʃioŋ¹³ 雄	tʃioŋ³¹ 窘

韵母说明：

1. 西摩洛人用 v 来代替普通话的 u。但有的青少年在部分 u 韵母的词上，把 ü 读为 u，增加了一个新元音 u。随着普通话水平的逐步提高，读 u 的词将会逐步增多。

2. ən 读为舌根音 ɤŋ。但有的普通话水平较高的青少年，会把舌尖上顶，发出近似于 ən 的音。

3. 普通话中 y 和带 y 的复合元音，普通话水平较高的人能够发出来，但普通话水平较低的人还是用 i 来读 y。

4. 普通话中的一部分二合元音、三合元音，普通话水平较低的人分别读为单元音、二合元音。例如：

ai	～	ai、ɛ	tai⁵¹、tɛ⁵¹	代
au	～	au、ɔ	tau⁵¹、tɔ⁵¹	到
uai	～	uai、uɛ	uai⁵¹、uɛ⁵¹	外
iau	～	iau、iɔ	tʃiau³³、tʃiɔ³³	教

5. 普通话鼻辅音尾与低元音结合的，西摩洛人读时多带 ŋ 尾；与高元音结合的，多读成鼻化元音。例如：

| thaŋ³³ | 汤 | laŋ⁵¹ | 浪 |
| ĩ³³ | 英 | sõ⁵¹ | 送 |

（三）声调：

调类	调值	例词
阴平	33	ma³³ 妈
阳平	13	na¹³ 拿
上声	31	pai³¹ 摆
去声	51	na⁵¹ 那

声调说明：

1. 普通话水平较高的青少年能把上声读成曲折调，接近 213。

2. 阴平、阳平都读得较低。

3. 去声都能念成标准的高降调。

二 西摩洛人说当地汉语方言音系

西摩洛人与当地汉族接触的过程中，普遍掌握了当地汉语方言。当地汉语方言墨江话属西南官话，西摩洛人说的墨江话，与当地汉族说的相差不远。现归纳西摩洛人说墨江话的语音系统如下：

（一）声母（19个）：

汉	西汉	阴平	阳平	上声	去声
p	p	po³³ 玻	pa³¹ 拔	pɛ̃³¹ 本	pv⁵⁵ 步
ph	ph	pha³¹ 趴	phã³¹ 旁	phiə³¹ 瞟	pha⁵⁵ 怕
m	m	ma³³ 妈	mɛ̃³¹ 门	mi³¹ 米	mei⁵⁵ 妹
f	f	fei³³ 飞	fv³¹ 福	fɛ̃³¹ 粉	fei⁵⁵ 费
t	t	tɔ³³ 刀	ti³¹ 敌	tã³¹ 党	tɛ⁵⁵ 带
th	th	tha³³ 他	thɛ³¹ 抬	thĩ³¹ 挺	thi⁵⁵ 替
n	n	niɛ³³ 捏	na³¹ 拿	nɔ³¹ 脑	nv⁵⁵ 怒
l	l	lĩ³³ 拎	lɛ³¹ 来	lɔ³¹ 老	lv⁵⁵ 路
k	k	kɔ³³ 高	kɤ³¹ 隔	kuã³¹ 管	kui⁵⁵ 贵
kh	kh	khɛ³³ 开	khuã³¹ 狂	khv³¹ 苦	khã⁵⁵ 看
x	x	xɔ³³ 薅	xo³¹ 活	xã³¹ 喊	xɛ⁵⁵ 害
tɕ	tʃ(i)	tʃia³³ 家	tʃiɛ³¹ 洁	tʃĩ³¹ 举	tʃĩ⁵⁵ 建
tɕh	tʃh(i)	tʃhi⁵⁵ 欺	tʃĩ³¹ 前	tʃhiɔ³¹ 巧	tʃhi⁵⁵ 庆
ɕ	ʃ(i)	ʃi³³ 西	ʃiɛ³¹ 斜	ʃi³¹ 许	ʃia⁵⁵ 下
ts	ts	tsɿ³³ 资	tsa³¹ 砸	tsɔ³¹ 早	tsɿ⁵⁵ 字
tsh	tsh	tshã³³ 仓	tshõ³¹ 从	tshɿ³¹ 此	tshɿ⁵⁵ 刺
s	s	sɿ³³ 思	sv³¹ 俗	sɔ³¹ 扫	sɿ⁵⁵ 四
tʂ	tʃ	tʃɔ³³ 招	tʃv³¹ 竹	tʃɤ³¹ 枕	tʃo⁵⁵ 赵
tʂh	tʃh	tʃhã³³ 昌	tʃhɤ̃³¹ 城	tʃho³¹ 炒	tʃhɤ⁵⁵ 彻
ʂ	ʃ	ʃɛ³³ 筛	ʃ³¹ 实	ʃɔ³¹ 少	ʃ⁵⁵ 试
ʐ	ʒ	ʒɤ³³ 扔	ʒiã³¹ 然	ʒuã³¹ 软	ʒ⁵⁵ 日
	j	ji³³ 医	ji³¹ 余	ja³¹ 哑	jɤu⁵⁵ 又

声母说明：

1. 当地汉语的舌面音，西摩洛人用 tʃ、tʃh、ʃ 来代替，音值相近。但在韵母上要加元音 i。如：tʃia⁵⁵"嫁"、tʃhiu³¹"求"、ʃiu⁵⁵"锈"。

2. 在31调上,擦音声母、送气塞音及塞擦音声母与 v、i 和 ɿ 相拼时,发音很轻,没有摩擦。

3. j 声母摩擦很重,气流明显,不是半辅音性质,而是一个辅音。

4. 当普通话声母为零声母时,在齐齿呼、撮口呼韵母上,西摩洛人用辅音声母 j 代替零声母。个别日母字也读成 j 声母。例如:ji³³"衣"、ji³¹"雨"、jõ³¹"荣"等。

5. 西摩洛人读当地汉语的声母,大多有相同的对应,困难不大。

(二) 韵母(26个):

共有 8 个单元音韵母,8 个复元音韵母,10 个鼻化元音韵母。

汉　－　西汉①

i	–	i	pi³¹ 笔	li⁵⁵ 利	pi⁵⁵ 毕
v	–	v	lv⁵⁵ 路	kv³¹ 古	tʃv⁵⁵ 住
ɤ	–	ɤ	ɤ³¹ 鹅	tɤ³¹ 德	lɤ⁵⁵ 乐
ɿ	–	ɿ	ʃɿ³³ 需	lɿ⁵⁵ 滤	tʃhɿ³¹ 取
a	–	a	ta⁵⁵ 大	na³¹ 拿	la³³ 拉
o	–	o	mo³¹ 磨	mo³³ 摸	lo⁵⁵ 落
ɔ	–	ɔ	kɔ³³ 锅	nɔ⁵⁵ 糯	tsɔ⁵⁵ 做
ai	–	ɛ	tsɛ³³ 栽	pɛ³¹ 摆	nɛ³¹ 奶
au	–	ɔ	pɔ³¹ 宝	lɔ³¹ 老	tsɔ³¹ 早
əu	–	ɯ	thɯ³¹ 头	ʃɯ⁵⁵ 收	lɯ³¹ 楼
ei	–	ei	fei³³ 飞	mei³¹ 美	pei⁵⁵ 被
ia	–	ia	tʃia³³ 家	tʃhia⁵⁵ 恰	liã³¹ 俩
iɛ	–	iɛ	tʃiɛ³¹ 节	tʃhiɛ³³ 切	piɛ³¹ 别
iɛ	–	iɛ	iɛ³³ 月	tʃhiɛ³³ 缺	tʃiɛ³¹ 决
ua	–	ua	kua⁵⁵ 挂	khua³¹ 垮	ʃua³¹ 刷
uai	–	uɛ	khuɛ³¹ 块	xuɛ⁵⁵ 坏	ʃuɛ⁵⁵ 帅
ui	–	ui	tui³³ 堆	thui⁵⁵ 退	tʃui³³ 追
iau	–	iɔ	tʃiɔ³³ 教	tʃhiɔ³³ 敲	thiɔ⁵⁵ 跳
iu	–	iu	tʃhiu³³ 秋	ʃiu³³ 修	tʃiu⁵⁵ 就
aŋ	–	ã	tã³³ 单	thã³³ 贪	xã⁵⁵ 汉
iŋ	–	ĩ	tʃĩ⁵⁵ 尽	lĩ³¹ 林	mĩ³¹ 民
uiŋ	–	ĩ	ĩ³¹ 云	tʃĩ³³ 军	ʃĩ³¹ 寻
iɛn	–	ĩ	tʃĩ³³ 尖	tʃhĩ⁵⁵ 欠	tĩ³¹ 点

---

① 为简明整齐起见,举例格式缩略表达。"汉"指当地汉话,"西汉"指西摩洛人讲的汉话。

iɛn	-	ĩ	ĩ³¹ 远	ʃĩ³¹ 选	tʃhĩ⁵⁵ 劝
iŋ	-	ĩ	thĩ³³ 听	jĩ³³ 英	mĩ³¹ 名
ən	-	ɛ̃, ɤ̃	mɛ̃⁵⁵ 闷	ʒɤ̃³¹ 人	ʃɤ̃³³ 身
eŋ	-	õ, ɛ̃	põ⁵⁵ 绷	phõ³¹ 篷	tʃhɛ̃³³ 撑
aŋ	-	ã	tã³¹ 党	thã³¹ 糖	ʃã⁵⁵ 上
uŋ	-	õ	khõ³³ 空	kõ³⁵ 共	sõ³³ 松
uaŋ	-	uã	kuã³³ 关	khuã³³ 宽	nuã³¹ 暖
uaŋ	-	uã	kuã³³ 光	khuã³³ 筐	ʃuã³¹ 爽
ueŋ	-	uɛ̃	uɛ̃³³ 温	luɛ̃³¹ 轮	khuɛ̃³³ 昆
iaŋ	-	iã	ʃiã³¹ 想	tʃiã⁵⁵ 将	tʃhiã³¹ 抢
iuŋ	-	iõ	tʃhiõ³¹ 穷	ʃiõ³¹ 雄	tʃiõ³¹ 窘

韵母说明：

1. 当地汉语的 y 韵母，西摩洛人读为 i。如 i³¹ "雨"。

2. en 与双唇音声母相拼时，读为ɛ̃，与其他声母相拼时，读为ɤ̃。eŋ 与双唇音声母相拼时，读为õ，与其他声母相拼时，读为ɛ̃。

3. 青少年由于普通话水平较高，能够读出部分舌根鼻音韵母。

（三）声调

调类	调值	例词
阴平	33	ma³³ 妈
阳平	31	thɯ³¹ 头
上声	31	pɔ³¹ 宝
去声	55	tʃiu⁵⁵ 就

四声例字：ʃʅ³³ 诗　ʃʅ³¹ 时　ʃʅ³¹ 使　ʃʅ⁵⁵ 是　ʃʅ⁵⁵ 试　ʃʅ³¹ 识　ʃʅ³¹ 石

入声字在西摩洛话里读 31 调。例如：mɯ³¹ 墨；pa³¹ 八；po³¹ 剥；pɯ³¹ 北；pi³¹ 笔；fv³¹ 佛；ti³¹ 笛；tv³¹ 毒；ti³¹ 滴；ti³¹ 踢；lɤ³¹ 六；lv³¹ 绿；ko³¹ 国；xɯ³¹ 黑；tʃi³¹ 急；tʃhi³¹ 七；sɤ³¹ 塞；tʃʅ³¹ 直；ʃa³¹ 杀；ʃʅ³¹ 十。

第六章　全书小结

我们课题组通过一个多月的田野调查,在广泛梳理、提炼调查材料的基础上,对哈尼族西摩洛人的语言生活(包括语言使用现状及其演变等)进行了理性的归纳,初步有了以下几个认识。

一　哈尼族西摩洛人语言生活的基本特点是:全民使用自己的母语,全民兼用全国通用语汉语,属于"全民西摩洛语、汉语双语型"

双语是一种动态性的语言使用行为,处于一种动态的变化过程中。所以,双语类型存在不同的层级。全民双语型,是双语类型中发展比较充分的一种类型。双语现象,就一个群体(包括一个民族、一个支系、一个地区的人等)的人数多少而言,有个人双语、部分人双语、全民双语等。全民双语,是指一个群体的绝大部分人都使用双语;这种类型的双语,已不是个别人、局部人的行为,而是一个群体的行为。这是双语类型中发展得比较充分的一种双语类型,可以认为是一种高层次的双语类型。全民双语的形成,必然要经过一段艰苦积累的过程,还要有群体内外各方面条件,包括政治、经济、文化和国家政策、语言态度等条件的支持和配合。一个群体的绝大多数人一旦都具有了双语的能力,就会对这个群体的各方面发展起到重要的推动作用。在一个多民族国家里,全民双语对民族的发展、进步以及民族间的和谐、团结,都能起到积极的作用。在科学技术不断发展的现代化进程中,全民双语有助于向别的民族学习,有利于从其他民族中吸收有益的成分来丰富自己。也就是说,发展全民双语,是符合历史发展潮流的。

课题组对西摩洛人进行穷尽式的语言使用能力调查。一张张具体的测试表格,一个个穷尽式的语言能力测试数字,以及在每个山寨一户户的走访记录,完全证明西摩洛人是属于全民双语型。这一双语类型的确定,对认识西摩洛人的语言生活,以及认识西摩洛人的社会文化特征都有着重要的意义。我们在田野调查中,具体看到了西摩洛人全民双语生活的情景,体会到了全民双语生活对西摩洛人的经济、文化事业的推动作用。在乡政府,我们见到公务员和老乡之间有的用西摩洛语交谈,有的用汉语交谈;有的说了西摩洛语后又转用汉语,有的说了汉语又用西摩洛语解释。西摩洛老乡,见到我们说汉语,转而又向旁边的西摩洛老乡说西摩洛话。真是一派自然的语言和谐景象!我们在想,如果我国各民族都能像西摩洛人那样熟练使用双语,那对我国各民族的进步发展定能起到巨大的作用。

有个问题一直缠绕着我们:西摩洛人为什么能在短短的半个世纪时间里,就实现了全民双语?其成因是什么?这是个有理论意义和应用价值的问题。本书虽然花了不少力气去思考,去解释,但看来这个谜底并未完全被揭示出来。

二 使用人口如此少的西摩洛语在与强势语言竞争中不被排斥掉,至今还稳定地被使用,这说明西摩洛语具有强大的生命力

随着世界经济一体化、信息全球化的不断发展,弱小语言的消亡、濒危问题已被提了出来,成为近年来语言学界的一个热门话题。甚至有人预言,在 21 世纪 80% 的小语种都要消亡。因而,抢救濒危语言已成为许多人的共识,而且不断在升温。但这只是个可能的推测。事实的进展果真是如此吗?不同国家的情况也都会一样吗?语言学家、民族学家应该根据客观存在的语言事实,予以科学地估量和评定。

中国是一个多民族的国家,少数民族中有人口超过千万的大民族,如壮族,也有人口不到 10 万的小民族,如赫哲族、基诺族。55 个民族使用 80 种以上的语言。在现代化进程中,强势语言与弱势语言之间,既有互补的一面,又有竞争的一面。一些人口少的语言,在语言功能上也面临着衰变的趋势。但在目前,人们对我国的语言国情并未有比较确切的了解,既无比较可靠的数据做依据,又无语言理论的归纳,在认识上一直处于朦胧的、忽明忽暗的状态。面对这种状态,语言学家必须亲自到语言第一线去,做好个案调查研究,以取得真知灼见。

使用西摩洛语的人数总共不到 8000 人。在它的周围,有汉、彝等大民族,还有人口比它多的布都、碧约、白宏等支系。在这些语言和支系语言中,西摩洛语是个弱势语言。但在多语言的竞争与互补中,西摩洛语却能保持其旺盛的生命力,不是几年、几十年而是长期稳定地被西摩洛人所使用。那么,究竟是什么因素使得西摩洛语有如此强大的生命力,是什么原因让西摩洛人离不开自己的母语?我们在书中对此从地理分布、支系婚姻、支系意识等方面进行了探讨,其中既有外部条件,又有内部因素。我们认为,西摩洛人能够保持自己的母语,是由多种条件、多种因素综合起作用的。但其中最重要的,是分布聚居、强烈的支系意识,以及支系内婚。当然,我国的民族平等、语言平等制度和实施的语文方针政策是西摩洛人保持使用自己语言的保障,使得西摩洛人能够自豪地、畅快地使用自己的母语。这些认识,是否已经到位,是否就已抓住了主要矛盾,有待进一步证实和充实。

三 西摩洛人全民掌握汉语,速度快,效果好,其经验有价值,值得认真总结

据我们实地调查,雅邑乡的西摩洛人除少数老人不会说汉语外,基本上都能用汉语与外族交流。学龄前儿童大多只会自己的母语,但进入小学后只需一年多时间,就能掌握了汉语的一般听说能力。小学老师普遍认为,西摩洛小学生一年级时还需要用西摩洛语做些解释,但到了二年级就不需要了,直接用汉语授课没有什么问题。

我们感到非常惊讶,西摩洛人分布如此集中,所在地区的汉族又如此之少,是什么因素使得西摩洛儿童在如此短的时间里就能掌握汉语。这是一直困扰着我们、吸引着我们的一个有价值但又有相当难度的理论问题。对此,我们在书中从我国的民族构成特点、汉语的应用价

值、国家的语言政策等几方面进行了分析,并做了解释。

这次调查,我们有了一个新的体会。就是必须从我国的语言关系中具体认识汉语在西摩洛人社会生活中的地位,心目中的地位。过去,我们通常把双语分为母语和兼用语两种,认为母语是一个民族首先掌握的第一语言,后来学习使用的是兼用语,是第二语言。也看到母语和第二语言是两种不同质的目的语:母语是本族语言,与本族人有天然的联系,是受到国家政策保护的;而第二语言是兼用语,是国家的通用语,是国家义务教育所使用的语言工具。从价值取向上观察,母语具有特殊的感情价值;而兼用语则有其特殊的应用价值。总之,二者的界限分明。这是一般对母语和兼用语的关系的认识。但在民族关系日益紧密的现代社会,母语和兼用语的关系会不会有新的特点,会不会出现新的变化,这是需要研究的新问题。在西摩洛人的语言生活中,母语与汉语的关系越来越密切,二者的特点出现了一定的模糊度。比如,一部分青少年的第一语言已不是母语,而是汉语;一部分家长对子女的语言要求主要是汉语,而不是自己的母语;许多人对汉语对西摩洛语的影响持全面开放的态度,甚至有的把汉语影响成分视为固有成分;等等。这说明,西摩洛人母语和兼用语汉语的关系已出现新的特点,汉语在西摩洛人的语言生活中已不是单纯的兼用语地位,而具有母语的一些特点。

母语和兼用语之间,既有互补、和谐的一面,又有竞争、对立的一面。这种两面性的相互制约关系、矛盾关系、比例关系,在不同的社会条件下会存在不同的特点。在民族之间存在矛盾的历史时期,一个民族虽然自愿地兼用了另一种语言,但往往会随着民族矛盾的出现,而在某个时期、某个场合对兼用语采取排斥的态度。母语的地位一旦出现下降,母语人对兼用语就会出现一定程度的抵触情绪。更甚者,有的缺少安全感,担心兼用语取代母语。这种双语关系出现的种种矛盾,在我国进入现代化建设的历史时期仍然还会出现,只不过是在性质、程度、方式上有着不同罢了。西摩洛人对国家通用语汉语,是持全面开放、接纳的态度,甚至有的还把汉语当做自己的母语看待。他们对汉语没有隔阂,更没有防御心理,不担心汉语会代替自己的母语。正如雅邑乡中心小学校长杨进学(西摩洛人)所说的:"现在的学生家长是上个世纪80年代我们教过的学生,具有一定的汉语水平。电视也帮助他们学习汉语。再者,现在的小孩进城的机会多,对外界的恐惧感减少了,敢于与人交谈了,这对他们学习汉语是很有帮助的。"他认为西摩洛人对自己的母语"有安全感"。"安全感"三个字说得多好!它体现了母语和兼用语的平等、友好关系,是保证西摩洛人学好汉语所必备的心理条件。没有这个心理条件,就不可能对汉语持全开放的态度,也不可能在很短的时间里就基本上掌握汉语的听说能力。

四 作为支系语言的西摩洛语,其演变、发展受支系语言特点的制约。对西摩洛语这一支系的研究,有助于语言学支系语言理论的研究

我国的少数民族,有许多民族是由不同的支系组成的;而且不同支系使用不同的支系语言。有的民族的支系语言是方言、土语的差异(如苗族的不同支系语言);有的是不同语言的差异(如景颇族的不同语言)。支系语言不同于地方变体的方言,也不同于独立的语言。方言,是连续分布在一个地区的语言变体,独立成片是它的分布特点。在演变上,方言要受共同语的制约。所以,方言与共同语的关系是隶属关系。但支系语言则不同。不同支系的语言,既有聚居分布的,又有杂居在一起的。不同的支系语言,各自并行发展,没有隶属关系。不同支系的语言,还会相互影响,互相兼用。支系语言研究,具有一定的语言学理论价值和应用价值。但在过去,语言学界对方言研究得较多,而对支系语言研究得较少。对支系语言研究,还是个空白点。

墨江县是哈尼族分布中支系最多的一个自治县,有哈尼、布都、白宏、碧约、卡多、西摩洛等10多个支系。西摩洛是哈尼族中人口较少的一个支系,与布都、白宏、碧约、卡多等支系或杂居或邻近。西摩洛人在语言、服饰、民间文学等方面都不同于其他支系。墨江县的哈尼族不同支系,相互兼用对方的语言;不同的支系语言相互影响。在雅邑乡,西摩洛人人口最多,其他支系的人大多会说西摩洛语。西摩洛人中也有不少人会说其他支系的语言。墨江县是支系语言研究的一个宝地。

五 研究语言必须到实地展开田野调查

通过对西摩洛语使用现状及其演变的调查研究,课题组成员深刻认识到,研究语言必须到实地与说这种语言的人生活在一起,亲身体会他们的社会、文化、语言、心理等特点。假如我们不到雅邑乡住下一个多月,根本无法做好一个个语言状况的入户调查;如果我们不到山高路陡的雅邑乡,就不会认识到聚居状态对语言保留的作用;假如我们不与西摩洛七八岁的儿童直接接触,就不会相信这样小的孩子就已是"西摩洛语、汉语"的双语人;如果我们不与西摩洛人面对面地接触,就不可能体会到西摩洛人对汉语有如此深厚的感情。田野调查是取得语言真谛的课堂。课题组成员说:"我们都是田野调查派!"

附　　录

一　访谈录

（一）访谈对象：王丽萍，女，大专文化，雅邑乡文化站站长

问：王站长，请您谈谈您的家庭用语情况。

答：我今年43岁，布朗族，我不会说西摩洛话，但能听得懂。1980年参加工作，到今年有28年了。我家三口人，爱人是西摩洛人，原在雅邑乡政府做文书工作，现在不做了，他会说西摩洛话。女儿20岁，高中毕业，待业在家，她不会说西摩洛话，只能听懂一些简单用语。她的爷爷、奶奶都会说西摩洛话。

问：你们在家里一般用什么语言交流？

答：用汉语交流，包括我爱人也不说西摩洛话。

问：那您爱人在什么场合讲西摩洛话呢？

答：跟孩子的爷爷奶奶、本族人交谈时，讲西摩洛话；跟我和孩子以及外族人讲话时，用汉语。

问：您爱人、您的公公婆婆以及他的兄妹都说会西摩洛语，您和您孩子为什么不会说呢？

答：我的老家住在雅邑村，那里大多数人都说汉语，我们在生活中接触最多的是汉语，汉语自然就成了生活用语。因为丈夫会说西摩洛话，周围也有一些老乡说西摩洛话，慢慢地就听懂了一些简单的西摩洛话。

问：您小孩一直都不说西摩洛话吗？

答：我女儿小时会用西摩洛话叫"爷爷"、"奶奶"，长大了就不讲西摩洛话了。

问：像您和您孩子的这种语言情况在当地多吗？

答：像我们家庭这种情况近年来还是比较多的。家里父母一方会西摩洛语，另一方会汉语。小孩就随讲汉语的一方。

问：其他地方也有这种情况吗？

答：不一定。要看当地什么语言占优势。如果是西摩洛话占优势，小孩就又会讲西摩洛

话,又会讲汉语。如果是汉语占优势,小孩就只会讲汉语,不会讲西摩洛话了。

问:你小孩不会讲西摩洛语,您觉得遗憾吗?

答:是有点可惜。生活在民族地区,民族语是自己的母语,懂民族语更方便交流。不会说实在是有点遗憾。

问:您认为西摩洛话和汉语哪一种语言更重要?

答:我认为两者都重要。会讲西摩洛话,可以更好地与老乡交流感情,了解情况,更便于工作。但汉语也很重要,因为外出打工、与不会民族语的人接触,都需要讲汉语。

问:乡政府干部会讲西摩洛话的人多吗?

答:不多,只有两三个讲得好。书记、乡长、副乡长等几个领导只会一些简单的西摩洛词语。

问:老乡来乡政府办事讲西摩洛话还是汉语?

答:讲汉语。

问:在外学习、工作的西摩洛人回到家乡时说西摩洛话吗?

答:那要看交谈的对象。如果对方是会说西摩洛话的老乡,就讲西摩洛话。如果对方不会讲西摩洛话,那就讲汉语。

问:会西摩洛话的人外出回乡时,故意不讲西摩洛话,老乡会有什么看法?

答:老乡会说他忘本。连老祖宗话都敢丢,是会遭人笑话的。

问:西摩洛老人也会讲汉语吗?

答:都会讲汉语,只是有的讲得流利些,有的讲得不太流利。

问:村里人首先学会哪种语言?

答:西摩洛聚居村的小孩首先学会的是西摩洛话,后来才慢慢学会汉语。上学后汉语水平会越来越好。

问:您认为会说西摩洛话会影响小孩学习汉语吗?

答:不会的。会讲西摩洛语有利于学习汉语。很多会西摩洛话的人汉语也相当好。

问:近年来西摩洛话的使用情况有变化吗?

答:变化不是太大。会讲西摩洛话的人之间还是讲西摩洛话。民族节日集会时,老乡们也还讲西摩洛话。只是会讲汉语的小孩比原来多,小孩的汉语水平也比原来要好一些。

问:你认为西摩洛话的发展趋势如何?

答:西摩洛聚居村的小孩从小就学会说西摩洛话,他们对自己的母语是有感情的,西摩洛话会在西摩洛村寨长期存在下去。

（二）访谈对象：白美花，37岁，高中文化，村委会主任

问：请您简单介绍一下徐卡村的基本情况。

答：徐卡村共有16个小组，也就是16个自然寨，243户，1225人。其中路能、普持、特别普持、萨别、捌抱树、沙浦鲁娜、备自、咱思鲁模、新发、区鲁山10个自然寨是西摩洛人聚居寨，约860人左右。沙浦鲁娜、路莫、嘎勒、持莫路博、上寨5个自然寨是碧约人聚居寨，下寨是布都寨。徐卡村以农耕经济为主，主要农作物是谷子和玉米，经济作物有松脂、茶叶、蚕桑等。人均年收入600元人民币。村里电视普及率大约有80%，手机普及率可能到60%。现在寨寨通水通电。村里有3辆农用车，买得起摩托车的不多。受教育程度普遍不高，高中以上学历很少见。

问：请您介绍一下徐卡村的语言使用情况。

答：10个西摩洛寨子的人西摩洛话和汉语都会说。大部分能听懂碧约话，有的还会说。

问：那老乡们什么时候讲西摩洛话、什么时候讲汉语呢？

答：汉语一般用在正规场合，比如党员干部会议和村委、支委会议。一般的群众会议或妇女工作会议用西摩洛话，赶集、上学或外出办事时也说西摩洛话。

问：村里九年义务教育普及的情况怎么样？

答：九年义务教育普及情况较好，很少有辍学的。现在是集中办学，本村学生都要到乡政府雅邑中心小学和雅邑中学上学，说西摩洛话、碧约话、布都话的学生都在一起读书。

问：这些小孩平时说什么话？

答：这些小孩在学校说汉语，回到家里说西摩洛话。

问：这些小孩先会学汉语还是西摩洛话？

答：先学会西摩洛话，上学后才学会汉语。

问：您家有几口人，都会说西摩洛话吗？

答：我家四口人，妈妈、爱人、孩子和我。我和我妈妈会说西摩洛话、碧约话和汉语，当然西摩洛话说得最好。我爱人是汉族，不会说西摩洛话，但能听得懂。我儿子13岁，以前在雅邑中心小学，后转入墨江新城小学，今年毕业。他在学校说汉语，回家说西摩洛话，两种语言都说得很好。

问：那您认为西摩洛话重要吗？

答：西摩洛话很重要，我们平时做村里的工作时，都用西摩洛话。日常生活中，我们也更习惯于讲自己的母语。只有外出办事时，或者是和不会西摩洛话的人交谈时，才会讲汉语。

问：您认为汉语对您的母语有冲击吗？

答：那没有。现在很流行说汉语，一出村子都说汉语，回到村子里大家还是习惯说西摩洛

话,觉得讲西摩洛话更能够表达自己的思想感情。最先教给自己小孩的也是西摩洛话。西摩洛话还是会一代代传下去的。

问:西摩洛人有哪些风俗习惯?

答:有丧礼、婚礼、招魂节。做丧礼,要请道士、跪拜。婚礼要送亲、迎亲。到农历的6月24号招魂节那天,要把祖先的亡魂召唤回来。在这些仪式上,说的都是西摩洛话。

问:其他支系的人也参加这些活动吗?

答:也参加,他们也讲西摩洛话。

问:你觉得这些活动中讲的西摩洛话和平时讲的西摩洛话相同吗?

答:好像是相同的,又好像是不同的。平时我们说的西摩洛话容易懂一些。

(三)访谈对象:熊朝明,雅邑乡南温村人,西摩洛人,65岁,初中文化,雅邑乡南温小学退休教师

问:熊老师,请您简单介绍一下你们寨子的基本情况。

答:我们寨子住着西摩洛人、豪尼人和汉族人。大约有160多人,汉族20多人,豪尼30多人,其余的是西摩洛人。上个世纪80年代通毛路,就是那种只能走人、不能通车的路。去年修好了水泥路,能通车了。村里主要是农耕经济,比如水稻、玉米。绝大多数人在家里务农,外出打工的只有十四五个,外出经商的只有一个。去年上了扶贫项目以后,才种茶叶。全寨大约有50%的家庭通电话,70%的家庭有电视,有4户人家有摩托车。受教育程度普遍不高,全寨高中毕业包括在读的高中生也只有十来个。寨子里的民族习惯还保留得较好,有的老人还穿西摩洛服装,年轻人平时不穿,在娶亲时才穿自己的民族服装。

问:请您说说寨子里的语言使用情况。

答:寨子里的西摩洛人都能讲流利的西摩洛话,汉族人基本上也能讲西摩洛话,只有刚刚嫁来的彝族和哈尼族其他支系的媳妇不会讲西摩洛话,但也能听懂。

问:小孩是先学会西摩洛话还是先学会汉语?哪种语言的水平高些?

答:父母亲都是西摩洛人的小孩先学会西摩洛话。父母经常用西摩洛语对话,他们的子女自然而然就学会了,不需要专门去学。寨子里的汉族小孩,也在跟西摩洛小孩一起玩耍时慢慢学会了西摩洛话。西摩洛小孩的汉语大多是上学后才慢慢学会的。入学前,小孩的西摩洛话比汉语好。上学后,汉语水平慢慢提高,到高年级以后,就能熟练使用汉语了。

问:寨子里外出打工的年轻人回来时还说西摩话吗?

答:在外面打工时,肯定是说汉语。回到寨子里时,就说西摩洛话。要不然,寨子里的乡亲会笑他们卖掉了老祖宗的话,忘了自己的老本。

问:熊教师,您是什么文化程度,是哪一年出来教书的?

答：我初中毕业。是1963年在本寨教夜校时开始教书的。

问：您在哪些学校工作过？

答：1970年到1984年在龙坝多福小学教书，1984年下学期在雅邑乡的龙潭小学教书，1985年回到本村的南温小学教书，直到2003年7月25日退休。

问：您教过的这几所学校都有西摩洛学生吗？

答：都有西摩洛学生。龙潭小学的学生都是西摩洛人，南温小学西摩洛学生很多，龙坝小学西摩洛学生最少。

问：这几所学校的西摩洛学生说的西摩洛话有区别吗？

答：有一些区别，比如："茶叶"，南温和龙潭是读 $n_1^{31}ph_1^{31}$，龙坝读 $xu^{31}ch_1^{53}$。但基本上是一致的，能通话。

问：您认为哪个寨子的西摩洛话最纯正，民族文化保留得最好？

答：龙坝寨和坝落寨的西摩洛话保留的西摩洛固有词最多，民族服装也保留得较好。不过服装保留得最好的，还是雅邑乡轩秀寨，他们的民族服装改变得最少，老年人平时还穿民族服装。

问：您教几年级的学生？

答：一至四年级学生。

问：您上课时是用西摩洛话还是汉语呢？

答：我教的学生多数从小就说西摩洛话，不会说汉语，或者汉语说得不好。一年级时，往往需要用双语教学。就是用汉语读课文，用西摩洛话解释。这样能够帮助学生理解课文的意义。三、四年级时，学生的汉语水平提高了，上课时用西摩洛话解释就慢慢减少了。

问：您认会西摩洛话对您的教学有帮助吗？

答：肯定有。低年级的西摩洛学生学习汉语的难度大，很多时候难以理解课文的内容。西摩洛话是他们的母语，用西摩洛话解释，可以让学生更快更好地学好（汉）语文。

问：请您说说学校里的语言使用情况好吗？

答：上课时，主要是说汉语。下课后，西摩洛学生之间都说西摩洛话。老师在班上开会主要是说汉语，老师与学生交谈时，西摩洛话和汉语交替使用。老师之间交流时，在会议上发言时，用汉语；聊天时说西摩洛话。做学生思想工作时，两种语言都用。跟学生家长交谈时，要看家长的语言情况而定。

问：说不同语言或方言的学生，相处得好吗？

答：相处得可以，他们相互之间能够平等相待，不会相互歧视。

问：西摩洛家长对小孩学习汉语重视吗？

答：重视。学生家长愿意送小孩上学学汉语。他们懂得不会汉语，会影响小孩的发展。比如，外出工作、升学等等。

问：现在西摩洛村寨的教师一般是什么学历？

答：现在的老师一般都有中专或大专学历，比我们的学历高多了。我们那时小学毕业、初中毕业都可以当老师，现在不行了。

问：您对您的母语感情深吗？

答：我很喜欢西摩洛话，今天听说你们来调查西摩洛话，就主动来了，想帮你们提供一点本民族语言的一些情况，想为西摩洛话的调查研究尽一点力。

（四）杨进学校长访谈记

访谈对象：杨进学，雅邑中心小学校长。男，49岁，西摩洛人。

访谈时间：2008年8月1日。

问：杨校长，您长期在教育战线工作，请您谈谈您的教育经历。

答：我1980年思茅师范学校毕业，毕业后分配到雅邑乡牙骨村的对面山小学任教。当时是一师一校，条件极为艰苦，课桌椅都没有，两个年级并为一个班，进行复式教学。那个寨子是哈尼族布都支系的寨子，到处是牛铃声声，荒凉破败。我一个人不敢住，跟村里的一个老大爷住在一起。当时我二十岁，满腔的热情一下子就凉了。这与我心目中的教育环境相去甚远，觉得特别孤独失落，我后悔自己的选择。后来很多寨子的孩子并到我们学校。孩子很热情，很淳朴，我渐渐地喜欢上他们了。为了给学生们做课桌椅，我就向村里的老百姓讨树。村民们帮着砍树，我和我的学生一起搬树。学生很能吃苦，此时，我对学生的感情更深了。老乡也对我很好，划给我一块地种菜，还不断把自家产的蔬菜、瓜果送给我。有了这样的经历后，我的心热了。特别是经过努力，学生取得了好成绩以后，心里更觉得有前途。我的布都话就是那时学会的。三年以后，我转到落沙村的大鱼洞小学，教三年级学生并任班主任。当时雅邑乡小学采取两个分段，一到四年级在村小，五到六年级在乡小。我教的班有12个学生。当时全县要考试选拔100个半寄宿学生到乡小读五、六年级，我教的12名学生参加升学考试，考上了9个。那年要把落沙村划归泗南江乡，领导惜才，就把我调到本乡的南泥湾小学。那时是1985年。当时的南泥湾村小收取没考上半寄宿制的五、六年级学生，生源较多，有60个学生，来自南泥湾、下洛甫等五个村。当时不通路、不通水、不通电。让我感到压力最大的是学生辍学问题。女孩子是因为家长不愿意送，男孩子是因为自己不愿意读。在南泥湾待了五年，就到雅邑中心完小一直到现在。

刚到中心小学时，是教五、六年级。到了1996年9月，就任雅邑乡中心小学教导主任。教导主任当了8年，到了2004年9月，任雅邑乡中心小学的副校长，到2006年，任校长。至今已经在教学岗位上工作了28年。这期间，我感受最深的是：当好小学老师的关键，要有一颗敬业心，要有一颗爱孩子的心。你爱孩子了，他就会努力学习。比如有位叫李严井的同学，刚入学时患有乙肝病,学生家长说学校食堂的菜油不能吃。从此,他的饭菜我就包下了。刚来时,他有逃学意识,成绩不好,是学困生。但到毕业时,考了197分的成绩,我感到很意外,很惊喜。

问:请您谈谈雅邑乡西摩洛人教育的基本特点。

答:与哈尼族的其他支系相比,过去西摩洛支系不太重视教育。西摩洛人的小孩最突出的特点是爱好体育运动,当兵的人较多,每一年的征兵任务完成得最好的就是座细村。现在,西摩洛人的观念和以前大不一样了,与其他支系的差距小了。四十岁左右的父母,想方设法地让自己的小孩读书,让他们受到更好的教育,以便将来生活得更好。特别是那些有读书成才先例的寨子,如南温村的白龙潭组、南温组,座细村的轩秀组,下洛甫村的新寨组。这些寨子的西摩洛人比其他寨子更加重视教育,因为他们从前人的身上看到了希望。现在物质条件好了,家长供孩子上学的困难少了,读书人自然也就多了。

问:西摩洛人普遍保留自己的母语,在汉语教学中如何处理与汉语的关系,有哪些经验和教训?

答:西摩洛孩子刚来上学时,有的会讲汉语,有的不会,但不会讲汉语的西摩洛孩子也听得懂汉语。跟身边会汉语的玩多了,自然就会了。不会说汉语方言的孩子,在学习普通话时,也有自己的优势,不会受到汉语方言的干扰。他们直接由母语过渡到普通话,不必经历校正方言的过程。在学前班时,对不会汉语的西摩洛孩子,需要双语教育。现在的小孩汉语水平比以前好多了。现在,一年级已经不需要用双语教学了。

问:西摩洛学生在一、二年级就能掌握汉语,其中的原因是什么?

答:现在的学生家长是上个世纪80年代我们教过的学生,具有一定的汉语水平。电视也帮助他们学习汉语。再者,现在的小孩进城的机会多,对外界的恐惧感减少了,敢于与人交谈了,这对他们学习汉语是很有帮助的。

问:您认为如何提高西摩洛人的语言教育和文化教育?

答:就我们学校而言,一入学就要学好汉语拼音,因为汉语拼音是学好普通话的基础。现在我们学校的老师普通话比较标准。同时还要抓口语交际的训练,用普通话复述课文内容,并尽量引导他们讲普通话。还很重视普通话宣传周的作用,举行一些活动,比如讲故事、演讲比赛等,促进推广普通话。每年的六一儿童节的文艺晚会,让学生用普通话主持节目,提高学生语言能力。由学生主持校园广播站,读表扬稿、写文章,提高他们运用语言的能力。

问:请您谈谈您家的语言使用情况,好吗?

答:我和我爱人都是西摩洛人,都会说西摩洛话。在家里一般都说汉语,跟我爱人也用汉语交流,我的两个孩子小时候不会说西摩洛话。现在,老大杨圣在坝溜乡中心小学教书,学会了西摩洛话,课后他有时会用西摩洛话跟学生谈心。女儿杨星的西摩洛话差一些,只能听懂一点简单的生活用语。

问:再谈谈你们学校里西摩洛话的使用情况吧。

答:我们学校的老师和学生来自不同寨子,来自不同支系或不同民族。在学校,提倡说普通话。上课时,大多说普通话;下课时,90%的学生说汉语,10%的学生说西摩洛话。有的父母开门见山地对孩子说,你们要学汉语,要不然上课都听不懂。老师一般也用汉语跟学生交流,但有时为了跟学生做更深入的情感交流,我们会摸着孩子的头,语重心长地用民族话跟学生交谈,这样学生会觉得更亲切,更有安全感。

问:那老师之间呢?

答:我们中心小学有51个老师,西摩洛老师有10多个。我与西摩洛老师交流时,就尽量讲西摩洛话,我用本民族语叫他们的乳名,跟他们交谈。我会碧约话、卡多话、白宏话、布都话等,我会说的民族话很多,不会说的只有彝语。学校老师之间一般说汉语。

问:平时大家习惯于讲什么话?

答:倾向于讲使用人口较多的语言,比如汉语。当我不知道你是西摩洛人,我会选择用汉语跟你交流。因为汉语是当地的通用语。西摩洛、布都、碧约、白宏这些语言大致相似,只要会其中的一种,学其他的都不难,至少没有学汉语那么难。但大家还是都要学汉语,因为汉语使用范围太宽了,就连我们西摩洛比较老的老人,汉语虽不会说但都能听得懂,你说汉语,他们会用西摩洛语回答。

问:老一辈是否担心西摩洛文化的丢失?

答:有这种意识的人很少,几乎没有。西摩洛文化保留的较少。西摩洛的婚丧嫁娶,红白喜事、农耕内容,原来都用古老的西摩洛语和西摩洛调来唱,表达自己民族特定的含义。丧礼时,用唱词歌颂死者、告慰生者。我的上一辈在孩子出嫁时,用唱的方式教自己的孩子怎么与夫家人相处。婚丧嫁娶的唱词采用比喻、拟人等多种修辞方式来表达生活中的方方面面,饱含浓厚的民族精神,形象生动。以唱的形式愉悦自己、教育他人。但这样的人已经不多了。我的姊姊不时会唱上两句,一般是在高兴的时候。我的父母辈还会用西摩洛话讲故事。我的学生辈们已经不会用母语讲故事了。

问:您认为西摩洛话有用吗?

答:我认为民族语言还是很有用的,民族语言的使用能取得民族的认同感。在民族地区工作,只有会民族语言,才能了解他们,取得他们的信任。比如在修建坝浦河小学时,需要发动座细村的老百姓出工、出木料。一个不会西摩洛话的校长来做他们的思想工作,他们就是不肯。后来领导派我去做思想工作,我用西摩洛话跟他们说:"大哥,今天轮着我做这个事,请你们帮个忙吧"。西摩洛老乡爽快地说:"别个来说我不管,你来说好说"。我用西摩洛话说:"这事全靠你们了"。他们说"是,是,是"。民族语是说民族话的人的根,你跟他们讲民族话,他们的心就稳了,感情就亲近了。母语不能丢失,它在特殊的环境、特殊的场合中,能发挥特殊的作用。

二　调查日志

5月18日

　　中央民族大学"985"工程创新基地"哈尼族西摩洛语语言使用现状及其演变"课题组成立。举行了第一次课题组成员会议，布置课题任务，讨论计划，初步分工。课题组成员有：戴庆厦、蒋颖、崔霞、余金枝、邓凤民、乔翔。

6月9日至7月9日

　　分别进行调查前的准备工作。包括：收集、复印已有的云南墨江县雅邑乡哈尼族西摩洛语的研究成果；熟悉云南哈尼族西摩洛语的基本情况；大致了解哈尼族西摩洛语的特点；配备调查所需的仪器（电脑、摄像机、照相机、录音机等）；编写调查问卷和调查提纲。

7月10日

　　上午，课题组成员开会，对课题组的具体任务进行进行了分工；检查此次调查的前期准备工作，查缺补漏，补充材料，检查调查所需设备。

　　下午，第一批课题组成员余金枝、邓凤民、乔翔出发赴云南。

7月12日

　　课题组成员余金枝、邓凤民、乔翔以及崔霞抵达云南昆明并赶赴墨江县。晚上，课题组成员整理西摩洛语词汇。

7月13日

　　上午，课题组成员中午到达西摩洛人的聚居乡雅邑乡，并入住望江楼食宿店。

　　下午，召开会议，具体安排工作。课题组成员熟悉雅邑乡环境。

7月14日

　　上午，在哈尼研究所所长赵德文、干事朱茂云的陪同下，会见了雅邑乡副书记朱克、副乡长刘天容及文化站站长王丽萍。赵德文介绍了各位课题组成员及此次调查的目的，强调了课题组工作的意义，并希望党委及乡领导能全力支持课题组工作。

　　下午，对文化站站长进行了专访。

7月15日

　　上午，课题组赴雅邑乡雅邑、徐卡、南温三个哈尼族西摩洛人聚居村委会调查。并对乡长张晓航进行了专访。之后，课题组成员到雅邑乡派出所，借取了雅邑、徐卡、南温三个村委会的户籍材料。

下午，对徐卡村委会主任白春花、南温村退休教师熊朝明进行了专访。对南温村村委会副主任熊明和退休教师熊朝明进行了西摩洛语能力的测试，并调查其语言观念。

晚上，课题组成员分别将三个村村民的基本信息录入电脑。

7月16日

上午，课题组成员借取了座细村的户籍材料。对座细村主任宗林国和副主任杨志康进行了西摩洛语语言能力测试，并了解其语言观念。

全天录入四个村村民的基本情况。

7月17日

上午，课题组成员在文化站站长王丽萍的陪同下，赴座细村轩秀五组进行了入户调查，具体了解轩秀五组村民的语言使用情况，对村民白琼书进行了西摩洛语语言能力测试。

下午，赴轩秀二组，进行了入户调查。对村民白凌、白开文、王琼芬、李祖娘、马金枝、马丹丹、白荣发和马世贵等进行了西摩洛语的语言能力测试。

晚上，整理调查材料，并录入电脑。

7月18日

上午，向座细村副村主任马金枝了解其他7个小组的语言使用情况。

下午，将语言使用情况录入电脑。

7月19日

上午，调查组在望江楼对南温村村委会副主任熊明进行了语言调查，就该村12个村民小组的语言使用情况做了详细的记录。

与此同时，调查组第二批成员戴庆厦、蒋颖到达玉溪师范学院，与其领导协商两校联合组团赴中泰、中老边界调查跨境语言的计划。下午，墨江县副县长熊国才召集墨江县民宗局副局长金争古、墨江县民族研究所所长赵德文、雅邑乡乡长张晓航等人接待调查组，商谈如何协助调查组完成这次赴墨江的任务。

7月20日

调查组全体成员在雅邑乡会合。乡政府领导与调查组一行座谈，双方交流了工作情况，乡政府表示一定要全力帮助调查组完成此次调查任务。

下午，调查组召开了全体会议，研究《西摩洛语语言使用现状及其演变》、《西摩洛语研究》两部书稿的编写大纲，并做了各章节撰写人的分工。

晚上，继续整理徐卡村语言能力调查表。修改访谈。

7月21日

白天，调查组成员向雅邑乡座细村轩秀三组的白凌了解西摩洛词汇，整理、记录了西摩洛400个基本词汇。

晚上，对雅邑乡中心小学学生杨伟、李万春、王东和王云生进行了西摩洛语语言能力测试，并了解其语言观念。

7月22日

　　白天,对座细村8个青少年李晶、白少剑、李兰秀、马福倩、白丽、王院艳、马兰飞和杨琼进行了西摩洛语的语言能力测试。

　　晚上,召开会议,讨论被调查人年龄分段、语言能力定级以及西摩洛400个基本词"优""良""差"分级的标准等问题,研究下一步的工作安排。

7月23日

　　上午,记录西摩洛语1800个常用词,发音合作人是白凌、白萍和白少剑。

　　下午,调查组成员邓凤民和乔翔赴下洛甫村,借取了下洛甫村新寨、阿嘎、那会和坝心四个村民小组的户口簿,并向新寨小组会计白德兴了解这几个村民小组村民的语言使用情况。对村民白发昌和白德兴做了西摩洛语的语言能力测试,并调查其语言观念。

　　继续记录1800个常用词。

　　晚上,继续记音,整理资料,召开业务会。

7月24日

　　继续记录西摩洛语2000个常用词。发音合作人是白凌、白萍、白少剑。

　　电脑录入下洛甫四个村民小组的户口簿并统计数据。

　　晚上,开会汇集前期收集、了解到的材料,分析特点、规律。强调《西摩洛语语言使用现状及其演变》各章节的重点和亮点。布置下一步工作安排。

7月25日

　　继续记录西摩洛语2000个常用词。发音合作人是白凌、白萍、白少剑。

　　晚上,完成2000个常用词的记音工作。

7月26日

　　上午,调查组成员邓凤民、乔翔前往坝利村勐埔村民小组,入户登记村民姓名、年龄、文化程度,调查语言使用情况和能力。返回路上,对从山上的勐埔村搬迁至公路旁的李发昌和马昌友进行了西摩洛语400词测试。

　　戴庆厦、蒋颖校对西摩洛语2000词,发音合作人是白开侦。开始《西摩洛语语言使用现状及其演变》的编写。

　　下午,戴庆厦、蒋颖开始西摩洛语语音系统的整理和撰写。

　　晚上,将白天调查的勐埔村民语言使用情况录入电脑。

7月27日

　　继续校对西摩洛语2000词。

　　继续各章节的写作。

7月28日

　　完成西摩洛语2000词的校对。

　　各章节作者继续撰写。

入户调查雅邑乡所在地坝浦河村民小组各户村民的语言使用情况,将其姓名、年龄、民族、文化程度和语言情况登记造册。

7月29日

各章节继续撰写。

完成西摩洛语音系统的撰写。

7月30日

各章节继续撰写。修改完第一章。

7月31日

上午,各章节作者继续撰写。下午,调查组前往坝利村古鲁山寨进行走访。

8月1日

上午,对雅邑乡中心小学校长杨进学进行访谈。

中午,玉溪师范学院白碧波老师一行五人前来调查组驻地探望。

下午,向坝利村古鲁山小组的会计宗杰了解该小组村民的情况,将姓名、年龄、民族、文化程度、语言使用情况等逐一记录下来。

晚上,开会研究下一步工作安排。

8月2日

各章节作者陆续交《西摩洛语语言使用现状及其演变》的部分初稿,开始进行修改。

8月3日

调查组部分成员开始转入西摩洛语本体的调查。向发音合作人记录短语、句子。

继续完善、修改各章节内容。

8月4日

对发音合作人白凌、白萍进行记录西摩洛语的国际音标培训。开始对西摩洛语名词、代词、形容词、动词、量词等词类的记录、研究,酝酿写作大纲。

8月5日

继续收集语料。进入西摩洛语词类的写作。

8月6日

向发音合作人核对语料。继续西摩洛语词类的写作,并开始构词法的记录和研究。

8月7日

完成西摩洛语的词类研究及初稿。开始进入句法(包括使动范畴、否定范畴、差比句、话题句、疑问句、连动结构、述宾结构等)的收集、整理和研究。

晚上,开会总结近期工作进展,布置下一阶段的工作安排。

8月8日

开始短语(并列短语、修饰短语、补充短语等)的记录和研究。

晚上,调查组在雅邑乡坝埔河观看奥运会开幕式实况转播。

8月9日

　　完成短语的整理和写作。进行《西摩洛语语言使用现状及其演变》的各章节定稿及统稿。

8月10日

　　汇集《西摩洛语语言使用现状及其演变》各章节的写作成果。

　　晚上，课题组召开业务会，制定最后一个星期的计划。

8月11日

　　课题组成员完成西摩洛语的词类和短语的写作。开始句法写作。

8月12日

　　继续句法的写作。

8月13日

　　继续句法的写作。部分初稿进行材料的核实和行文的修改。

8月14日

　　白天，修改《西摩洛语研究》初稿。

　　晚上，调查组招待雅邑乡政府领导和工作人员，向雅邑乡乡政府的支持和帮助表示感谢。

8月15日

　　调查组成员分头对自己负责的《西摩洛语研究》中的章节进行校对、修改。

8月16日

　　继续核对、修改材料。

8月17日

　　墨江县民宗局副局长黄俊勇、哈尼学研究所所长赵德文专程到雅邑乡接调查组成员返回墨江县城。

　　下午，在墨江县与有关领导交流。

　　晚上，墨江县领导宴请、欢送调查组。

8月18日

　　上午，戴庆厦教授为墨江县哈尼研究学会作有关民族文化研究的专题报告。

　　中午，玉溪师范学院派车来接调查组返回昆明。路过玉溪师范学院时，玉溪师范学院熊院长会见了调查组，商谈了两校合作开展跨境民族研究的有关事宜。

　　晚上，调查组返回昆明。

8月19日

　　上午，云南民族出版社社长会见调查组。

　　下午，调查组多数成员在昆明收集资料。部分成员返京。

8月20日

　　课题组其他成员离昆返京。

8月22日—9月9日

两部书稿进一步修改、加工,完成全书的编辑技术工作。

9月10日

《西摩洛语语言使用现状及其演变》、《西摩洛语研究》两部书稿送出版社。

9月11日至9月25日,进一步修改全稿。

三　西摩洛语400词表

西摩洛语	汉义	西摩洛语	汉义
m̩$_1^{31}$ tha^{31}	天	khɔ^{55} p̩$_1^{33}$	锅盖
ŋji^{55} mɔ^{33}	太阳	tʃi^{33} tha^{31}	梯子
p̩$_1^{31}$ xɔ^{33}	月亮	ja^{33} pha^{55}	扫帚
ʌ^{31} kɯ^{55}；m̩$_1^{31}$ kɯ^{55}	星星	thɔ^{31} pv^{33}	席子
tʃo^{31} s̩$_1^{55}$	风	ts̩$_1^{31}$ ta^{55}	剪子
ɤ^{31} fv^{55}	雨	mɤ^{31} pha^{33}	瓢
m̩$_1^{31}$ tʃi^{31}	雷	k̩$_1^{31}$	矛
m̩$_1^{31}$ tʃhi^{31}	云（天上）	tʃɔ^{31} kɯ^{55} ʌ^{31} xʌ^{55}	钥匙
pɯ^{31} s̩$_1^{31}$	霜	ta^{55} me^{55}	凳子
ʌ^{31} kɯ^{55} tʃɔ^{31} mje^{31}（mje^{31}）	闪电	sã^{31}	伞
m̩$_1^{31}$ ʃa^{31}；m̩$_1^{31}$ kh̩$_1^{31}$	炊烟	ŋji^{33} po^{55}	刀
a^{31} ʃa^{31}	蒸汽	mje^{31} pɔ^{33}	枪
m̩$_1^{31}$ tʃɔ^{31}	火	z̩$_1^{31}$ tʃa^{55}	床
khʌ^{31} lʌ^{55}	灶灰	no^{31} to^{31}	耳环
m̩$_1^{55}$ tʃha^{31}	土	n̩$_1^{55}$ tʃho^{31}	戒指
ʃʌ^{55}	地（田地）	ji^{55}	房子
te^{33} kv^{31}	水田	va^{31} ji^{55}	猪圈
o^{31} kho^{55}	洞	ji^{55} kv^{33}	门
kho^{55} s̩$_1^{55}$	山	phv^{33} ko^{33} lo^{33} mɔ^{33}	村寨
lo^{55} khji^{31}	河	tʃi^{33} kv^{31}	桥
ji^{55} tʃhv^{31}	水	fv^{31} tɔ^{55}	坟
ʃa^{33} la^{33}	沙	tso^{55} tʃi^{33}	地基
lv^{33} mɔ^{33}	石	z̩$_1^{55}$ mɔ^{33}	柱子
ji^{55} tv^{31}	井	tʃɔ^{31} kɯ^{55}	锁
ɔ^{31} mɔ^{31}	泡沫	lo^{31} je^{55}	船
ʃɯ^{55}	铁	nʌ^{55}	病
thõ^{31}	铜	m̩$_1^{55}$ kho^{55}（ma^{33}）	梦
s̩$_1^{55}$	金	n̩$_1^{31}$	鬼
phv^{55}	银	n̩$_1^{31}$	神
la^{31} v^{31}	左	ʌ^{31} xʌ^{55}	魂
la^{31} tha^{31}	右	ɤ^{31} thɯ^{55}	声音
a^{31} tha^{31}	上（桌子上）	ʃa^{55} ts̩$_1^{31}$	话
a^{31} va^{31}	下（桌子下）	ɤ^{31} m̩$_1^{55}$	名字

o³¹ ko⁵⁵ lo⁵⁵	中间	ja³¹ n̩¹³³			今天
o³¹ ŋjʌ⁵⁵ ; o³¹ ŋji⁵⁵	外	ɤ³¹ s̩¹³³ thɯ³¹ n̩¹³³			前天
n̩¹³³ kho⁵⁵	白天	ji³¹ n̩¹³³			昨天
ma³¹ kh̩¹³¹ pjʌ⁵⁵	夜晚	ɯ⁵⁵ mjʌ⁵⁵			从前
ʌ³¹ mʌ⁵⁵	年	xɔ³³			月
o³¹ po⁵⁵	树	n̩¹³³			日、天
ŋo³¹ po⁵⁵	竹	mo⁵⁵ lʌ⁵⁵			看见
tʃhi⁵⁵ phv⁵⁵	米	nʌ⁵⁵ ti³¹			听
ɤ³¹ s̩¹³¹ a³¹ ma³³	种子	ko⁵⁵ m̩¹³³			闭（眼）
tʃa⁵⁵ kɔ³¹	草	s̩¹³¹ tʃhv⁵⁵			知道
a³¹ pha³¹	叶子	kh̩¹³¹			咬
ɤ³¹ tʃhɯ⁵⁵	根	tʃo³¹			吃
kv³¹ tʃha³¹	菜	to⁵⁵			喝（酒）
a³¹ z̩¹³³	花	kṽ³¹			补（衣）
o³¹ s̩¹³¹ ɤ³¹ kɔ³¹	水果	mjẽ³¹ ; mɔ³¹			舔
a³¹ nɤ³³	核	ti⁵⁵			（公鸡）叫
o³¹ ko³³	刺儿	ʃa³³			称（粮食）
a³³ to⁵⁵ to⁵⁵ s̩¹³¹	核桃	tʃe³¹			骂
s̩¹³¹ li³³ ɤ³¹ s̩¹³¹	桃	te³³			说
pho³¹ tsh̩¹⁵⁵	甘蔗	z̩¹⁵⁵			笑
ʃa⁵⁵ tv³³	玉米	n̩¹⁵⁵			哭
tʃhi⁵⁵ s̩¹³¹	谷种	mɯ⁵⁵ ŋjv⁵⁵			爱、喜欢
z̩¹⁵⁵ ʃv³³	青苔	kh̩¹³³			怕
p̩¹³¹ tɔ³¹	棉花	pe³³			抱
mo³¹	马	s̩¹⁵⁵			死
pv³¹ na³³	水牛	tʃhi³¹			劈（柴）
lɔ³³ xɤ³³	公牛	pji⁵⁵			飞
va³¹	猪	kv³¹			过（桥）
tsh̩¹³¹ pje³³	羊	z̩¹⁵⁵ tɯ³¹ tɯ³¹			游泳
khɯ³¹	狗	nɯ³³			穿（鞋）
tsh̩¹⁵⁵ jɔ³¹	麂	ts̩¹³³			擤（鼻涕）
je³¹ lɔ³¹	虎	tɯ³¹			打（人）
thɔ³¹ xɔ³³	兔子	ʒo³¹ ; jo³¹			走
fṽ³³ tʃha³¹	老鼠	tɯ³¹ pho³³			开（门）
pɔ³¹ khɔ³³ lɔ³¹ khɔ³³	啄木鸟	tv³³			出
tʃi⁵⁵ mɔ³³	老鹰	lʌ⁵⁵（从下到上）; lɯ³³（从上到下）			来
xɔ³¹ ma³¹	乌鸦	ji⁵⁵（向下去）; z̩¹³³（向上去）			去
ŋa³³ jɔ³¹	鸟	tho³³ ŋi⁵⁵			站
ts̩¹³¹ ŋa³³	鸽子	tʃo⁵⁵			坐
ʌ³¹ ŋʌ⁵⁵	鹅	tʃo⁵⁵			居住
o³¹ pji⁵⁵	鸭子	z̩¹³¹ tʃa³³			睡
ja³³	鸡	ts̩¹³¹			戴（手镯）
ŋo³¹ tɯ⁵⁵	鱼	kho³¹			砍（柴）

phv³¹ jɔ³¹	青蛙	sɿ³¹		杀
xji³¹ li³¹ xo³¹ lo³¹	蝌蚪	tv³¹; tʃhɯ³¹		挖
ji⁵⁵ xo⁵⁵	蛇	khɤ³³		擦（桌子）
zɿ⁵⁵ tʃɔ³¹	蚂蟥	tshɿ³¹		洗
pɿ³¹ kɿ³³	臭虫	ka³³		耙（田）
khɿ³¹ ʃɯ⁵⁵	跳蚤	ko⁵⁵ ŋji⁵⁵		嗅（闻）
ʃɯ⁵⁵ phv⁵⁵	虱子	sɿ³¹		晒（衣服）
pɿ³¹ ʃv³³	蚂蚁	tʃɔ³¹		编（篮子）
ʃɯ⁵⁵ v³³	虮子	kv³¹		缝
ʃo⁵⁵ kɔ³¹	蚊子	phɯ³³		捆（草）
a⁵⁵ kɯ³¹ lɯ⁵⁵ mɔ³³	蜘蛛	tɯ³¹ pho³³		揭（盖子）
o³¹ to⁵⁵	翅膀	ʃe⁵⁵		拿
ŋji⁵⁵ po⁵⁵	蝗虫	kho³³		栽（树）
tho³¹ khɿ³¹	穿山甲	kji³³		盛（饭）
lo⁵⁵ kʌ⁵⁵ tʃʌ⁵⁵ pji⁵⁵ li⁵⁵ kho³¹	蝙蝠	pa³¹		扛（同抬）
ŋo³¹ tɯ⁵⁵ ɔ³¹ kɔ³¹	鳞	tʃhje³³		（用手）指（人）
pho³¹ pɿ³³ jo³¹ mo³¹	癞蛤蟆	xa³³		摸
tshɿ⁵⁵ phɿ⁵⁵ tʌ³¹ o⁵⁵ lʌ³¹ o⁵⁵	蜻蜓	thi⁵⁵		舂
v³¹ kh⁵⁵	犄角	tsɿ⁵⁵		跳（远）
ʃɔ⁵⁵ mɿ³¹	苍蝇	phji³¹		编（辫子）
ja³³ v³³	鸡蛋	khɿ³¹		偷
pɿ³¹ khɔ³³	螃蟹	sɿ³³		搓（绳子）
ɤ³¹ mɯ³¹	汗毛	thi⁵⁵ mi³¹		教
ŋa³³ jɔ³¹ ɤ³¹ khɯ⁵⁵	鸟窝	tshɿ⁵⁵; ʃɯ³³		拉
to³¹ mi³¹	尾巴	ʃe³³		脱（衣）
tʃhi⁵⁵ khɯ⁵⁵	头发	tʃhi³³		（线、棍子）断
v³¹ tv³¹	头	pɯ⁵⁵		分
ma³³ nɤ³³	眼睛	ti³¹		推
nʌ⁵⁵ mi⁵⁵	鼻子	phɯ³³ tʃha³¹		连接
no³¹ po⁵⁵	耳朵	mɯ⁵⁵ tʃɔ³¹		煮
ma³³ pho³¹	脸	kɿ³¹		磨（米）
ma³³ pɿ⁵⁵	眼泪	tʃhv³³		写
mji³¹ tv³³	嘴	ŋji³³		摇（头）
ɤ³¹ tsɿ⁵⁵	牙齿	tʃa³³		有（钱）
ʌ³¹ xʌ⁵⁵	舌头	khv³¹		舀（水）
kho³¹ kv³¹	喉咙	tʃhɔ³³		摘（花）
lɯ⁵⁵ tsɿ⁵⁵	脖子	phʌ⁵⁵ phv³¹		染（布）
pa³¹ phv⁵⁵	肩膀	ji³¹		切（菜）
a³¹ la³¹	手	je³³		跑
la³¹ tshɿ³¹	肘	pa³¹ tv³¹		埋葬
la³¹ nɿ⁵⁵	手指	pha³³		爬（树）
la³¹ sɿ³¹	爪子	pɿ³¹		钻（洞）
o³¹ khɿ⁵⁵	脚	v⁵⁵		买

o³¹ kh₁⁵⁵	腿	ɣo³¹			卖
to³¹ phv⁵⁵;to³¹ lo³¹	屁股	ŋɯ⁵⁵			是
o³¹ mo⁵⁵	身体	kɔ³¹			（一）个（人）
o³¹ phv³¹	肚子	z̩³³			（一）朵（花）
nɣ³³ khje³¹	胸	xɯ³¹;tɔ³³ mɔ³³			大
pʌ⁵⁵ ŋji⁵⁵ o³¹ z̩³¹	肋骨	ɔ³¹ jɔ³¹;mji⁵⁵ te⁵⁵			小
v³¹ nɛ³¹	脑髓	tʌ⁵⁵ mo⁵⁵;kɔ³³			高
ɔ³¹ v⁵⁵	肠子	ti³¹ mji³¹;tɔ³¹ kje³³			矮
kh₁³¹ tʃhʌ⁵⁵	汗	to³³ lo³³			圆
ɣ³¹ tʃhɯ³¹	肝	tʌ⁵⁵ mo⁵⁵			长
nɣ³³ mɔ³³ nɣ³³ s̩³¹	心	tɔ³¹ ŋji⁵⁵;tɔ³¹ tʃhi³³			短
ɣ³¹ s̩³¹	血	ɔ³¹ thv⁵⁵（thv⁵⁵）			厚
ɔ³¹ ʃɔ³¹	肉	ɔ³¹ pɔ³¹（pɔ³¹）			薄
ɣ³¹ k₁⁵⁵	皮	mo³³			多
o³¹ z̩³¹	骨头	ɔ³¹ ts̩⁵⁵（ts̩⁵⁵）;ʃɔ³¹			少
pʌ⁵⁵ ŋji⁵⁵	腰	ʌ³¹ phʌ⁵⁵			轻
mo⁵⁵ lo³³;lo³¹ s̩³³ kue³¹	脚踝	ɣ³¹ thɯ³³			重
tʃɔ³¹ kɔ³¹ lʌ³¹ tsh̩³³	腋	to³¹ k₁³¹;ma³¹ tha³³			刀（钝）
pho³¹ tsh̩³¹	膝盖	a³¹ kha³³			硬
ɣ³¹ ts̩⁵⁵ s̩³¹ kh̩³¹	牙龈	a³¹ pje³¹			软
la³¹ s̩³¹	指甲	tɔ³¹ kv³¹			弯（的）
la³¹ n̩⁵⁵ kje⁵⁵ tʃhɔ³¹;la³¹ n̩⁵⁵ n̩⁵⁵ jɔ³¹	小指	tsɛ⁵⁵;tʃ̩³¹			直（的）
ɣ³¹ kh̩³¹	屎	nɛ³¹;tɔ³¹ nɛ³¹			深
z̩³¹ tʃɯ⁵⁵	尿	pa⁵⁵ ʒɔ³¹			横
tsh̩³¹ khje³³	痰	o³¹ thi³¹（thi³¹）			窄
po⁵⁵ z̩⁵⁵	脓	khuã³³			宽敞
tsh̩⁵⁵ z̩⁵⁵	口水	ɔ³¹ k̩⁵⁵ po³³			肥
tʃho⁵⁵	人	tʃa³³ khɔ³³			瘦
kho³¹ pha³³ ja³¹ ʒv̱³³;ja³¹ ʒv̱³³	男人	khji⁵⁵			牢固
kho³¹ mɔ³³ jo³¹ m̩³¹	女人	jo³¹ mo³¹			（年）老
jo³¹ mo³¹ jo³¹ n̩⁵⁵	姑娘	lã³¹			懒
jo³¹ n̩⁵⁵	小孩儿	tʃho³¹;tʃhʌ⁵⁵ mɯ³¹			快
a⁵⁵ nɛ³³;a⁵⁵ nɣ³³	奶奶	tʃa³¹;ts̩³¹ ʃɔ³¹			慢
ʌ³¹ pʌ³¹	父亲	m̩⁵⁵ xɯ³¹			远
ʌ⁵⁵ mo³³	母亲	ji⁵⁵ tʃi⁵⁵			近
ja³¹ ʒv̱³³	儿子	a³¹ s̩³¹			新
jo³¹ m̩³¹	女儿	ɣ³¹ tsh̩³¹			旧
ja³¹ ma³¹	女婿	ɣ³¹ ph̩³¹ po³³;kui⁵⁵（汉借）			贵
kh̩³¹ mɔ³³	媳妇（儿媳）	ɣ³¹ ph̩³¹ mʌ³¹ po³³			贱
ʌ⁵⁵ tʃhv³³	嫂子	o³¹ lo³¹ lo³¹			明亮
ɣ³¹ ŋji⁵⁵	弟、妹	a³¹ ma³³ ma³³			暗
lv³¹ ŋji⁵⁵	孙子	a³¹ tʃhje³¹			冷
tʃa³¹ ka⁵⁵	哑子	o³¹ xo⁵⁵			热

nʌ³¹ ti⁵⁵	聋子	ɤ³¹ kɯ³³	干
lo⁵⁵ pɻ³¹	贼	ɤ³¹ tʃɯ⁵⁵	湿
na⁵⁵ pv̱³¹	麻子	ɤ³¹ nɻ⁵⁵	绿
khɻ⁵⁵ pʌ⁵⁵	跛子	ɤ³¹ tɯ⁵⁵；ɤ³¹ thi³¹	紧
tʃho⁵⁵ ji⁵⁵ sɻ⁵⁵	主人	ɤ³¹ phi³⁵ phi³⁵	涩
to³¹ xɯ³³	客人	ɤ³¹ mɻ³³ mɻ³³	熟
v³¹ thɯ⁵⁵	枕头	pv̱³³	饱
pho⁵⁵ kho³¹；pho⁵⁵ pho³¹	衣服	mje³¹	饿
pho³¹ nɤ³³	鞋子	ŋji⁵⁵	臭
phɯ³¹ nɯ³³	裤子	o³¹ ŋje⁵⁵ ʃo³¹	（味道）香
xo³¹ phɻ³³	裤带	ɔ³¹ tshɻ⁵⁵	甜
o³¹ tʃho³¹	帽子	ɤ³¹ tʃhɯ⁵⁵	酸
a³¹ khv̱³³（khv̱³³）	斗笠	ɔ³¹ phɻ⁵⁵	辣
tʃhɯ³¹ pɯ³¹	蓑衣	o³¹ kho³¹	咸（同苦）
phɻ³¹ tho³¹	梳子	ŋja⁵⁵	油腻
la³¹ tv̱³¹	衣袖	ɤ³¹ nɯ⁵⁵	红
pho³¹ tʃho³¹	袜子	a³¹ na³³	黑
khɯ⁵⁵	线	ɔ³¹ phv⁵⁵	白
kɤ³¹ zɻ³¹	针	thɯ³¹	一
na³³ tshɻ³¹	药	nɻ³¹	二
tsɻ⁵⁵ pɔ³¹	酒	ʃi³¹	三
xo³¹	饭	ɻ³¹	四
zɻ⁵⁵ tʃhʌ⁵⁵	汤	ŋɔ³¹	五
ɔ³¹ tshɻ⁵⁵	油	khv̱³¹	六
tʃho³¹ lo³³	盐	sɻ³¹	七
tʃho³¹ phɻ³¹	姜	xje³¹	八
ko³¹ phɔ³¹	蒜	kɻ³¹	九
tʃi³³ tʃi³³	筷子	tʃhɯ⁵⁵	十
pji³¹ v³³	芋头	ja⁵⁵	百
ma⁵⁵ te³³	南瓜	ta⁵⁵	千
nɔ³¹ pɻ³³	木耳	thɯ³¹ pha³³	一半
ŋjv³³ phji³³	茶	tʃa³¹	（一）扴
kho³¹ phɯ³¹	糠	ŋʌ⁵⁵	我
xo³¹ mo⁵⁵ lo³¹	灶	no⁵⁵	你
ʃɔ⁵⁵ va³¹	铁锅	ɯ⁵⁵	他
khv̱³¹ nɛ⁵⁵	碗	xɯ³⁵	这个
tho³¹ thi⁵⁵	臼	ɯ³⁵	那
o³¹ xua³³；o³¹ xa³³	饭勺	mʌ³¹	不

四 西摩洛语 200 短句

1. ja³¹ n̩³³ m̩³¹ tha³¹ mʌ³¹ mɯ³¹ ji⁵⁵.　　　　　　　　今天天气不好。
   今天　天气　　不　好（语助）

2. ɯ⁵⁵ pho⁵⁵ n̩⁵⁵ ji⁵⁵ ni³³.　　　　　　　　　　　　他是汉族。
   他　汉族　　（语助）

3. ŋʌ⁵⁵ a⁵⁵ kɔ³³ kɯ³³ ʃv³¹ kɔ³¹ ʃe⁵⁵ phɔ³¹ ni³³.　　　我拿了哥哥的书。
   我　哥哥　的　　书　拿　了　（语助）

4. ŋʌ⁵⁵ tʃo³¹ pv̩³³ phɔ³¹ ʌ³¹ ni³³.　　　　　　　　　我吃饱了。
   我　吃　饱　了（语助）

5. no⁵⁵ te³³ ko⁵⁵ phɔ³¹ ʌ³¹ kɯ³³ le³¹?　　　　　　　你说过了吗？
   你　说　过　了　　的（语助）

6. no⁵⁵ ʌ⁵⁵ tʃv³³ tʃi³¹ te³³ kji⁵⁵ nɔ³¹?　　　　　　　你说什么？
   你　什么　　说　　（语助）

7. no⁵⁵ ji⁵⁵ mʌ³¹ ji⁵⁵?　　　　　　　　　　　　　　你去不去？
   你　去　不　去

8. no⁵⁵ ji⁵⁵ tʃʌ⁵⁵ kji⁵⁵, mʌ³¹ ji⁵⁵ tʃʌ⁵⁵ kji⁵⁵?　　你去还是不去？
   你　去　要（语助）不　去　要（语助）

9. no⁵⁵ xo³¹ tʃo³¹ phɔ³¹ ʌ³¹ nɔ³¹?　　　　　　　　你吃饭了吗？
   你　饭　吃　了　（语助）

10. a⁵⁵, xɯ⁵⁵ mɯ⁵⁵ mje⁵⁵ te⁵⁵ kɯ³³ vʌ³¹!　　　　啊，这么小！
    啊　这么　小　　　的（语助）

11. ei³³ ja³¹, no⁵⁵ v⁵⁵ lʌ³¹ o³³!　　　　　　　　　　哎呀，你买来了！
    哎呀　你　买来了

12. ɯ⁵⁵ ji⁵⁵ p̩³³ tʌ³¹!　　　　　　　　　　　　　　让他去吧！
    他　去　让（语助）

13. no⁵⁵ kɔ³¹ le⁵⁵ thɯ³¹ phv̩³³ te³³ ti³¹ ti³³!　　　　你再说一遍！
    你　重新　一遍　说　看看

14. no⁵⁵ nʌ³¹ pho⁵⁵ n̩⁵⁵, ŋʌ⁵⁵ nʌ³¹ ŋɔ³¹ ŋjv³¹.　　你是汉族，我是西摩洛。
    你（话助）汉　族　我（话助）西摩洛

15. no⁵⁵ mɯ³¹, ɯ⁵⁵ mʌ³¹ mɯ³¹.　　　　　　　你好,他不好。
    你好　　他不好

16. ŋʌ⁵⁵ xo³¹ tʃo³¹ ko⁵⁵ phɔ³¹ʌ³¹ ne³³.　　　我吃过饭了。
    我饭吃过了（语助）

17. ŋʌ⁵⁵ to³³ lo³³ lo³³ kɯ³³ mʌ³¹ mɯ⁵⁵.　　我不要圆的。
    我圆的　的不要

18. ɯ⁵⁵ o³¹ tʃho³¹ ɤ³¹ nɯ⁵⁵ tʃho³¹ thɯ³¹ kɯ³³.　他戴红帽子。
    他帽子红的戴着的

19. ŋɔ³³ kɯ³³ o³¹ khn̩⁵⁵ kɔ³¹ pn̩³³ pn̩³³ phɔ³¹ lʌ⁵⁵ ni³³.　我脚麻了。
    我的脚　　发麻起来（语助）

20. ŋʌ⁵⁵ ŋɔ³¹ ŋjv³¹ ʃa⁵⁵ tsn̩³¹ ʃiɔ³¹ lʌ⁵⁵ kji⁵⁵.　我来学习西摩洛语。
    我西摩语言学来（语助）

21. ɯ⁵⁵ ŋʌ⁵⁵ tʃʌ⁵⁵ pn̩³³ ja³¹ ji⁵⁵ lʌ⁵⁵ kji⁵⁵.　他让我下去。
    他我（宾助）让下去（语助）

22. ɯ⁵⁵ to³¹ xɯ³³ tʃʌ⁵⁵ ja³³ xɔ³¹ thɯ³¹ ko⁵⁵ pn̩³¹ kɯ³³.　他给客人一支烟。
    他客人（宾助）烟一支给的

23. no⁵⁵ ŋʌ⁵⁵ tʃʌ⁵⁵ pho⁵⁵ n̩⁵⁵ ʃa⁵⁵ tsn̩³¹ thi⁵⁵ mi³¹ lʌ³³ tʌ³¹!　你教我汉话吧!
    你我（宾助）汉语教（语助）

24. ŋʌ⁵⁵ ʃiã³¹ ã³¹/⁵¹ ɯ⁵⁵ jʌ⁵⁵ mʌ³¹ tʃo⁵⁵ ji⁵⁵.　我想他不在家。
    我想的话他家不在（语助）

25. ji⁵⁵ phji⁵⁵ tʃʌ⁵⁵ ŋji³³ po⁵⁵ thɯ³¹ khn̩³³ ko⁵⁵ tʃhɯ³¹ thɯ³¹ kɯ³³.　墙上挂着一把刀。
    墙（宾助）刀一把挂着的

26. ji³¹ n̩³³ ja³¹ n̩³³ kɯ³³ a³¹ tha³¹ jʌ⁵⁵ xo⁵⁵ ji⁵⁵.　昨天比今天热。
    昨天今天的上面更热（语助）

27. sn̩³¹ li³³ ɤ³¹ sn̩³¹ ɯ⁵⁵ xɔ⁵⁵ tʃo³¹ phɔ³¹ʌ⁵⁵ ni³³.　桃子被他吃了。
    桃子他（施助）吃了（语助）

28. tʃhi⁵⁵ mo⁵⁵ ŋjv³¹ xɔ³¹ tʃo³¹ phɔ³¹ʌ⁵⁵ ni³³.　谷子被牛吃了。
    谷子牛（施助）吃了（语助）

29. ŋʌ⁵⁵ ɤ³¹ nɯ⁵⁵ nɯ⁵⁵ kɯ³³ mɯ⁵⁵, ɯ⁵⁵ ɤ³¹ n̩⁵⁵ n̩⁵⁵ kɯ³³ mɯ⁵⁵.　我要红的,他要绿的。
    我红的的要他绿的的要

30. li⁵⁵ li³³ ji⁵⁵ tʃʌ⁵⁵ kji³¹/⁵¹ mʌ⁵⁵ sn̩⁵⁵ʌ⁵⁵ tʃhv³³ ji⁵⁵ tʃʌ⁵⁵ kji³³?　是姨妈去,还是嫂嫂去?
    姨妈去要（语助）还是嫂嫂去要（语助）

31. ɯ⁵⁵ te³³ le³¹ te³³ khn̩³¹, tʃhv̱³³ le³¹ tʃhv̱³³ khn̩³¹.　他不仅会说,而且会写。
    他说也说会写也写会

32. no⁵⁵ mʌ³⁵ kɿ⁵⁵ phɔ³¹ ji⁵⁵ thi³³ ʌ³¹ jʌ⁵⁵ ti⁵⁵ lʌ⁵⁵! 你做完后回家吧!
　　 你　 做　 完 　了　 的话　　 家　回来

33. ɯ⁵⁵ nʌ⁵⁵ ʮɿ³¹ kɯ³³ ŋɯ⁵⁵, ʃʌ⁵⁵ tʃhɯ³¹ ji⁵⁵ kji³³ sei³³. 他病了,还去犁田。
　　 他　 病　　 的 是　　地　 犁　 去　 还

34. o³¹ fv⁵⁵ fvᵋ⁵ ji⁵⁵ thi³³ ʌ³¹ nʌ³¹　ŋʌ⁵⁵ mʌ³¹ tv̱³³ la⁵⁵ ʌ³³. 下雨的话我就不出来。
　　 雨　 下　 的话　　　　 （话助）我 不　 出 来（语助）

35. ɯ⁵⁵ ji⁵⁵, ŋʌ⁵⁵ ŋɯ⁵⁵ ji⁵⁵. 他去,我也去。
　　 他去　我 也 去

36. ʌ⁵⁵ tʃv³³ tʃa³³ nʌ³¹　ʌ⁵⁵ tʃv³³ tʃo³¹. 有什么,吃什么。
　　 什么　有（话助）什么　吃

37. ɤ³¹ ŋji⁵⁵ ji³¹ fʌ³³ jo³¹, ji³¹ fʌ³³ mji³¹ lʌ⁵⁵. 弟弟越走越近。
　　 弟弟　　越 走　　越　　　近

38. ŋʌ⁵⁵ xo³¹ mʌ³¹ tʃo³¹ kji⁵⁵ sei³³. 我还没吃饭。
　　 我 饭　没 吃（语助）还

39. tʃa³¹ ti³³ jo³¹, thɯ³¹ je³³! 慢慢走,别跑!
　　 慢慢地 走　别　跑

40. no⁵⁵ mʌ³¹ tʃhv̱³³ khɿ³¹. 你不会写。
　　 你　不　写　会

41. ɯ⁵⁵ nɿ⁵⁵ ʌ⁵⁵ ni³³. 他哭了。
　　 他 哭（语助）

42. ŋʌ⁵⁵ ɯ⁵⁵ tʃʌ⁵⁵ tʃɤ̃³¹ nɿ⁵⁵ phɔ³¹ ʌ³³. 我把他弄哭了。
　　 我　他（宾助）弄　哭 掉　 了

43. ɯ⁵⁵ kɯ³³ pho⁵⁵ kho³¹ tʃe³³ phji³¹　ji⁵⁵　ʌ⁵⁵ ni³³. 他的衣服破了。
　　 他 的 衣　服　 破　（助动）（语助）（语助）

44. ɯ⁵⁵ pho⁵⁵ kho³¹ tʃɤ̃³¹ tʃe³³ phʌ³¹ kɯ³³. 他把衣服弄破了。
　　 他 衣　服　弄　 破　了　 的

45. thɯ³¹ ji⁵⁵ tɔ⁵⁵ tʃho⁵⁵ pa³¹ kɔ³¹. 一家八个人。
　　 一　家　人 　八　个

46. o³¹ po⁵⁵ xɯ⁵⁵ tho³¹ tsɿ⁵⁵ o³¹ po⁵⁵ ji⁵⁵. 这树是松树。
　　 树　这　　松　 树（语助）

47. ŋʌ⁵⁵ tʃa³³ ʌ⁵⁵ ni³³, ɯ⁵⁵ mʌ³¹ tʃa³³ ji⁵⁵ sei³³. 我有了,他还没有。
　　 我 有 了　　　 他　没　 有（语助）还

48. ma⁵⁵ te³³ nʌ³¹ ma⁵⁵ te³³, ʃo³¹ kho³¹ nʌ³¹ ʃo³¹ kho³¹. 南瓜是南瓜,黄瓜是黄瓜。
　　 南瓜（话助）南瓜,　 黄瓜　（话助）黄瓜

附录四　西摩洛语 200 短句　213

49. ŋʌ⁵⁵ ɯ⁵⁵ tʃʌ⁵⁵ thi⁵⁵ mi³³ kɯ³³ nʌ³¹ ȵɔ³³ kɯ³³ tsɤ³¹ zɛ̃⁵⁵ ni³³. 我教他是我的责任。
　　 我　他（宾助）教　　的（话助）我　的　责任（语助）
50. xɯ⁵⁵ thɯ³¹ tʃĩ⁵⁵ sɿ⁵⁵ tʃhi³¹ o³¹ ʃv⁵⁵ le³¹ sɿ³¹ tʃhv⁵⁵ ji⁵⁵ ni³³. 这件事谁都知道。
　　 这　一　件　事情　谁　都　知道（语助）
51. ŋo³³ tʃhv³³ lɔ³¹ sɿ³³ tʃʌ⁵⁵ ɤ⁵⁵ ŋ³³ mɯ⁵⁵ ŋjv⁵⁵ lʌ⁵⁵. 我们热爱老师。
　　 我们　老师（宾助）很　　爱　（语助）
52. ŋo³³ tʃhv³³ no³³ tʃhv³³ tʃʌ⁵⁵ pã⁵⁵ mɯ⁵⁵ pɿ³¹ kɯ³³. 我们帮助你们。
　　 我们　你们　（宾助）帮助　给　的
53. ɯ⁵⁵ xo³¹ mɯ⁵⁵ tʃo³¹ kji⁵⁵. 他煮饭吃。
　　 他饭　煮　吃（语助）
54. ŋa⁵⁵ kɔ³³ ʃv³¹ kɔ³¹ thɯ³¹ pɛ̃³¹ v⁵⁵ ti⁵⁵ lʌ³¹ kɯ³³. 我哥买回了一本书。
　　 我　哥　书　一　本　买　回来　的
55. ɯ⁵⁵ ŋjv³¹ mɔ³³ tʌ⁵⁵ ji³¹ phji³¹ ji⁵⁵ ʌ⁵⁵ ni³³. 他找母牛去了。
　　 他　母牛　找（助动）去（语助）
56. ɯ⁵⁵ thɯ³¹ kɔ³¹ ʃʌ⁵⁵ ʌ³¹ mʌ⁵⁵ mɯ⁵⁵ ti³¹ mʌ³¹ sɿ³¹ tʃhv⁵⁵. 那人不懂得怎样种庄稼。
　　 那　一　个　庄稼　怎样　做　的　不　知道
57. sɿ³¹ tʃhv⁵⁵ kɯ³³ tʃho⁵⁵ a³¹ la³¹ pa³¹ ŋɔ³³. 懂的人举手。
　　 懂　的　人　手　抬　高
58. pho⁵⁵ kho³¹ ɤ³¹ nɿ⁵⁵ ɯ⁵⁵ o³¹ ʃv⁵⁵ kɯ³³ ji⁵⁵ nɔ³¹. 那绿的衣服是谁的？
　　 衣　服　绿　那　谁　的（语助）
59. ɯ⁵⁵ te³³ kɯ³³ ʃa³³ tsɿ³¹ ɤ⁵⁵ ŋ³³ mɯ³¹. 他说的话真好。
　　 他　说的　话　很　好
60. ɯ⁵⁵ te³³ kɯ³³ xɔ⁵⁵ ʌ⁵⁵ ni³³. 他说得对。
　　 他　说得　对（语助）
61. o³¹ sɿ³¹ ɤ³¹ kɔ³¹ xɯ⁵⁵ khʌ³¹ jo³³ ka⁵⁵ ti³³ mɯ³¹ kɯ³³ ji⁵⁵ ni³³. 这些果子全是好的。
　　 果子　这些　全　好　的（语助）
62. ɯ⁵⁵ thɯ³¹ kɔ³¹ o³¹ ʃv⁵⁵ vʌ³¹. 那人是谁呀？
　　 那　人　谁（语助）
63. ɯ⁵⁵ thɯ³¹ kɔ³¹ ʌ³¹ kʌ³³ kɯ³³ ji⁵⁵ nɔ³¹. 那人是哪儿的？
　　 那　一　个　哪儿　的（语助）
64. ʃv³¹ kɔ³¹ ɯ⁵⁵ khʌ⁵⁵ jo³³ pɛ³¹ li³¹ kɯ³³ kji⁵⁵ ni³³. 那些书是白凌的。
　　 书　那些　　白凌　的（语助）
65. no⁵⁵ phv̩³³ ʃɯ⁵⁵ xɔ⁵⁵ mɿ³¹ tʃɔ³¹ kho³¹ tʌ³¹. 你用斧头砍柴吧。
　　 你　斧头（状助）柴　砍（语助）

66. a⁵⁵ kɔ³³ ŋji³³ po⁵⁵ xɔ⁵⁵ ji³¹ kji⁵⁵. 哥哥用刀割。
    哥哥 刀 （状助）割（语助）

67. ɯ⁵⁵ ʃv̩³¹ kɔ³¹ xɔ⁵⁵ khɤ³³ kji⁵⁵. 他用纸擦。
    他 纸 （状助）擦（语助）

68. a⁵⁵ tʃe³¹ xɔ⁵⁵ pɿ³³ v⁵⁵. 让姐姐买。
    姐姐（状助）给 买

69. ɯ⁵⁵ xɔ⁵⁵ tʃo³¹ phɔ³¹ ʌ⁵⁵. 被他吃掉了。
    他（施助）吃 掉（语助）

70. ɯ⁵⁵ nɿ³¹ kɔ³¹ mɯ⁵⁵ pɿ³³ ɛ³¹. 让他俩做。
    他 两个 做 让（语助）

71. ɯ⁵⁵ ŋɔ³¹ kɯ³³ a³¹ tha³¹ jʌ⁵⁵ kɔ³³ ji⁵⁵ ni³³. 他比我大。
    他 我 的 上 更 高（语助）

72. ɤ³¹ ŋji⁵⁵ a⁵⁵ kɔ³³ kɯ³³ a³¹ tha³¹ jʌ⁵⁵ nv³¹ li³³ ji⁵⁵. 弟弟比哥哥更努力。
    弟弟 哥哥 的 上 更 努力（语助）

73. no⁵⁵ nɿ³³ ʃo³¹ pjʌ⁵⁵ lʌ⁵⁵ tʌ³¹! 请你早上来吧！
    你 早上 （状助）来（语助）

74. je³¹ na³³ mʌ⁵⁵ te³³ xɔ⁵⁵ thɯ³¹ kɯ³³ ji⁵⁵ ne³³. 是去年说定的。
    去年 说 好 着 的（语助）

75. lo⁵⁵ khji³¹ xɯ⁵⁵ kɯ⁵⁵ o³¹ khjʌ⁵⁵ ŋɔ³¹ tɯ⁵⁵ tʃo⁵⁵ ji⁵⁵ ni³³. 这河里有鱼。
    河 这 的 里面 鱼 有（语助）

76. ɯ⁵⁵ ʃio³¹ ʃiɔ⁵⁵ tʃo⁵⁵ kji⁵⁵. 他在学校。
    他 学校 在（语助）

77. jʌ⁵⁵ o³¹ ʃv⁵⁵ tʃo⁵⁵ kɯ³³ ji⁵⁵ nɔ³¹? 谁在家里？
    家 谁 在 的 （语助）

78. ŋʌ⁵⁵ ʃi³¹ phɤ̠³³ nɯ⁵⁵ ti³¹ ko⁵⁵ phɔ³¹ ʌ³³. 我看过三次。
    我 三次 看 过 了（语助）

79. ɯ⁵⁵ mʌ³¹ tʃo⁵⁵ ji⁵⁵ ti³³ kɯ³³, ŋɯ⁵⁵ ji⁵⁵ nɔ³¹? 他不在，是吗？
    他 不 在（语助）的 是（语助）

80. ɔ³¹ mɔ³³ xɯ³¹ ta³³ lʌ³¹ tʃʌ⁵⁵ kji⁵⁵ ʃv³³? 何时才长大呢？
    何时 长大 来 要（语助）

81. te³³ thɯ⁵⁵ kɔ³¹ lʌ⁵⁵ kɯ³³, ɯ⁵⁵ ʃio⁵⁵ tʃã⁵⁵ ŋjʌ⁵⁵ ti³³ kɯ³³. 听说他成了校长。
    听说 的 他 校长 是（语助）

82. ʌ³¹ pʌ³¹ no³³ tʃhv³³ tʃʌ⁵⁵ ʃ⁵⁵ tʃhɔ³¹ ti³³ ji⁵⁵ ti³³ te³³ kɯ³³. 爸爸叫你们快到地里去。
    爸爸 你们 （宾助）田地 快 地 去 说 的

83. ɯ⁵⁵ phʌ⁵⁵ nʌ⁵⁵   pɹ̩³³ kji⁵⁵.　　　　　　　他可能生病了。
　　 他 可能 生病 给（语助）

84. phʌ⁵⁵ ka⁵⁵ ti³³ xɔ⁵⁵ kɯ³³ ji⁵⁵.　　　　　　大概都是对的。
　　 大概 全部 对 的（语助）

85. ɯ⁵⁵ nʌ⁵⁵ pɹ̩³¹ kɯ³³ mɯ³¹ ti⁵⁵ phʌ³¹ lʌ⁵⁵ nɔ³¹?　他的病好了吗？
　　 他 生病 的 好 回 来 （语助）

86. ja³¹ nɹ̩³³ thɯ³¹ tʃhv³³ mʌ⁵⁵ nv³¹ li³³ kɯ³³, ɕɯ⁵⁵ ji⁵⁵ nɔ³¹?　今天全都是努力的，是吗？
　　 今天 一场 都 努 力 的 是 （语助）

87. pɛ³¹ lĩ³¹ mɯ⁵⁵ mʌ⁵⁵ mɯ⁵⁵, nʌ⁵⁵ ti³¹ ti³¹ ji⁵⁵.　　白凌要不要，去问问看。
　　 白凌 要 不要 问 看看 去

88. no⁵⁵ thɯ³¹ ji⁵⁵ tʌ³¹!　　　　　　　　　　　你不要去呀！
　　 你 不要 去 （语助）

89. ʌ⁵⁵ tʃv³³ tʃi³¹ ji⁵⁵ nɔ³¹?　　　　　　　　　是什么呀？
　　 什么 （语助）

90. ʌ⁵⁵ mʌ⁵⁵ ti³³ kɯ³³.　　　　　　　　　　　怎么了。
　　 怎么 的

91. ʌ³¹ kʌ³³ ji⁵⁵ tʃʌ⁵⁵ kɯ³³, no⁵⁵ mɯ³¹ ti³³ te³³ tʌ³¹!　去哪儿，你好好说吧！
　　 哪儿 去 要 的 你 好好地 说（语助）

92. ɯ⁵⁵ mɯ⁵⁵ thɯ³¹ tʃɣ̃³¹ tʌ³¹!　　　　　　　　别那么搞嘛！
　　 那么 别 搞（语助）

93. no⁵⁵ thʌ³³ mʌ³¹ ji⁵⁵ kɯ³³ va³³?　　　　　　连你也不去……？
　　 你 都 不 去 的（语助）

94. no⁵⁵ tɔ⁵⁵ sɹ̩⁵⁵ te³³ kv̠³¹ ɣ⁵⁵ ŋ³³ tʃhv̠³³ khɹ̩³¹ ʃʌ³¹.　你倒是很会栽秧。
　　 你 倒是 水田 很 栽 会（语助）

95. ŋɔ³³ tʃhv³³ ko³¹ tʃo³¹ tʃa³³.　　　　　　　　我们有很多。
　　 我们 很多 有

96. ŋʌ⁵⁵ je³¹ na³³ mʌ⁵⁵ thɯ³¹ phv̠³³ ji⁵⁵ ko³¹ ʌ³¹ ni³³.　我去年去过一次了。
　　 我 去年 一 次 去过（语助）

97. no⁵⁵ mo⁵⁵ ko⁵⁵ tʃhv⁵⁵ ʌ⁵⁵ ni³³, thɯ³¹ nɯ⁵⁵ ti³¹ ji⁵⁵!　你见过了，别去看！
　　 你 见 过 （语助）别 看 去

98. ɯ⁵⁵ tʃhv³³ ka⁵⁵ ti³³ ji⁵⁵ phɔ³¹ ʌ⁵⁵.　　　　　他们全部都去了。
　　 他们 全部 去了（语助）

99. ŋɛ³³ kɯ³³ pho⁵⁵ kho³¹ ɣ³¹ phv̠⁵⁵ ɣ⁵⁵ ŋ³³ phv⁵⁵.　我的衣服很白。
　　 我的 衣服 白 很 白

100. no³³ kɯ³³ v³¹ the³³ tʌ⁵⁵ mo⁵⁵ mo⁵⁵ mo³³ phɔ³¹ ʌ⁵⁵. 你的包头巾太长。
    你的 包头巾   长 长 多 了（语助）

101. ɯ⁵⁵ kɯ³³ ta³¹ le³³ ɤ⁵⁵ ŋ³³ ni⁵⁵ ti³¹ ʃʌ⁵⁵. 他的背包很好看。
    他的 背包 很   好看

102. no³³ tʃhv³³ kɯ³³ jɔ³¹ n̩⁵⁵ ɤ⁵⁵ ŋ³³ mɯ³¹. 你们的孩子很好。
    你们   的   孩子 很 好

103. ɯ⁵⁵ tʃhv³³ pa³¹ kɯ³³ ka⁵⁵ ti³³ ɤ³¹ thɯ³³ thɯ³³ kɯ³³ ji⁵⁵. 他们抬的全是重的。
    他们   抬 的 全部   重   的（语助）

104. no³³ kɯ³³ m̩³¹ tʃɔ³¹ m̩³³ ti⁵⁵ phji⁵⁵ ji⁵⁵ sei³³. 你的火又熄了。
    你的 火   熄 回（助动）（语助）还

105. no⁵⁵ tʃhv³³ kɯ³³ jɔ³¹ n̩⁵⁵ ʃv³¹ kɔ³¹ tʃo⁵⁵ phji³¹ ji⁵⁵ ʌ⁵⁵. 你们的孩子去上学了。
    你们   的 孩子 上学 读（助动）（语助）

106. ŋʌ⁵⁵ m̩³¹ s̩³³ tʃɛ⁵⁵ thɯ³¹ tʃo⁵⁵ le³¹ mʌ³¹ ji⁵⁵ ʌ³³. 我以后一次也不去了。
    我   以后 一 次   也 不 去（语助）

107. ɯ⁵⁵ tʃhv³³ ka⁵⁵ ti³³ tv̠³³ la⁵⁵ ʌ⁵⁵. 他们都出来了。
    他们   都   出来（语助）

108. ŋʌ⁵⁵ ɯ⁵⁵ tʃʌ⁵⁵ n̩³¹ phv̠³¹ te³³ phʌ³¹ p̩³¹ ʌ⁵⁵. 我对他说了两次。
    我 他（宾助）两 次 说了 给（语助）

109. ŋʌ⁵⁵ no³³ tʃhv³³ tʃʌ⁵⁵ mʌ³¹ mo⁵⁵ lʌ⁵⁵ s̩³³. 我还没有见到你们。
    我 你们（宾助）没 看见 还

110. ŋʌ⁵⁵ no³¹ kɯ³³ pho⁵⁵ kho³¹ v³¹ tsh̩³¹ phɔ³¹ ʌ³¹ ni³³. 我把你的衣服洗了。
    我 你的 衣服   洗   了（语助）

111. ŋʌ⁵⁵ tʃa⁵⁵ ts̩³³ tʃʌ⁵⁵ ʃe⁵⁵ ta³³ thɔ³¹ ʌ³¹ ni³³. 我搁在桌子上了。
    我 桌子 （宾助）搁 上 着 （语助）

112. ɯ⁵⁵ le³¹ ŋʌ⁵⁵ tʃʌ⁵⁵ n̩³¹ phv̠³¹ khv⁵⁵. 他也叫我两次。
    他 也 我（宾助）两 次 叫

113. ɯ⁵⁵ ŋʌ⁵⁵ tʃʌ⁵⁵ mʌ³¹ te³³ lʌ³¹ ei⁵⁵ si³³. 他还没有对我说。
    他 我（宾助）没 说给（语助）还

114. ɯ⁵⁵ pɛ³¹ li³¹ tʃʌ⁵⁵ pa³¹ thiɛ̃³³ pã³³. 他帮助白凌八天。
    他 白凌（宾助）八 天 帮助

115. ʌ³¹ p̩³¹ m̩³¹ tʃɔ³¹ v³¹ xui³¹ pa³¹ phji³¹ ji⁵⁵ kɯ³³ ŋjʌ⁵⁵. 爸爸去抬了五次柴。
    爸爸 柴 五 回 抬（助动）去 的（语助）

116. no³³ tʃhv³³ ka⁵⁵ ti³³ ŋo³¹ po⁵⁵ pa³¹ ji⁵⁵ tʌ³¹. 你们都去抬竹子吧！
    你们   都   竹子 抬 去 吧

117. ʃi³¹ tʃĩ³³ khɯ⁵⁵ ʌ⁵⁵ ni³³,　　　no⁵⁵ kɯ³¹ tʃi³¹ tʃo³¹ o³¹!　　　时间到了,你快吃吧!
　　　时间　到　了(语助),你　快　点　吃(语助)

118. mje³¹ nʌ³¹ no³³ tʃhv³³ xo³¹ tʃha³¹ o³³!　　　饿了的话,你们煮饭吧!
　　　饿(话助)你们　　饭煮(语助)

119. no⁵⁵ mɯ⁵⁵ nʌ³¹　ŋɔ³³ kɯ³¹ xɯ⁵⁵ kʌ³³ ʃe⁵⁵ lʌ⁵⁵.　　　你要的话,来我这里拿。
　　　你　要(话助)　我　的　这　里　拿　来

120. no³³ tʃhv³³ ka⁵⁵ ti³³ lʌ⁵⁵ tʌ³¹!　　　你们都来吧!
　　　你们　　都　　来吧

121. no³³ tʃhv³³ ka⁵⁵ ti³³ ɯ³¹ tʃʌ⁵⁵　pā³³ ji⁵⁵ p₁³¹ ʌ³³!　　　你们都去帮他忙吧!
　　　你们　　都　　他(宾助)帮　去　给(语助)

122. ja³¹ mɯ⁵⁵ ŋʌ⁵⁵　tʃʌ⁵⁵ p₁³³ te³³ lʌ³¹ o³³!　　　现在让我说吧!
　　　现在　我(宾助)让　说(语助)

123. no⁵⁵ mʌ³¹ ji⁵⁵ ji⁵⁵ thi³³ ʌ³¹, ŋʌ⁵⁵ thɯ³¹ kɔ³¹ ji⁵⁵ kɔ³¹/³³.　　　你不去的话,我一个人去。
　　　你　不　去　的话　　我　一　个　去(语助)

124. ɯ⁵⁵ ŋɔ³³ tʃhv³³ tʃʌ⁵⁵　p₁³³ te³³ lʌ³³ tʌ³¹!　　　就让他告诉我们吧!
　　　他　我们　(宾助)让　告诉(语助)

125. ɯ⁵⁵ tʃhv³³ ɯ⁵⁵　tʃʌ⁵⁵ pā³³ phji³¹　ji⁵⁵ p₁³¹ ʌ⁵⁵ ni³³.　　　他们去帮助他了。
　　　他们　他(宾助)帮(助动)去　给(语助)

126. ɯ⁵⁵ no⁵⁵ tʃʌ⁵⁵ ʃv³¹ kɔ³¹ p₁³¹ lʌ³¹ ʌ⁵⁵ nɔ³¹?　　　他给你书吗?
　　　他　你(宾助)书　　给　　(语助)

127. ɯ⁵⁵ ɯ⁵⁵　tʃʌ⁵⁵ pā³³ ji⁵⁵ p₁³¹ ji⁵⁵ nɔ³¹?　　　他去帮他吗?
　　　他　他(宾助)帮去　给　(语助)

128. ɯ⁵⁵ no⁵⁵ tʃʌ⁵⁵　ʌ⁵⁵ tʃv³¹ tʃi³¹ p₁³¹ kɯ³³ ji⁵⁵ ʃv³³?　　　他给你什么呢?
　　　他　你(宾助)什么　　给　的(语助)

129. no⁵⁵ ŋɯ⁵⁵ ŋɔ³¹ ŋjv³¹ ji⁵⁵ nɔ³¹?　　　你也是西摩洛人吗?
　　　你　也是西摩洛　(语助)

130. ɯ⁵⁵ ja³¹ n₁³³ jʌ⁵⁵ mʌ³¹ tʃo⁵⁵ kji⁵⁵ ji⁵⁵ nɔ³¹?　　　今天他不在家吗?
　　　他　今天　家　不　在　　(语助)

131. ɯ⁵⁵ tʃhv³³ ka⁵⁵ ti³³ ʃio³¹ ʃiɔ⁵⁵ tʃo⁵⁵ kɯ³³ ji⁵⁵　s₁³¹ nɔ³¹?　　　他们都还在学校里吗?
　　　他们　都　　学校　在　的(语助)还　(语助)

132. ŋɔ³³ kɯ³³ pho⁵⁵ khɔ³¹ ʃiõ³¹ ji⁵⁵ nɔ³¹?　　　我的衣服漂亮吗?
　　　我　的　衣　服　漂亮(语助)

133. ɯ⁵⁵ kɯ³³ ɤ³¹ ŋji¹¹ jʌ⁵⁵ tʃo⁵⁵　ji⁵⁵　s₁³¹ nɔ³¹?　　　他的弟弟还在家吗?
　　　他　的　　弟弟　家　在(语助)还(语助)

134. ŋʌ⁵⁵ v³¹ tʃhv³³ kɯ³³ jɔ³¹ nๅ⁵⁵ mɯ³¹ ji⁵⁵ nɔ³¹?　　　咱们的孩子好吗?
    咱们   的   孩子 好   （语助）

135. no³³ kɯ³³ xo³¹ tho³¹ v³¹ tshๅ³¹ kๅ⁵⁵ phɔ³¹ ʌ³¹ nɔ³¹?　　你的裤子洗完了吗?
    你 的 裤子   洗   完   （语助）

136. ɯ⁵⁵ tʃhv³³ kɯ³³ ɤ³¹ sๅ³¹ a³¹ ma³¹ lv̠³¹ ʌ⁵⁵ nɔ³¹?　　他们的种子够了吗?
    他们 的   种子   够   （语助）

137. xo³¹ tʃa³¹ thɯ³¹ kɯ³³ a³¹ pje³¹ pje³¹ mo³³ phɔ⁵⁵ ʌ⁵⁵ ni³³.　　饭煮的太软了。
    饭 煮 着   的   软   多   （语助）

138. no⁵⁵ phɔ⁵⁵ khɔ³¹ o³¹ pɔ⁵⁵ tʃʌ⁵⁵ ko⁵⁵ tʃɯ³¹ ta³³ kji³³ tʌ³¹.　　你把衣服挂在树上吧。
    你 衣服   树（宾助） 挂   上（语助）

139. ŋʌ⁵⁵ thɔ³¹ tʃhe³³ mɯ⁵⁵ kๅ⁵⁵ phɔ³¹ ʌ³³.　　我把钱用完了。
    我   钱   用 完 了（语助）

140. mo⁵⁵ ŋjv³¹ ŋjv³¹ ji³¹ ɔ³¹ khjʌ⁵⁵ kuã³³ lo⁵⁵ thɯ³¹ kɯ³³.　　牛关在牛圈里。
    牛   牛圈   里   关   着 的

141. no⁵⁵ ʃã⁵⁵ xai³¹ zๅ³³ ko⁵⁵ ʌ³¹ nɔ³¹?　　你到过上海吗?
    你 上海 到 过 （语助）

142. ŋʌ⁵⁵ ɯ⁵⁵ kɯ³³ ʌ³¹ pʌ³¹ mo⁵⁵ ko⁵⁵ lʌ⁵⁵ ʌ³³.　　我见过他的爸爸。
    我 他的 爸爸   见 过（语助）

143. ji⁵⁵ xɯ⁵⁵ lɔ⁵⁵ pje³³ ji⁵⁵ tʃuã⁵⁵.　　这房子快要倒了。
    房子 这 倒   快要

144. ŋɔ³³ tə⁵⁵ kɯ³³ tʃho⁵⁵ o³¹ khjʌ⁵⁵, ɯ⁵⁵ jʌ⁵⁵ kao³³ kɯ³³ ŋjʌ⁵⁵.　　我们家人中,他最高。
    我 家 的 人   中   他 最 高 的（语助）

145. ɯ⁵⁵ mๅ³¹ so³³ mʌ³¹ lʌ⁵⁵ khๅ⁵⁵ jĩ⁵⁵.　　他明天不会来。
    他 明天 不 来 会（语助）

146. ɤ³¹ fv⁵⁵ fv⁵⁵ xɔ⁵⁵   mɯ⁵⁵ xɔ⁵⁵ ni³³ kɯ³³ mʌ³¹ ji⁵⁵.　　因为下雨,所以没去。
    雨 下……的原因 所以   不 去

147. ɯ⁵⁵ xɯ⁵⁵ kʌ³³ ɔ³¹ mɔ³¹ ɔ³¹ mɔ³¹ lʌ⁵⁵ ko⁵⁵ ji⁵⁵ nɔ³¹.　　他哪些时候来过这儿?
    他 这儿 什么时候 什么时候 来 过（语助）

148. ɯ⁵⁵ te³³ kv̠³¹ tʃhɯ³¹ kๅ⁵⁵ phɔ³¹ ʌ⁵⁵ ni³³.　　他把田犁完了。
    他 田 犁 完 了（语助）

149. ɯ⁵⁵ kɯ³³ ma³³ phɔ³¹ ɤ³¹ nɯ⁵⁵ nɯ⁵⁵ ti³³.　　他的脸红彤彤的。
    他 的 脸 红 彤 彤 的

150. ɯ⁵⁵ thɯ³¹ phv̠³³ te³³ ko³¹ ʌ⁵⁵ ni³³.　　他说过一次。
    他 一 次 说 过 了

151. ŋʌ⁵⁵ xo³¹ mɯ⁵⁵ , no⁵⁵ khv³¹ nɛ⁵⁵ tʃv̠³³.　　　　我做饭，你洗碗。
　　　我 饭 做　　你 碗　洗

152. ɯ⁵⁵ ja³¹ xɔ³¹ mʌ³¹ to⁵⁵ , tsɿ⁵⁵ pɔ³¹ le³¹ mʌ³¹ to⁵⁵.　他不抽烟，也不喝酒。
　　　他 烟 　不　抽　　酒　也 不 喝

153. ɯ⁵⁵ lɔ³¹ sɿ³³ ji⁵⁵ ni³³ , ʃio³¹ sɛ̠³³ mʌ³¹ ŋɯ⁵⁵ ji⁵⁵ ni³³.　他是老师，不是学生。
　　　他 老师 （语助）学生　不 是（语助）

154. xo³¹ tʃo³¹ phɔ³¹ xɔ⁵⁵ tʃɛ⁵⁵ jo³¹/³³.　　　　　　　　吃完饭再走。
　　　饭 吃 了（状助）再 走

155. ŋʌ⁵⁵ thi⁵⁵ mi³¹ , mʌ³¹ sɿ⁵⁵ no⁵⁵ thi⁵⁵ mi³¹.　　　　我教，还是你教？
　　　我 教 　　 还是 你 教

156. te³³ ŋjv⁵⁵ pɿ³³ mɯ⁵⁵ kɯ³³ mʌ³¹ te³³ khɿ³¹.　　　　想说又不敢说。
　　　说 想 给 可是，又 不 说 敢

157. ɯ⁵⁵ ŋʌ⁵⁵ tʃʌ⁵⁵ thɔ³¹ tʃhe³³ pɿ³¹ lʌ³³ le³¹ ŋʌ⁵⁵ mʌ³¹ ɣo³¹/³³.　就算他给我钱，我也不卖。
　　　他 我（宾助）钱 给 也 我 不 卖

158. ʌ⁵⁵ thɯ³¹ tʃo³¹ ŋjv³¹ lʌ⁵⁵ ʌ³¹ , ʌ⁵⁵ thɯ³¹ tʃo³³ (tʃo³¹ o³³).　想吃多少，就吃多少。
　　　多少 吃 想 （语助） 多少 吃

159. ŋʌ⁵⁵ ji⁵⁵ thi³³ nʌ³¹ , ʌ⁵⁵ mʌ⁵⁵ ti³³ ŋɯ⁵⁵ ji⁵⁵.　　　是我的话，一定去。
　　　我 的话，　　一定 　　去

160. no⁵⁵ tʃɛ⁵⁵ te³³ le³¹ jõ⁵⁵ tʃhv⁵⁵ mʌ³¹ tʃa³³ ʌ⁵⁵.　　你再说也没有用。
　　　你 再 说 也 用 处 没 有（语助）

161. no⁵⁵ ji⁵⁵ jɔ⁵⁵ mɣ³³/³¹ ŋʌ⁵⁵ ji⁵⁵.　　　　　　　你去或者我去。
　　　你 去 要么　 我 去

162. ŋɔ³³ tʃhv³³ pã³³ ʃio³¹ sɛ̠³³ ʃi³¹ kɔ³¹ jo³¹ phɔ³¹ ʌ⁵⁵.　我们班里走了三个学生。
　　　我们 　班 学生 三个 走 了（语助）

163. ŋʌ⁵⁵ mje³¹ sɿ⁵⁵ phɔ³³ le³¹ , ɯ⁵⁵ tʃʌ⁵⁵ mʌ³¹ tʃhjo³¹ ji⁵⁵.　我宁可饿死，也不去求他。
　　　我 饿 死 掉 也 他（宾助）不 求 去

164. ɣ³¹ ʃv⁵⁵ te³³ le³¹ ɯ⁵⁵ mʌ³¹ nʌ⁵⁵ ti³³ ji⁵⁵.　　　无论谁说他都不听。
　　　谁 说 也 他 不 听（语助）

165. ŋʌ⁵⁵ sɿ⁵⁵ tshi³¹ mɯ⁵⁵ pa³³ phɔ³¹ xɔ⁵⁵ ʌ³¹ pʌ⁵⁵ ŋʌ⁵⁵ tʃʌ⁵⁵ te³³ lʌ³¹ kji⁵⁵.
　　　我 事情 做 错了 所以 爸爸 我（宾助）说 （语助）
　　　因为做错了事，所以爸爸说我。

166. ɯ⁵⁵ ʃv³¹ kɔ³¹ mɯ³¹ ti³³ pɿ³³ tʃo⁵⁵ tʃo⁵⁵ ti⁵⁵ xɔ⁵⁵, ŋʌ⁵⁵ ji⁵⁵ tʃɿ³¹ mʌ⁵⁵ ɯ⁵⁵ tʃʌ⁵⁵　pã³³ pɿ³¹ kɯ³³.
　　　他 书 好好地 让 读 要 为了 我 一直 地 他（宾助）帮 给 的
　　　为了他好好读书，我经常帮助他。

167. tsh̩₁³¹ na³³ mʌ⁵⁵ kɯ³³ ʃʌ⁵⁵ je³¹ nʌ³³ mʌ⁵⁵ kɯ³³ a̠³¹ tha³¹ jʌ⁵⁵ mɯ³¹ tʃuã⁵⁵.
今年　　　的　庄稼　去年　　　的　　上　　更好　将要
今年的庄稼将比去年更好。

168. pa³¹ je³¹ ʃi³¹ v³¹ xɔ⁵⁵ kɯ³³ ma³¹ kh̩₁³¹ pjʌ⁵⁵, ɯ⁵⁵ ʌ⁵⁵ mo³³ tʃʌ⁵⁵　ko³¹ ŋji³³ p̩₁³³ kji⁵⁵.
八　月　十五　号　的　　夜晚　　　　他　母亲（宾助）想念　　给（语助）
八月十五夜晚，他想念母亲。

169. xɯ⁵⁵ ji³¹ kɔ⁵⁵ tsai⁵⁵ ts̩₁³¹ pv̠³¹ na³³ ji⁵⁵ pʌ³¹ to³³ kɔ⁵⁵ v⁵⁵ thɯ³¹ kɯ³³. 这寨子买了一百多头水牛。
这　一　个　寨子　　水牛　一　百　多　头买　着　的

170. ŋʌ⁵⁵ v³³ tʃhv³³ lɔ³¹ s̩₁³³ te³³ kɯ³³ ʃa³³ ts̩₁³¹ mɯ³¹ ti³³ nʌ⁵⁵ ti³³ tʃʌ⁵⁵ kji⁵⁵.
咱们　　老师　说　的　话　　好好地　听　　要（语助）
咱们要好好地听老师说的话。

171. ɯ⁵⁵ ma⁵⁵ ʃi³¹ tʃo³¹ mjʌ⁵⁵ thɯ³¹ mʌ⁵⁵ ʃʌ⁵⁵ jʌ⁵⁵ ti⁵⁵ lʌ⁵⁵ ji⁵⁵ ni³³.
他　过年　　时　每　年　都　家　回来（语助）
他每年过年都回家。

172. tsh̩₁³¹ na³³ mʌ⁵⁵ kɯ³³ tʃhi⁵⁵ je³¹ na³³ mʌ⁵⁵ kɯ³³ a̠³¹ tha³¹ jʌ⁵⁵ mɯ³¹ ji⁵⁵, ŋɯ⁵⁵ ji⁵⁵ nɔ³¹?
今年　　　的　谷子　去年　　　的　　上　　更好（语助）是（语助）
今年的谷子比去年的好，是吗？

173. tʃhã⁵⁵ ko³³ kʌ³³ xo³¹ tʃhã⁵⁵ tʃʌ⁵⁵ kji⁵⁵ ʃv³¹, mʌ⁵⁵ s̩₁³¹ ts̩₁⁵⁵ kʌ³³ xo³¹ tʃhv̠³³ tʃʌ⁵⁵ kji⁵⁵ ʃv³³.
歌　先　唱　要（语助）还是　字　先　写　要　（语助）
先唱歌呢？还是先写字？

174. ʌ⁵⁵ tʃv³³ te³³ kji⁵⁵ nɔ³¹? ŋʌ⁵⁵ mʌ³¹ nʌ⁵⁵ ti³¹ tõ³¹ jo³³ kɔ³¹ ʌ⁵⁵ s̩₁³¹.
什么　说（语助）　我　没　听　懂　能　还
说什么啊？我还没听懂。

175. xɔ⁵⁵ kɯ³³ ji⁵⁵ ʃv³¹, mʌ⁵⁵ s̩₁⁵⁵ mʌ⁵⁵ xɔ⁵⁵ kɯ³³ ji⁵⁵ ʃv³¹, ŋʌ⁵⁵ ŋɯ⁵⁵ mʌ³¹ s̩₁³¹ tʃhv⁵⁵ lʌ⁵⁵.
对　的　（语助）还是　不　对　的　（语助）我　是　不　知道　　（语助）
是对呢，还是错呢，我也不知道。

176. kɯ³¹ tʃi³¹ nv³¹ li⁵⁵, mʌ³¹ ŋɯ⁵⁵ nʌ³¹ no³³ tʃhv³³ jʌ⁵⁵ to³¹ ʌ³¹ kɔ³³ tv³³ phɔ³¹ tʃuã⁵⁵.
快　努力　　否则　　你们　　后面　　落后　了　要
快努力，否则你们要落后的。

177. ŋɔ³³ tʃhv³³ ji³¹ n̩₁³³ ʃv³³ khɛ³³ s̩₁³¹ ji⁵⁵　tʃhv̠³³ kɯ³³ ŋjʌ⁵⁵ ni³³.
我们　　昨天　起　开始　　房子　盖　的　是（语助）
我们从昨天起开始盖房了。

178. ŋʌ⁵⁵ ji⁵⁵ kɯ³³ ɤ⁵⁵ mjʌ⁵⁵ , no³³ tʃhv³³ kɿ⁵⁵ tʃo³¹ mʌ⁵⁵ zɿ³¹ nɿ⁵⁵ phɔ⁵⁵ ʌ⁵⁵ ni³³ .
　　我　去 的　时候　　你们　　　　全部　　睡着　了（语助）
　　我去时你们都睡着了。

179. no³³ tʃhv³³ kɯ³³ mo³¹ tʃho³¹ khʌ⁵⁵ jo³³ mʌ⁵⁵ ti⁵⁵ phji³¹ ji⁵⁵ ʌ⁵⁵ .
　　你们　　　的　朋友　　　全部　　　　回（助动）（语助）
　　你们的朋友全回去了。

180. no⁵⁵ ŋɔ³¹ ŋjv³¹/³³ ʃa³³ tsɿ³¹ ko³¹ tʃo³¹ sɿ³¹ tʃhv⁵⁵ ʌ⁵⁵ ni³³ .
　　你 西摩洛　语 ‧ 很多　　懂得　　（语助）
　　西摩洛话你懂得很多了。

181. no⁵⁵ lʌ⁵⁵ xɔ⁵⁵　　　mɯ⁵⁵ xɔ⁵⁵ ŋʌ⁵⁵ mʌ³¹ jo³³ ji⁵⁵ ʌ⁵⁵ .
　　你 来……的原因 所以　我 不 需要去（语助）
　　因为你来了，所以我不需要去了。

182. ji³¹ nɿ³³ ɯ⁵⁵ ɤ³¹ nv³¹ thɯ³¹ kɔ³¹ thɯ³¹ xɯ⁵⁵ kʌ³³ to³¹ thɯ³¹ kɯ³³ .
　　昨天　他　自己 一　个　仅　这里　等 着　的
　　昨晚他一人在这里等着。

183. ŋʌ⁵⁵ ji⁵⁵ kɯ³³ ɯ⁵⁵ mjʌ⁵⁵ ɤ⁵⁵ thɯ³¹ kɔ³¹ thɯ³¹ ʃʌ⁵⁵ to³¹ thɯ³¹ kɯ³³ ŋjʌ⁵⁵ ni³³ .
　　我　去 的　时候　他 一　个 仅　地 等 着　的（语助）
　　我去时他一人已在地里等着了。

184. ŋʌ⁵⁵ ti⁵⁵ ji³¹ nɯ⁵⁵ ti³¹ kɿ⁵⁵ phɔ³¹ xɔ⁵⁵　jʌ⁵⁵ ti⁵⁵ lʌ⁵⁵ kɯ³³ ɤ⁵⁵ mjʌ⁵⁵ , ɯ⁵⁵ zɿ³¹ tʃa³¹ phɔ³¹ ʌ⁵⁵ .
　　我　电影　　看　完 掉（状助）　家 回 来 的　时候　他　睡 掉（语助）
　　我看完电影回家时，都睡了。

185. ŋʌ⁵⁵ ja³¹ nɿ³³ no⁵⁵ tʃʌ⁵⁵　thɯ³¹ nɿ³³ ŋji⁵⁵ mɔ³³ tʌ⁵⁵ ji³¹ phɯ³¹ kɯ³³ ŋje⁵⁵/⁵³ .
　　我 今天　你（宾助）一　日　天　找　了　的（语助）
　　我今天找了你一整天。

186. ɯ⁵⁵ ŋɔ³³ tʃhv³³ tʃʌ⁵⁵ lv³¹ thiɛ̃³³ pā³³ phʌ⁵⁵ lʌ³¹ kɯ³³ ŋjā³³ .
　　他 我们　（宾助）六 天　帮助 给　　的（语助）
　　他帮助我们六天了。

187. ŋji⁵⁵ mɔ³³ ko³³ khɔ³³ phji³¹ ji⁵⁵ ʌ⁵⁵ ni³³ , no⁵⁵ thɯ³¹ ji⁵⁵ .
　　太阳　下　山（助动）去了（语助）　你 不要去
　　太阳下山了，你不要去。

188. a³¹ ma³¹ ma³¹ lʌ⁵⁵ tʃua⁵⁵ , no³³ tʃhv³³ kɯ³¹ tʃi³¹ ti⁵⁵ ji⁵⁵ tʌ³¹ !
　　天 黑　快要　你们　　快 点　回去（语助）
　　天快黑了，你们快回去吧！

189. mo³¹ tʃho³¹ jo³¹ vʌ³³ mʌ³¹ v⁵⁵ khɿ⁵⁵ ji⁵⁵ ni³³ , no³³ tʃhv³³ v⁵⁵ ji⁵⁵ʹ⁵¹.
     朋友　　们　　不　买　会（语助）　你们　　买　去
     朋友们不会买，你们去买。

190. no³³ tʃhv³³ jʌ⁵⁵ to³¹ thɔ³¹ , ŋʌ⁵⁵ thɯ³¹ tʃɯ⁵⁵ ŋɯ³¹ ji⁵⁵　ʌ³¹　ti⁵⁵ lʌ⁵⁵ tʃo⁵⁵.
     你们　　　家　等　着　　我　一会儿　　　去（语助）回　来　要
     你们在家等着，我去一会儿就回来。

191. ŋʌ⁵⁵ no³³ tʃhv³³ tʃʌ⁵⁵ sɿ³¹ li³³ ɤ³¹ sɿ³¹ thɯ³¹ kɔ³¹ thɯ³¹ sɿ³¹ pɯ⁵⁵ lʌ³¹ ŋɯ⁵⁵.
     我　　你们（宾助）桃子　　一　人　一　个　分　　给
     我给你们每人分一个桃子。

192. ɯ⁵⁵ tʃa³³ ji⁵⁵ thi³³ ʌ³¹ nʌ³¹ , ŋʌ⁵⁵ tʃʌ⁵⁵　pɿ³¹ lʌ³¹ tʌ³³!
     他　有　的话　（话助）我（宾助）给（语助）
     他有的话，给我吧！

193. ɯ⁵⁵ ʌ⁵⁵ tʃv³³ mɯ⁵⁵ tʃua⁵⁵ ji⁵⁵ thi³³ ʌ³¹ , ŋɔ³³ tʃhv³³ tʃʌ⁵⁵　ʌ⁵⁵ tʃv³³ pɿ³³ mɯ⁵⁵ lʌ³¹ tʌ³¹!
     他　什么　做　要　　的话　我们　（宾助）什么　让　做　（语助）
     他要做什么，就让我们做什么吧！

194. ŋʌ⁵⁵ vʌ³³ tʃhv³³ ʌ³¹ kʌ³³ thɯ³¹ kɔ³¹ ŋɯ⁵⁵ mʌ³¹ tʃa³³ kɯ⁵⁵ sɿ³¹ no³¹?
     我们　　　哪　一　个　也　没　有　的　还（语助）
     我们谁也还没有吗？

195. ʃv³¹ kɔ³¹ xɯ⁵⁵ thɯ³¹ pɛ̃³¹ ŋɔ³³ kɯ⁵⁵ ji⁵⁵ ni³³ , no³³ kɯ³³ mʌ³³ ŋɯ⁵⁵ ji⁵⁵ ni³³.
     书　这　一　本　我的（语助）你的　不　是（语助）
     这本书是我的，不是你的。

196. thɔ³¹ tʃhe³³ mʌ³¹ tʃa³³ xɔ⁵⁵　mɯ⁵⁵ xɔ⁵⁵ ʃv³¹ kɔ³¹ mʌ³¹　jo³³ tʃo⁵⁵ ji⁵⁵　ji⁵⁵.
     钱　　没　有……的原因　所以　书　　不　可以　念　去（助词）
     因为没有钱，所以不能上学。

197. ɯ⁵⁵ thɯ³¹ kʌ⁵⁵ pji⁵⁵ ʃa⁵⁵ tsɿ³¹ te³³ , thɯ³¹ kʌ⁵⁵ pji⁵⁵ jʌ⁵⁵ mo³³ jo³¹.
     他　一　面　　话　说　一　面　　路　走
     他一面说话，一面走路。

198. ɯ⁵⁵ ŋɔ³³ tʃhv³³ tʃʌ⁵⁵　thɯ³¹ la³¹ mo⁵⁵ tʃhv⁵⁵ ʌ⁵⁵ ʃv³¹ je³³ phɔ⁵⁵ ʌ⁵⁵.
     他　我们（宾助）一　　看见（语助）　　跑　掉　了
     他一看见我们，就跑了。

199. ɯ⁵⁵ thɔ³¹ tʃhe³³ tʃuã⁵⁵ kɯ³³ nʌ³¹ liã³¹ sʅ³³ v⁵⁵ tʃo⁵⁵ ti³³ xɔ⁵⁵ ʌ⁵⁵ ni³³.
　　他　钱　　挣　的（话助）粮　食 买 要　为了（语助）
　　他挣钱是为了买粮食。

200. ɯ⁵⁵ ʃv³¹ kɔ³¹ tʃo⁵⁵ kɯ³³ mʌ³¹ mo³³ ji⁵⁵，mɯ⁵⁵ ŋɯ⁵⁵ sʅ³¹ tʃhv⁵⁵ kɯ³³ mv³¹ ʃɔ³¹ ji⁵⁵.
　　她　　书　读　的　不　多（语助）但　是　知　道　的　不　少（语助）
　　她书读得不多,但知道的不少。

五　照片

一、登上古鲁山寨向村民了解情况

二、考考中学生的母语能力

三、快乐的入户调查

四、向西摩洛老人了解村落变迁

五、上轩秀寨入户调查的途中

六、入户向村会计核实户籍材料

七、"麻雀"这个词会说吗？

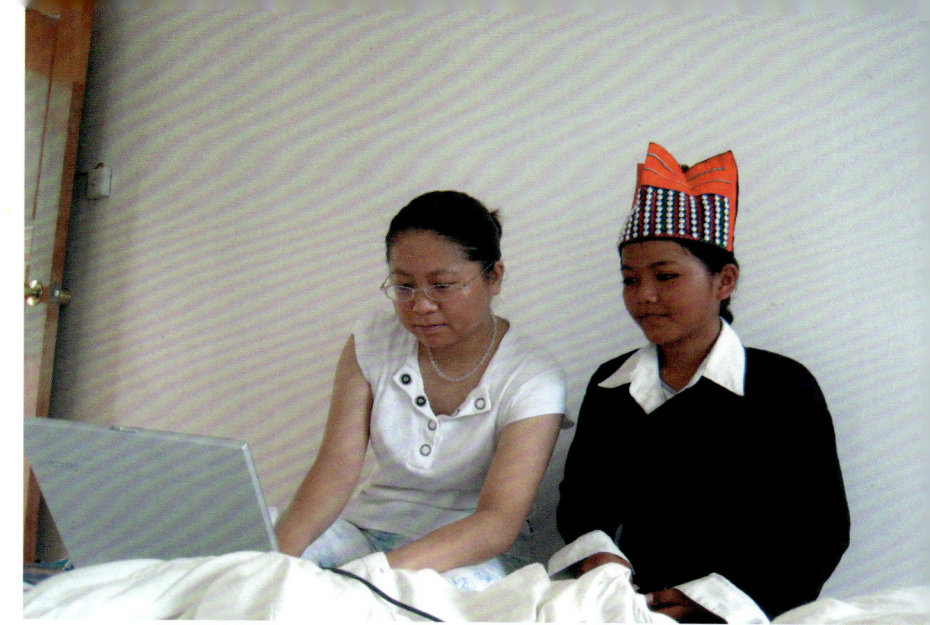

八、访谈雅邑乡中心小学杨校长（西摩洛人）

九、测试青年学生的西摩洛语数词能力

参 考 文 献

著作

1. 墨江哈尼族自治县民族宗教事务局编 2007《墨江哈尼族自治县民族志》,内部资料。
2. 中共墨江哈尼族自治县委员会、墨江哈尼族自治县人民政府编 2005《墨江哈尼文化论文集》,内部资料。
3. 刘顺才、赵德文主编 2007《第五届国际哈尼/阿卡文化学术讨论会论文集》,云南民族出版社。
4. 谢伟、李洪武、梁荔、刘军著 2006《家园耕梦——哀牢腹地哈尼人》,云南美术出版社。
5. 李洪武主编 2008《墨江哈尼族自治县概况》,民族出版社。
6. 墨江哈尼族自治县雅邑乡政府编 2008《雅邑乡简介》,内部资料。
7. 戴庆厦主编 2007《基诺族语言使用现状及其演变》,商务印书馆。
8. 戴庆厦主编 2008《阿昌族语言使用现状及其演变》,商务印书馆。

论文

1. 周国炎:《论弱势语言生存的基本要素》,《广西民族大学学报》(哲学社会科学版),2006年第5期。
2. 何芳、杜欧丹:《西方关于语言、态度与价值观习得的研究概述》,《外国中小学教育》,2008年第4期。
3. 李宇明:《论母语》,《世界汉语教学》,2003年第1期。

后　　记

　　1956年,我大学毕业后留校。那时,正值国家帮助少数民族创制、改进、改革文字,责令中国科学院组织少数民族语言调查工作队到各民族地区调查少数民族语言。我有幸参加了这一史无前例的语言大调查,被分配到第三工作队从事哈尼语的调查研究和哈尼文的创制工作。初夏的六月,我们工作队抵达了昆明,在青云街云南省民委办公地点做了两个多月的调查前的准备工作,就下乡做语言田野调查了。

　　按照哈尼语调查组的计划,我的第一站就是到哈尼族聚居县——墨江县做哈尼族支系语言的调查。1956年9月,我与云南省民委的哈尼族语文干部胡金华(碧约支系人)一起到了墨江。我们调查了碧约支系的碧约话、卡多支系的卡多话。调查期间,听人说有个西摩洛语很特殊,与碧约话、卡多话都不一样。得到这个信息后很高兴,决定再调查一下西摩洛语。不久,县府就给我们找到了一个西摩洛人做发音合作人。记得发音人是雅邑乡雅邑大寨人,三十来岁,待人热情,反应灵敏。不到一个星期,我们就记录了1500左右的常用词和一些主要的语法特点,并整理了一个简单的音系。凭这次调查的材料,我们把西摩洛语划入哈尼语的碧卡方言,看成是哈尼语中的一个独立土语。这一认识,第一次写入了1958年召开的"云南省民族语文科学讨论会"会议文件"关于哈尼语方言的划分和哈尼文创制的意见"中去,正式把西摩洛语列为哈尼语碧卡方言的一个土语。

　　1959年之前,我主要做哈尼文的创制和推广工作,无暇再深入研究西摩洛语。1960年初,我奉命回校任教。之后,为了开设"彝语支语言比较概论课",我做了一年多的彝语支语言比较研究和教学,就转做景颇语的教学研究工作。但当年实地调查的西摩洛语的语料,即便是"文化大革命"的那几年,我都没有丢失,一直保存了下来。

　　光阴荏苒,半个世纪过去了。其间,每当我看到这些西摩洛语的语料,尽管稿纸和卡片都已发黄,但却能引起我美好的回忆,倍感亲切,总想有一天能再见到雅邑乡的西摩洛人,再深入调查一下西摩洛语。2008年4月,为了完成中央民族大学"985"基地工程中的语言国情研究项目,设立了"哈尼族西摩洛话的使用现状及其演变"课题,从我校青年教师及我的博士生中抽调了六人组成了课题组,开始了调查前的准备工作。7月12日,调查组成员4人先抵墨江县做前期调查,我与另一成员19日抵墨江。20日开始,全面铺开工作。在墨江,我们一直都住在西摩洛人聚居的雅邑乡。

　　我们的工作分为三段:第一段从7月12日至31日,主要做语言使用情况调查;第二段从8月1日至8月17日,主要做西摩洛语的本体研究;第三阶段从8月18日到9月20日,为加工和成书阶段。

调查组成员都一致认为,这次调查机会难得,时间紧,任务重,一定要抓紧时间工作,绝不放过这里宝贵的语言资源。所以在调查期间,大家日夜奋战,顾不得休息,更顾不得去观赏美丽的自然风光。

西摩洛语使用状况及其本体研究,具有一定的理论价值和应用价值。在理论上,对认识现代化时期人口较少的民族语言的走向与发展趋势,以及对我国民族语言中的支系语言研究,都有一定的价值。在应用上,对西摩洛语的保存以及西摩洛人的双语教育也有一定的价值。此外,通过这次调查,我们保存了一份西摩洛语的活的语料,这对哈尼语、藏缅语族的语言研究,都是有价值的。

进入雅邑乡,乡里父老兄弟的朴实民风给我们留下了永不忘怀的印象。他们对我们非常热情,把我们当成尊贵的、可信的客人,真心相待,诚恳相处。他们因我们研究、关心西摩洛人的语言文化而感动。每到一个村子,素不相识的一张张热情的面孔让我们感到亲切温暖,好像是回到久别的家园。当我们给他们微少的误工补贴时,他们怎么也不肯要,说你们是为我们西摩洛人服务的,我们怎么能取报酬呢!下洛甫村会计白德兴,年过半百,白发苍苍,专程从寨子来取我们借用的户口册,来回六个小时。回去时已是下午六点。当我们给他几十元报酬时,他怎么也不肯要。他登上路途时,我们看到他的背影渐渐离去,心中不禁泛起浓浓的崇敬之情,久久不能平静。多好的西摩洛兄弟啊!有的成员感叹说:"在市场经济发展的今天,还保持如此朴实的民风、民俗,实在难得!"

雅邑乡的父老兄弟现在的生活虽然有了很大的改善,但与我们所到的一些地区相比,还有不少困难人家,有的青少年还上不起学。但他们对未来充满信心。相处时间虽然不长,但我们不由自主地从心里牵挂着他们,由衷地祈望他们的生活会越来越好。这次调查,我们除了业务上的收获外,更珍贵的是,我们更懂得了什么是生活,应当怎样对待自己。

正当我们的工作进入最后的冲刺阶段——整理大量的语料归纳成书时,期盼已久的奥运盛会在北京隆重召开。开幕的晚上,我们破例地停止了工作,观看电视直播。当会场响起雄壮的国歌时,我们全体成员不约而同、情不自禁地起立,跟随会场旋律,唱起了国歌。我们感到自豪,感到骄傲。大家都感到我们这次田野调查特别有意义,值得终生回味。

我们的调查工作,始终得到当地各级领导、干部以及广大西摩洛人的支持。墨江县副县长熊国才、墨江县哈尼学研究所所长赵德文、民宗局副局长金争古、雅邑乡党委书记李德良、乡长张晓航都给我们大力的支持。我们的发音合作人白开侦、白少剑、白凌、白萍等与我们亲密合作,交上了朋友,一起渡过了艰苦工作的日日夜夜。我们在此向他们表示衷心的感谢。

我们课题组六人愿把这本小书献给勤劳、善良、朴实的西摩洛人!献给墨江哈尼族自治县成立30周年!

戴 庆 厦

2008年9月15日